Joachim C. Fest
Aufgehobene Vergangenheit

Joachim C. Fest

Aufgehobene Vergangenheit

Portraits und Betrachtungen

Deutsche Verlags-Anstalt

CIP-Kurztitelaufnahme der Deutschen Bibliothek

Fest, Joachim C.:
Aufgehobene Vergangenheit : Portr. u.
Betrachtungen / Joachim C. Fest. – Stuttgart :
Deutsche Verlags-Anstalt, 1981.
ISBN 3-421-06085-1

© 1981 Deutsche Verlags-Anstalt GmbH, Stuttgart
Alle Rechte vorbehalten
Satz: Bauer & Bökeler Filmsatz GmbH, Denkendorf
Druck und Bindearbeit: May & Co., Darmstadt
Printed in Germany

Für Alexander

Inhaltsverzeichnis

Vorwort 9

Über Richard Wagner
Eine biographische Skizze nach den Tagebüchern Cosimas 13

Betrachtung über einen Unpolitischen
Thomas Mann und die Politik 38

Friedrich Sieburg
Ein Portrait ohne Anlaß 70

In Münster und anderswo
Zu Friedrich Reck-Malleczewens »Bockelson« 96

Demagoge des befriedeten Daseins
Ein Wort zu Herbert Marcuse 115

Die verneinte Realität
Überlegungen zum Romantizismus heute 118

Gedanke und Tat
Über eine Metapher von Heinrich Heine 127

Die Schuld der Gesellschaft
Anmerkung zu einem modischen Vorwurf 147

Preußens letzter Untergang
Gedanken über die Dauer einer historischen Episode 150

Architekt einer Übergangsepoche
Karl Friedrich Schinkel 172

Wunschbild eines neuen Arkadien
Ruhm und Nachruhm Palladios 194

Wozu das Theater?
Zwischenruf über einen parasitären Anachronismus 207

Unzeitgemäßer Held seiner Zeit
Winston Churchill 215

Noch einmal: Abschied von der Geschichte
*Polemische Überlegungen zur Entfremdung von Geschichtswissen-
schaft und Öffentlichkeit* 239

Anmerkungen 262

Namenregister 268

Erst während der Herstellung dieses Buches hat sich ergeben, daß der dafür
in Aussicht genommene Titel schon einmal Verwendung fand. Der bekannte Göttinger Theologe Wolfgang Trillhaas hat 1976 bei Vandenhoeck &
Ruprecht unter demselben Titel einen lesenswerten Band persönlicher Erinnerungen veröffentlicht. Der Verfasser ist Professor Trillhaas und dessen
Verlag dafür dankbar, daß sie die Wiederverwendung dieses Titels für die
vorliegende Veröffentlichung gestatteten.

Vorwort

Das Persönliche, von dem alles Geschriebene ein Stück preisgibt, kann sich auf unterschiedlichste Weise äußern. Die in diesem Band vereinigten Beiträge haben keinen anderen Zusammenhang als das besondere Interesse, die Vorlieben oder Irritationen, die der Gegenstand, mit dem sie sich beschäftigen, im Verfasser hervorgerufen hat. In diesem Sinne und anders, als es auf den ersten Blick erscheinen mag, ist dies ein sehr persönliches Buch.

Weil das so ist, verlangt es auch eine persönliche Begründung. Historische Themen stehen im Vordergrund. Dabei mag es verwundern, daß eine Anzahl von Arbeiten unberücksichtigt blieb, die vor allem in Verbindung mit meiner vor einigen Jahren erschienenen Hitler-Biographie entstanden sind und teils der Erläuterung des etwas exzeßhaft geratenen Werkes dienten, teils verwandte Fragenkomplexe behandelten. Darin drückt sich das Bedürfnis des Verfassers aus, einen Gegenstand, der ihn über viele Jahre beschäftigt, aber auch behelligt hat, endlich zu verlassen. Für die Generation, der er angehört, war das Dritte Reich gerade noch ein die eigene Biographie erfassendes Erlebnis. Die Voraussetzungen, denen das Regime seine Entstehung verdankte, seine Begleitumstände und Folgen waren daher zwangsläufig und über lange Zeit so etwas wie eine allesüberlagernde moralische und intellektuelle Herausforderung. Die persönliche Neigung aber hatte immer anderen, davon weit entfernten Gegenständen gehört. Indessen zeigte sich, daß die monströse Erfahrung jener Jahre jeden Blick in die weitere Vergangenheit versperrte und wenigstens den Versuch erklärender Verarbeitung erforderte.

Dabei wäre auch zu sagen, daß die ausgedehnte Beschäftigung mit dem, wofür sich, nicht ohne einen Unterton undeutlicher Verschämtheit, der Ausdruck »die jüngste Vergangenheit« eingebürgert hat, für den Autor nie ganz von schwer erklärbaren Gefühlen der Ablenkung, des Umwegs und der Nötigung frei gewesen ist. Auch dies war, um ein berühmtes Motto aufzugreifen, das in einer der folgenden Arbeiten zitiert wird, eine Art Galeere, und häufig fragte auch er sich, wie, zum Teufel, er dahingeraten sei.

Das liegt inzwischen zurück. In einem früheren Buch des Verfassers, das den Typus des totalitär disponierten Charakters in seinen unterschiedlichen Erscheinungsformen zu beschreiben versuchte, war einleitend, in Anspielung auf eine alte Metapher, gesagt, daß der Baum, auf dem die Eule der Minerva sitze, viele Zweige habe. Das bezog sich damals vor allem auf formale Erwägungen. Es gilt aber auch inhaltlich und bedeutet dann, daß die Geschichte viele Themen hat, und das Dritte Reich, wie obsessiv es sich im Bewußtsein derer, die es miterlebten, auch ausnehmen mag, gewiß nicht ihr einziger Gegenstand ist.

Das kann nicht heißen, daß es nun ausgeblendet wäre. In merkwürdigem Gegensatz zu seinem spurlosen Verschwinden steht die Zähigkeit, mit der es sich in der Erinnerung behauptet. Dort wird es sich auf lange Zeit noch halten, wie wenig das die jüngere Generation, oder doch ihr lautstärkerer Teil, auch wahrhaben will. Der Leser wird denn auch bemerken, daß über fast jeden der in diesem Band veröffentlichten Beiträge, auf die eine oder andere Weise, der Schatten fällt, den diese Jahre warfen.

Dieser Sachverhalt ist auch im Titel angedeutet. Er macht sich die von Kant entdeckte, von Hegel mehrfach und beziehungsvoll verwendete zweifache Bedeutung des Wortes »aufheben« zu eigen: »Aufheben hat in der Sprache den gedoppelten

Sinn«, heißt es in der »Logik«, »daß es soviel als aufbewahren, erhalten bedeutet und zugleich soviel als aufhören lassen, ein Ende machen.« Und an anderer Stelle: »So ist das Aufgehobene zugleich ein Aufbewahrtes, das nur seine Unmittelbarkeit verloren hat, aber darum nicht vernichtet ist.« Es sei darin der über das bloß verständige Entweder-Oder hinausschreitende, spekulative Geist unserer Sprache zu erkennnen.

Von dieser Ambivalenz ist das Vergangenheitsverständnis dieses Buches beherrscht, die einzelnen Beiträge bringen das, wie es der jeweilige Gegenstand verlangt, mehr oder minder stark zum Vorschein. Sie wollen einiges, was vom Vergessen, vom Soupçon gegen die Tradition oder auch nur von den intellektuellen Moden gefährdet ist, bewahren helfen; dem verbreiteten kritischen Rigorismus gegenüber dem Vergangenen, der häufig nur ein Hochmut im Büßergewand ist, das bedachtere Urteil entgegenstellen, Unterscheidungen treffen und herausfinden, was im einen und anderen Sinne »aufgehoben« ist.

Die Mehrzahl der hier vereinigten Beiträge ist in den zurückliegenden Jahren in der »Frankfurter Allgemeinen Zeitung« veröffentlicht worden. Aus redaktionellen Gründen konnten sie dort fast durchweg nur in gekürzter Fassung erscheinen. Sie werden hier in dem ursprünglichen Umfang vorgelegt. Soweit vereinzelt Überarbeitungen vorgenommen wurden, haben sie, vor allem bei den auf einen aktuellen Anlaß zurückgehenden Stücken, den vom Zeitpunkt der Entstehung bestimmten Charakter nach Möglichkeit unberührt gelassen.

Das gilt insbesondere für die fünf Beiträge, die sich, mehr oder minder unmittelbar, mit jenem apolitischen Romantizismus befassen, der sich seit vielen Jahren unentwegt neue Anlässe und Ausdrucksformen schafft. Im übrigen wurde davon abgesehen, solche und andere Zusammenhänge auch äußerlich, beispielsweise durch zusammenfassende Überschriften, kenntlich zu machen. Dem aufmerksamen Leser wird ohnehin nicht entgehen, daß gerade dieses Motiv, über die genannten Beiträge hinaus, auch in zahlreichen anderen, von länger Vergangenem handelnden Stücken präsent ist, und vielleicht kann man sagen, es komme darin nicht nur ein gegenwärtiges Phänomen, sondern eine deutsche Haltung zur Politik überhaupt zum Vorschein.

Über Richard Wagner

Eine biographische Skizze nach den Tagebüchern Cosimas

> *»Es gibt Fälle, bei denen man alles mögliche zugeben mag, und es bleibt immer etwas Überwältigendes zurück.«*
>
> Thomas Mann über Richard Wagner

Die eigentümliche Größe des 19. Jahrhunderts, das lange im Verruf einer vulgären, großmannssüchtigen Epoche gestanden hat, rückt erst der Gegenwart allmählich wieder ins Bewußtsein. Aus dem Abstand einiger Generationen erscheint es weitaus komplexer, farbenreicher, als das allgemeine Urteil ihm lange zubilligte; aber auch näher gerückt.

Es ist weniger die expansive Kraft des Jahrhunderts, die es im Rückblick auf neue Weise anziehend macht; auch nicht sein Selbstbewußtsein, das alles ins Großartige, Monumentale und oft genug auch ins Monströse ausweitete, ihm aber, im Gedanken wie in der Wirklichkeit, Abenteuer eintrug wie kaum einem anderen: die letzte Epoche naiver Eroberungen und unschuldiger Utopien. Viel eher sind es die Eintrübungen im Bilde dieses aufs ganze gesehen so strahlenden Jahrhunderts, die es dem heutigen Betrachter annähern, seine in allem dröhnenden Optimismus unüberhörbar bleibenden Stimmen von Unruhe, Angst und Verfallsahnung. Es war groß und krank zugleich.

Niemand hat diesem doppelgesichtigen Charakter der Epoche so exemplarisch Ausdruck gegeben wie Richard Wagner. Und wie der Anziehung, die seine Zeit wieder ausübt, nie ein Element der Irritation fehlt, so ist auch der Blick auf seine Person durchsetzt von fatalen Empfindungen. Die ganze Zukunftsgläubigkeit der Epoche, aber auch ihre Untergangsstimmungen, ihr Reaktionärswesen und die Neigung zur revolutionär beflügelten Weltzertrümmerei, bürgerliches Ethos und bourgeoise

Gewöhnlichkeit, altmeisterlicher Ernst und wilde Projektenma-
cherei, Ressentiments und große Freiheit des Urteils: es war alles in ihm. In seiner Widersprüchlichkeit erscheint er mitunter
wie das Kunstprodukt einer anthropologischen Vexierlaune und
doch, mit allen Unvereinbarkeiten, keineswegs disparat, sondern zusammengehalten durch eine elementare, die Bruchstellen
schroff verbindende Persönlichkeit.

Es waren aber nicht nur die Widersprüche der Epoche, die
dieses Adaptionsgenie aufgriff und verknüpfte; vielmehr waren
diese noch versetzt von einer exzentrischen, ihrerseits höchst wi-
derspruchsvollen Künstlerpathologie, die immer zugleich steigerte, brach oder provokant verschärfte, was sie sich aneignete,
und nichts anderes als der aus alledem resultierende, schwer
durchschaubare Beziehungswirrwarr ist es gewesen, der die Ent-
schlüsselungsneigung der Biographen so lange in Verlegenheit
gesetzt hat. Bezeichnenderweise gab es jahrzehntelang keine angemessene, das überreiche psychologische, künstlerische und
zeitgeschichtliche Material in überzeugenden Deutungen aus-
breitende Darstellung Richard Wagners. Martin Gregor-Dellins
Biographie machte unlängst, gestützt auf neu zugängliche Materialien, einen eindrucksvollen Anfang, aber noch immer
scheint es, als werde der problematische Rang des Komponisten
in einigen Essays, vor allem denjenigen Thomas Manns, überzeugender greifbar.

In den leidenschaftlichen Auseinandersetzungen, die Richard
Wagner noch immer entfacht, offenbart sich, wie nirgends
sonst, die Gegenwärtigkeit des 19. Jahrhunderts. Denn sie gehen
über den Streit um Werk und Person weit hinaus und haben mit
prinzipiellen ideologischen Positionen zu tun, die bis heute
wirksam sind. Was erst erheblich später als auseinanderstreben-
de Tendenz offen zutage trat, zeigt sich in ihm noch einmal vereint, wenn auch schon unversöhnt. Er markiert den Grundwi-
derspruch, auf den alle moralisch-politischen Antagonismen
seither, in der einen oder anderen Weise, zurückzuführen sind:
zwischen Aufklärung, Emanzipation sowie fortschrittsentschlos-

sener Weltverwandlung einerseits und dem rückgewendeten Verlangen nach der vertrauten Gestalt des Daseins andererseits; zwischen einer von immer neuen Ernüchterungsschüben begleiteten Zukunft und einem mythologisch verzauberten Bild der Vergangenheit; zwischen modernem und romantischem Geist.

Es ist ein Widerspruch, der nahezu jede Seite der Tagebuchnotizen Cosima Wagners beherrscht. Ohne die revolutionäre Erfahrung von 1848, äußert Wagner einmal, würde er den »Ring« kaum konzipiert haben – aber gleichzeitig ergeht er sich in Schmähungen der Pariser Kommune, der Frauenemanzipation oder des Parlamentarismus: man müsse die Gesetze einfach dekretieren und anschließend durch die Armee aufrechterhalten, bemerkt er in gutgelaunter Verachtung der politischen Ansprüche des gemeinen Mannes und tadelt Bismarck dafür, daß er den »Parlamentseseln« gegenüber nicht den geringschätzigen Ton führt, »der sich gehöre«. Die Bayreuther Festspiele, so hat er verschiedentlich versichert, seien als Veranstaltung für das Volk gedacht – doch die Gesichter der Menschen, denen er auf seinen Spaziergängen begegnete, beleidigten ihn so, daß er einmal umkehrte und verstimmt nach Hause ging. Immer wieder sprach er von seinen Hoffnungen auf Amerika als dem Inbild unbelasteter, starker Modernität und trug sich über Jahre hin mit Auswanderungsabsichten – bei gleichzeitigen Haßausbrüchen gegen die Zivilisation, das Maschinenwesen, die Großstadt oder das Geld als dem Anfang aller Dekadenz. Er sehnte sich nach Zukunft und war überwältigt vom Grauen vor ihr. Die großen Menschen seien nie auf der Seite des Fortschritts gewesen, meinte er, sondern »haben nach einem verlorenen Paradiese gegriffen, haben zurückgeblickt und sich gesehnt«.

Widersprüche prägten schließlich auch sein Verhältnis zur eigenen Epoche. Allesbeherrschend war das Gefühl einer ungeheuren Fremdheit, des gänzlichen Unverstandenseins auch von seiten der Freunde und seiner immerhin zahlreichen Anhänger. Als »das Facit seines Lebens«, bemerkte er im August 1871, erfülle ihn die Empfindung, mit Cosima und dem Sohn Siegfried wie »auf dem Montblanc (zu stehen), in dieser Einöde und Einsamkeit«. Eine Zeitlang glaubte er, in Gobineau und Nietzsche zwei wahre »contemporains« gefunden zu haben; aber der eine starb früh, der andere entfremdete sich ihm, und bald häuften die Klagen sich, »nicht einen Menschen zu haben«.

Gleichzeitig aber empfand er sich doch als die große, Geist und Wesen der Zeit authentisch bezeugende Epochenfigur. Den Künstlerbegriff jener Romantik, der er entstammte, das Bild des an der Welt leidenden Außenseiters, versetzte er wie kaum ein anderer vor oder nach ihm mit einem Anspruch, der die Person zugleich ins Repräsentative steigerte: der Künstler als das Gewissen der Welt, als der heimliche Gegenkönig, der tiefer gelitten, reiner gedacht und weiter gesehen hat als alle. Wiederholt äußerte er die Absicht, eine neue Theologie zu entwickeln, die Auswanderungspläne sind verschiedentlich mit dem Gedanken verknüpft, »im religiösen Sinne . . . neue Gemeinden und eine neue Menschheit zu gründen«, und die »Bayreuther Blätter« dachte er sich als einen ersten Schritt, dem allgemeinen Verfallsprozeß durch die Verbreitung einer neuen Ethik entgegenzuwirken.

Wagner hat die Rolle des Widersachers gegen den Zeitgeist sehr bewußt und mit dem ganzen Anspruch eines moralischen Souveräns übernommen. Die Tagebücher enthalten eine Vielzahl von Träumen, und wenn es auch fragwürdig sein mag, aus dem Traumgeschehen ohne große Umstände uneingestandene Wunschbedürfnisse herauszulesen, bleibt doch aufschlußreich, wenn er im Erwachen berichtet, soeben habe ihm der Papst ergriffen die Hand geküßt. Gar nicht im Traum, sondern in bitterster Wachheit heißt es von Nietzsche, sein Abfall sei »nicht zu sühnen . . .: die Sünde gegen den h(eiligen) Geist«. Und nach einer Probe zur »Walküre« äußert er, er werde den Bühnenprospekt ändern, wenn er das Stück einst »im Himmel zur Rechten Gottes aufführe und, der Alte und ich, wir zusehen«. Dergleichen mag mitunter nicht ohne Ironie geäußert sein, doch verdeutlicht es gleichwohl den eigentümlich erhabenen, halbreligiös gefaßten Begriff, den er von sich und seiner Kunst hatte, die hohe priesterliche Prätention darin, die seinen großen Weltspektakeln immer einen Hauch von Weihrauch und Tempelwesen hinzufügte.

Auf diese Anspruchshöhe hat sich der äußerlich kleine, korpulente Mann, der in sprudelndem Sächsisch redete und kaum irgendwelche Merkmale natürlicher Würde besaß, stilisiert. Wieviel Anstrengung und disziplinierende Gewalt gegen sich selbst ihn das kostete, geht aus der beiläufigen Bemerkung hervor, Liszt brauche nichts zu tun, nur einfach dazusein, um die Menschen zu beeindrucken, doch »unsereiner muß immer erhaben sein«. Dabei kam ihm jenes histrionische Talent zustatten, von dem Nietzsche gesprochen hat: die Fähigkeit, alles ins Darstellerische zu steigern und auf den großen Ausdruck zu bringen. Sie prägte noch den Alltag und nahm ihm streckenweise alles, was der Begriff meint: den entspannten, anstrengungslosen Zug, den Verzicht auf das Pathos sozialer Rollen. Um Wagner war immer, selbst im privaten Bereich, Theaterluft, und wenn irgend etwas in diesen über fünfzehn Jahre mit fast unbegreiflicher Energie geführten Notizen Anspruch auf äußerste Glaubwürdigkeit verdient, dann der unverwechselbar gleichbleibende Bühnenton, die Aura feierlicher Gebärden und umflorter Worte, in der sich nicht nur Cosimas exaltiertes Temperament, sondern der Inszenierungsstil einer menschlichen Beziehung spiegelt: »In erhabener Müdigkeit begeben wir uns zur Ruhe«, notiert sie am Abend und schreibt am Morgen: »Herrlich begrüßen wir diesen Tag.«

Gewiß kommt die hochtheatralische Appretur weit anschaulicher noch in den abendlichen Réunions, häufig mit ein oder zwei Freunden, zum Vorschein, wenn der Salon zur Szene wird und Wagner ganze Tristan-Partien singt, als Steinerner Gast auftritt oder den Hamlet-Monolog vorträgt. »er selbst erhaben schön, persönlich wie künstlerisch erschütternd«, wie Cosima notiert. Aber bemerkenswerter bleibt doch, in welchem Maße der große deklamatorische Gestus den persönlichen Umgang prägt. Nicht ohne Überraschung entdeckt man an Richard Wagner, selbst in Phasen äußerster produktiver Gereiztheit, die Hingabe und inspirierte Aufmerksamkeit des geborenen Liebhabers, und seine Beteuerungen, ohne Cosima hätte er keine Note mehr komponiert, kein Wort mehr geschrieben, durchziehen leitmotivisch die beiden Bände: »Meistersinger«, »Ring«, »Parsifal«, dazu Bayreuth und die Schriften – das alles hätten sie gemeinsam für die Unsterblichkeit getan, gesteht er überschwenglich.

Aber diese immer erneuten Huldigungen und Liebesschwüre sind, wie aufrichtig sie auch empfunden sein mögen, nie ohne einen zumindest flüchtigen Seitenblick auf den Effekt hin formuliert. Nicht selten holte er sie durch einen Klageruf, einen Fluch aus dem Nebenzimmer herbei. Einmal hörte sie ihn laut »Ach!« seufzen und erhielt, als sie hinzukam, auf Befragen die Antwort: »Ich dachte, wann würden – du und ich – wir in jener anderen Welt sein, wohin wir gehören; in dieser haben wir nichts zu suchen, sie war nur da, um uns beide hervorzubringen.« Und sie darauf: »Ach! Selig empfinde ich es, daß das Leben uns nichts geben kann! Und nichts anhaben.« Das ist nichts anderes als ein Operndialog, und dergleichen wird, mit dem Sechzigjährigen in der mitunter doch outriert wirkenden Rolle des jugendlichen Liebhabers, auf ungezählten Seiten exekutiert: so wenn er einen Streit darüber entfacht, wer von ihnen glücklicher sei, er sie in einem solenn mißglückenden Bilde den Haken nennt, an dem er über dem Abgrund hänge, oder das Schicksal preist, daß er nach ihr, wenn es zu Ende gehe, nichts mehr sehen werde. Noch am Abend vor seinem Tode sagte er, ein letztes Mal ihre Verbindung feiernd: »Alle fünftausend Jahre glückt es!« Bürgerliche Ehe als Bühnenweihfestspiel.

Es ist dann aber nicht ohne anrührende Wirkung, wenn Cosima ihm, als er ihren Mut zu dem gemeinsamen Lebensabenteuer feiert, schlicht entgegnet: sie habe keinen Mut gehabt, sondern ihn nur geliebt. Vermutlich war es in seinen Augen auch ihr einziger Mangel, daß sie seinem Bedürfnis, selbst den persönlichen Bereich dramatisch zu beleben, nicht weit genug entgegenkam. Die Streitigkeiten, die durchweg von ihm ausgingen, waren gewiß nicht nur Entladungen der strapazierten, ständig unter produktiver Hochspannung stehenden Nerven; vielmehr scheint es, als sei er der unendlichen Harmonie dieser Beziehung mitunter auch überdrüssig geworden und habe in der häuslichen Szene gerade gesucht, was das Wort ursprünglich meint: die Möglichkeit des großen Auftritts, der krisenhaften Zuspitzung, Entladung und schließlichen Versöhnung.

Cosima hat die ehelichen Zusammenstöße in leidenschaftlicher, von masochistischen Begleittönen nicht freier Unterwerfungshaltung hingenommen. »Es zittert und bebt mein ganzer Leib«, notierte sie nach einer Auseinandersetzung, doch mit immer der gleichen Bewältigungstechnik, dem »schwärmerischen Umfassen des Schmerzes«, schloß sie jeden Streit ab: »Was dürfte das arme Weib? In Liebe und Begeisterung leiden.« Es ist sicherlich unzutreffend, mit Peter Wapnewski vom »dialektischen Charakter solcher Dienstbarkeit« zu sprechen und in der radikalen Unterwerfung Cosimas ein strategisches Prinzip im Geschlechterkampf zu sehen, das aus lauter Demutsgebärden ein heimliches Herrschaftssystem errichtet. Denn diese Deutung verfehlt nicht nur den moralischen Antrieb ihrer Haltung, der die eigentümlich bewegende Erfahrung für den Leser dieser Notizen ist, sondern auch ihre Gebrochenheit, ihr Leiden am Dasein, dem sie nur in Verzweiflung gewachsen war: »Leben fällt mir schwer!«, bekennt sie.

Zeitlebens litt Cosima am Trauma des Verrats, der Untreue gegen Hans von Bülow, den sie um Wagners willen verlassen hatte. Zwar waren ihre Tagebuchaufzeichnungen ursprünglich als Materialsammlung für den zweiten Teil der Wagnerschen Autobiographie gedacht; aber der eigentliche, zusehends stärker hervortretende Beweggrund für die Niederschrift war doch das Bedürfnis nach Rechenschaft sowie nach Selbsterklärung und

19

Abbitte gegenüber den eigenen Kindern: »Aus dem Schlaf wachte ich durch die Erscheinung von Hans im Traume jäh auf. Am Tage hatte ich seinen Brief wieder gelesen, weil ich das Schlimme, das ich – wenn auch willenlos – verschuldet, mir nie vertuschen will und mir im Gegenteil immer tiefer einpräge, um es zu büßen und sühnen wie ich kann.« Macht und Rigorismus der bürgerlichen Moral haben sich selten so triumphal bezeugt wie auf diesen Seiten, auch wenn zu sagen ist, daß erst Cosimas Leidenshunger, ihr Bedürfnis nach Unterwerfung und »Selbstzertrümmerung«, den Triumph so überwältigend machte. In alledem sah sie sich nicht nur entschädigt, sondern zugleich erhoben durch das Bewußtsein, daß das Leid eine aristokratische Kategorie sei, Ergebung war ihre Form des Stolzes: »Ich wandle mit der nie abzulegenden Würde des Schmerzes, am Tag heiß und trocken wie im Fieber, nachts in Tränen.« O felix culpa!

Die Wurzel dieser Dauerpression ist aber tiefer zu suchen als im Bewußtsein des Verstoßes gegen die Normen bürgerlicher Moral. Cosima war beherrscht vom Gefühl des unauflösbaren Zusammenhangs zwischen Dasein und Schuld und hat sich, unablässig grübelnd, ins Unvermeidliche zu schicken versucht. Wie es dem gemeinsamen Stil der extrem hochgezogenen Gefühle und Gesten entsprach, bat sie Richard eines Nachts, sie zu segnen, und erwiderte ihm auf die nicht ohne einen Anflug von Ratlosigkeit vorgebrachte Frage, was sie denn von ihm erwarte, er solle einfach sagen: »Das Gute braucht nicht gut zu sein.« Es mag mit den unvermeidlichen perspektivischen Verzeichnungen selbst in einem solchen, bis zur letzten Selbstentäußerung getriebenen Dokument eines gemeinsamen Daseins zu tun haben, daß der Eindruck sich einstellt, Richard Wagner selber sei, so wie er sich gesprächsweise äußert, weit weniger als Cosima von jenem existentiellen Schuldgefühl betroffen gewesen, das gleichwohl in seinem Werk eine so einzigartige Rolle spielt. Jedenfalls scheint er, der große Erlösungsmystagoge, sie bisweilen um ihr Leiden, die zermürbenden Gewissenskonflikte und immer neuen Tränenstürze zu beneiden und verwies dann, wie in einem Akt der Selbstrechtfertigung, vor allem auf die Musik, die den Menschen abstumpfe und verderbe. Ein Musiker sei »ein wahres Vieh«, versicherte er, auch er selber lebe »wie eine Art Tier«; und ergänzend heißt es an anderer Stelle: »Er klagte über die Nötigungen seiner künstlerischen Bestimmung, dadurch, daß er ihnen gehorche, seine moralischen Anlagen unausgebildet lassen zu müssen; nebenbei könne er nichts tun, oder alles fiele schlecht aus; ganz moralischer Mensch sein heiße aber sich ganz aufopfern.«

Das andere große, allesüberragende Motiv der Tagebücher ist der Gedanke an Abgang, Aufhören, Erlöschen. Die Ungeduld zum Ende, das rauschhafte Selbstverrichtungsbedürfnis, das ebenfalls zu den dominierenden Themen des Wagnerschen Werkes gehört, taucht gleich zu Beginn auf und verdichtet sich, in rascher Steigerung, zur Vorstellung gemeinsamen Sterbens. Wieviel Erlösungsromantik und moribunde Vereinigungsmythologie, wieviel »Literatur« diesen Todesschwärmereien auch untermischt sein mag: die Glaubwürdigkeit des »Heimwehs nach dem Tode«, von dem Cosima spricht, ist unbezweifelbar. Schon im Juni 1869 wirft Richard Wagner selber, wie eine der ersten Eintragungen festhält, die Idee des Doppeltodes auf, die Cosima sich augenblicklich, wie ein befreiendes Stichwort zu eigen macht. Bei einem gemeinsamen Spaziergang durch das abendliche Dresden, während die Freunde einer Aufführung der »Meistersinger« beiwohnen, fragt sie ihn unvermittelt, wann endlich der Tod für sie beide käme, und ist befriedigt, als Richard ihr von einem Traum erzählt, in welchem er den Zweifel, ob sie wohl seinem Plan folgen werde, sich gemeinsam in der Badewanne zu ertränken, mit dem Satz behoben habe: »Cosima macht alles mit.« Und ganz wie eine Figur aus der Personnage seines Werkes schreibt sie hin: Wenn Liebesverhältnisse »nicht zu Tod oder Vereinigung führten, hätten sie immer etwas Lächerliches«; und: »Die vollständige Vereinigung erst im Tod.« Dahinter war nicht nur die Idee vom Tod als der einzigen, dem Gedanken erreichbaren Vorstellung der Ewigkeit wirksam, sondern gewiß auch das Bewußtsein von der Einmaligkeit ihrer Verbindung, die nur durch einen dramatischen Abgang angemessen besiegelt werden könnte. Vor der wahren Liebe gehe »die ganze sittliche Welt in Trümmer«, bemerkt Wagner bei Gelegenheit, sie sei wie eine »plutonische Eruption«; und obwohl der »Tristan«, die Geschichte vom »absoluten Zerfressensein eines Wesens durch die Liebe«, wie er formuliert, die Eingebung einer anderen Zeit und einer anderen Leidenschaft gewesen war, ist die Verbindung mit Cosima, ungeachtet ihrer schließlichen Überleitung in bürgerlich-häusliche Verhältnisse, seinen eigenen Worten zufolge, seine wirkliche Tristanerfahrung geworden: »Da war keine Spur von Goethe-Stein'schem Verhältnis, da war alles blutig.« Wenn ihm die Vorstellung, daß auch blutig enden müsse, was so »blutig« begonnen war, offenbar nicht zuletzt von seinem Theatertemperament eingegeben war, so hat Cosima sie mit äußerstem, zu jeder Konsequenz bereitem Ernst aufgegriffen. Nur der Gedanke an das Werk des »Einzigartigen«, »Unbeschreiblichen« ließ sie durchhalten, leidend, sich selbstkasteiend, entsagend; wenn das Leben schon nicht enden durfte, konnte es doch die Einübung auf das Ende sein: »Ich altre gern«, notiert sie, »mit jedem grauen Haar erlöscht ein eigenwilliger Gedanke.« Betrübt verzeichnet die Zweiunddreißigjährige Richards erotische Bedürfnisse, von mir, schreibt sie, »ist jede Leidenschaftlichkeit der Liebe gewichen ...; er sagt mir, wie ich mit Beklemmung immer dieses gewahre, daß gerade das ihm die große Sicherheit und Ruhe gebe, daß die Natur unsren Bund gesegnet«; und fortfahrend: »Von da an sei ihm ein neues Leben begonnen«, während sie gerade die Sehnsucht nach dem Tod »mit beinahe unbesieglicher Macht« empfand und keinen Unterschied darin erkannte, ob er als äußerste, rauschhafte Steigerung einer Glückserfahrung oder als die letzte Zuflucht vor Weltekel und Lebensüberdruß erfahren wurde. Nicht wenige Eintragungen zu diesem Thema klingen in ihrer süchtigen Erregtheit wie ein zwar schon müdes, aber inständiges Echo auf den Kleistschen Sterbensjubel angesichts des Todes zu zweit: »Gestern und heute faßte ich mein ganzes Wesen in einem Gebet: mit Richard zugleich zu sterben!« Cosima überlebte ihn um siebenundvierzig Jahre.

Der tiefe Pessimismus, der sich in diesen Aufzeichnungen bekundet, entstammt jedoch nicht nur individuellen Schuldgefühlen und romantischer Sympathie mit dem Tode; vielmehr hatte er auch eine objektive Seite und war ebenso von Widerwillen und Verzweiflung angesichts der politischen und gesellschaftlichen Zustände eingegeben. Daß Richard Wagner, trotz aller grandios auftrumpfenden Betäubungseffekte seines Werks, in denen das 19. Jahrhundert, seine Vitalität, seine Zuversicht, sein lärmender Optimismus, nicht selten apotheotisch verklärt erscheinen, weit legitimer der kulturpessimistischen Tradition angehört, daß er einer der großen Epochenanschwärzer und Souffleure des Kulturdefaitismus war, ist oft vermerkt worden. Aber das Ausmaß seines Zerfallenseins mit der eigenen Zeit, der ins Tagtägliche reichende Obsessionscharakter seiner Antipathie, wird erst in diesen Notizen ganz kenntlich.

Zweifellos war viel naiv-persönliches Vergeltungsbedürfnis dabei am Werk: die Welt sollte zu spüren bekommen, was es hieß, sein Werk so zögernd aufzunehmen. Aber dahinter wird doch alsbald die romantische Wirklichkeitsverachtung erkennbar, die den eigentlichen Antriebsgrund all dieser Ausbrüche über die »unglaubliche Décadence«, die verrottende Welt der Geldherrschaft, der geistigen Sterilität und moralischen Gemeinheit bildet. Das deutsche Unverhältnis zur Politik: die Verachtung einerseits sowie andererseits die Neigung, sie als die Kunst des Unmöglichen auszugeben und die Wirklichkeit von hoher Warte für ihr utopisches Defizit zu züchtigen, wird an Richard Wagner in allen Spielformen greifbar. Schon als Kind habe er bei dem Versuch, auf selbstgearbeiteten Papprollen zwischen zwei Stühlen zu schweben, Realität und Idealität nicht zusammengebracht, erzählt er; und so gehe es ihm immer noch.

Die Wahrheit, die er höhnend gegen die Wirklichkeit ausspielt, heißt, daß alle Zivilisation zum Untergang dränge. Geld, Besitz sowie überhaupt die materialistische Veräußerlichung des Lebens machten den Ruin der Welt unausweichlich, und es ist aufschlußreich zu verfolgen, wie unbefangen er den mythologischen Kunstgedanken vom Fluch des Goldes mit der Realität der Gründerjahre verknüpft. Es wäre sicherlich unerlaubt, ihm den eigenen materiellen Ehrgeiz vorzuhalten und seinen Geschäftssinn, sein kalkulatorisches Genie im Kleinkrieg um Aufführungsrechte, Verlagsverträge und Honorare aus diesen Seiten herauszupräparieren, wiewohl es nicht ohne Reiz ist, den Verächter von Besitz und Geld dabei zu beobachten, wie er sich nach dem Einzug in Wahnfried »seines Reichtums (freut)«, im Dogenpalast in »völliges Schwelgen im Reichen und Schönen« versinkt und während der Organisation der Festspiele, nun schon das Komische streifend, plötzlich ausruft, sie wollten alles allein tun, »kein Regisseur, kein nichts, bloß ein Cassier«. Doch in Wirklichkeit reicht ja die Lust am Aufwendigen und Schönen, am ausartend Üppigen, tief in seine Musik hinein, die eben nicht nur die ästhetischen Kategorien der bürgerlichen Gesellschaft und damit deren Grenzmarken revolutionär überschritt, sondern auch deren charakteristischer Ausdruck war. Ihre Neigung zum Verschwenderischen, sinnlich Schweren, ihr Geschmack am Narkotischen, mondän Gebauschten, an luxuriösen Wirkungen hat sie, aller intellektuellen Gebrochenheit zum Trotz, zuletzt doch immer wieder in die Nähe jener »Großen Oper« gerückt, die Wagner selber als bourgeoises Spektakel und Ausdruck eben jener Décadence empfand, an der er verzweifelt litt.

Es hat vermutlich mit seiner Neigung zu dramatischen Steigerungen zu tun, daß er nicht nur den Untergang als unvermeidlich ansah, sondern ihn zu ersehnen und in enthusiastischen Finalphantasien, »einen Weltuntergang in jeder Note«, zu beschwören begann: »Ich dürste nach Vergehen, Verderben.« Als er Anfang 1871 einen Krönungsmarsch komponiert, stellen sich denn auch Schwierigkeiten ein: »So etwas kann ich nicht machen.«

Denn, so bemerkt er nicht ohne Stolz: »Ich bin der Plenipotentiarius des Untergangs.« In jungen Jahren hatte er noch an die Veränderbarkeit der Welt geglaubt. Zwar ist es richtig, daß er nicht zuletzt zum Revolutionär geworden war im Interesse seiner Kunst, für die er sich mancherlei Wirkungsmöglichkeiten aus dem Umsturz des Bestehenden erhoffte; auch spielten dunkle Protestbedürfnisse und die vom eigenen Temperament viel eher als von politischen Konzeptionen gesteuerte Künstlerneigung zum extremen Ausdruck bei seinem revolutionären Engagement eine Rolle. Aber dahinter war doch durchweg die, wenn auch vage Vorstellung wirksam, daß die verderbte Welt nur zu retten sei, wenn die Reinen, Unkorrumpierten sie in Flammen setzten und über Aschefeldern die wahre Kunst alles neu mache.

Es gehört zum repräsentativen Charakter Wagners, daß er bald schon den Weg des deutschen Bürgertums, ein Stückweit zumindest, mitgegangen ist und den Wandel vom revolutionären zum antipolitischen Affekt, den Rückzug aus der öffentlichen in die private Sphäre mit all dem desillusionierten Groll, der dafür kennzeichnend ist, vollzogen hat. Der Glaube an die reinigende Kraft der Zerstörung jedenfalls war bald dahin, aus dem Freund Bakunin war ein enttäuschter Misanthrop geworden, mit ihm selber verhielt es sich nicht anders. Sogar dem eigenen Werk billigte er inzwischen keine läuternde Wirkung mehr zu und vermochte kaum daran zu denken ohne das Gefühl des Unverstandenseins und der Reue: »Er wisse wohl, es sei alles vergebens gewesen.« Jahrelang verstrickte er sich in erbitterte Streitigkeiten, um die Aufführung einzelner Werke zu verhindern, und obwohl dabei finanzielle und künstlerische Erwägungen im Vordergrund standen, war doch auch die Überlegung im Spiel, daß die Welt zu verächtlich sei für sein Werk: »Alles«, äußerte er, »ist den Schweinen hingeworfen.«

Das Bild prägt sich unverlierbar ein: die Beiden, gravitätisch verhockt in ihrem fränkischen Winkel, die zunehmende Vereinsamung zu Weltflucht und Weltekel stilisierend, wie sie in unglaublicher, menschheitsabkanzelnder Rechthaberei, unentwegt einander bestätigend und bedauernd, ihre gereizten Urteilssprüche austeilen: über Kunst, Religion, Politik, Judentum, Frauenemanzipation, Sozialismus. Wer fragt, woher Wagner die Kraft für das Bayreuther Unternehmen holte, das ihm in der Tat wie das Kornfeld auf der hohlen Hand wuchs: für die Konzeption so gewaltiger Partituren mitsamt der täglichen Ausführungsmühsal, die entmutigenden Scherereien der Geldbeschaffung und der Organisation des Festspielhausbaus, die Überwindung tausendfacher Widerstände sowie schließlich die Bekehrung eines Publikums, dessen ästhetische Vorstellungen sein Werk leidenschaftlich verwarf, wird nicht zuletzt hier zu suchen haben: im Affekt gegen eine höhnende, vom Gelächter widerhallende Zeit, die nur durch ein beispielloses, die Kräfte eines Einzelnen weit übersteigendes Riesenprojekt zu Scham und Bewunderung auf die Knie gezwungen werden konnte.

Erst vor diesem Hintergrund werden auch die immer neuen Zweifel Wagners an dem »eitlen« Unternehmen begreiflich. Zwar nennt er das Festspielhaus einmal seinen »größten praktischen Geniestreich« und äußert übermütig, es stehe da wie eine »Narrenlaune«. Aber weitaus häufiger sind die Klagen darüber, daß Bayreuth ein »Unsinn« gewesen sei, sein »Leidensberg«, und als er, gegen Ende der Arbeiten am Festspielhaus, zusammen mit Cosima zum ersten Mal das gerüstfreie Gebäude erblickt, stellt das Gefühl eines »Sonnenuntergangs« sich ein: »Keine Morgenröte!« Noch im Oktober 1876, nach den ersten Festspielen, denkt er wiederholt daran, alles aufzugeben und sich einfach davonzumachen.

Es gehört zu den Paradoxien dieses Lebens, daß er, der an seinem Lande gelitten hat, »was einer an Deutschland leiden kann«, immer wieder zur Definition dessen, was eigentlich deutsch sei, in Anspruch genommen worden ist. In der Tat ist kaum bestreitbar, daß sein Werk sowohl im Literarischen, in der

Wahl der Sujets wie der Figuren, als auch in der Art ihrer musikalischen Verarbeitung etwas unverkennbar »Deutsches« besitzt: Die Vorliebe für den germanisch-deutschen Sagenbezirk, für mittelalterliches Ritter- und Reckenwesen, für Märchenund Wunderwelten sowie für »Deutsches Schwert« und »Deutsche Kunst«, dies alles noch durchtränkt von einem Zug ins Metaphysisch-Spekulative, Feierlich-Unmäßige, ist generationenlang, innerhalb Deutschlands wie außerhalb, als »deutsch« bis an die Grenze des Parodistischen oder auch darüber hinaus empfunden worden. Die ungemeine Ausdeutungsfähigkeit seiner Werke hat überdies, in einer Zeit des nationalistischen Identitätswahns, gerade deren fatale Elemente hervorgetrieben und sie einer borniert völkischen Tradition mit ihrem Haß auf alles Fremde dienstbar gemacht. So lag es zur Ausbeutung durch den bereit, der in Richard Wagner sein größtes Vorbild sah; und doch muß man einräumen, daß von allen Kunstmißverständnissen des Nationalsozialismus dieses vermutlich das geringste war.

Immerhin ein Mißverständnis. Denn was immer im Werk Wagners der eng nationalistischen Deutung Vorschub leistete, betraf zuletzt doch eher die akzidentellen Einkleidungen: Szenerie, Kostüm und idiomatische Eigenart. Auch seine unverkennbar reaktionären oder doch vergangenheitszugewandten Elemente ließen sich für die aktuellen Machtstaatbestrebungen nur verfälschend mobilisieren. Dem genaueren Blick stellen diese Werke sich gerade als die Verneinung des Politischen zugunsten des Mythologischen, als Rückzug aus dem Historisch-Nationalen ins Menschheitliche dar, und daß in dieser Auffassung nicht nur die eine Interpretationsabsicht gegen eine andere steht, weiß man aus Wagners Arbeit am Ring-Stoff, den er bewußt und schrittweise so lange aller geschichtlichen Zusätze und Anverwandlungen entkleidete, bis der Ur-Mythos zutage trat.

So wenig wie das Werk läßt sich auch die Person für den nationalstaatlichen Machtgedanken oder gar für ein völkisches

Sonderbewußtsein in Anspruch nehmen. Selbst wenn man die historische Berechtigung des nationalen Gedankens zu jener Zeit in Rechnung stellt, bleibt doch auffällig, wie unbeteiligt Wagner sich gegenüber allen Bestrebungen der politischen Nation zeigte:»Ich bin nicht auf den Rang der Tagespatrioten zu zählen«, bekannte er. Ein einziges Mal nur, anläßlich des deutsch-französischen Krieges, ließ er sich von der verbreiteten nationalen Stimmung erfassen, doch Cosimas Aufzeichnungen lassen Zweifel daran zu, ob nicht, was ihn dazu trieb, viel eher sein übermächtiger, von unvergessenen Demütigungen herrührender Haß auf Frankreich war, das er jetzt zur Vormacht der untergangsgeweihten Zivilisation erhob, während das siegreiche Deutschland zum Gegenstand neuer, der politischen Sphäre freilich weit entrückter Hoffnungen wurde.

Sie schlugen abermals in Enttäuschung um, und aufs ganze gesehen ließe sich aus den Tagebüchern unschwer ein Kompendium antideutscher Schmähungen zusammenstellen. Zwar hat Wagner das immer wieder beabsichtigte Buch über das Wesen der Deutschen nicht geschrieben, aber Cosimas Notizen geben doch die wichtigsten Hinweise: daß die Deutschen sich allzu widerstandslos fremden Einflüssen öffneten; daß sie weder Form noch nationalen Charakter besäßen, laut, flach und verlogen seien. Vor einer Fotografie Carlyle's sagte er:»So müßten wir (Deutschen) aussehen: rechtschaffen und traurig.« Statt dessen verkämen die besten Anlagen in der Jagd nach äußerem Erfolg, in Kommerz und derbem Genuß:»Nur Gewinnsucht und für einen Sechser Wollust«, urteilte er knapp und schneidend, beklagte die »dumme Bier-Sinnlichkeit der Deutschen«, dieser »elenden Nation«, für die sich so schwer etwas Gutes vorbringen lasse. Sich selber nahm er dabei keineswegs aus, er wußte, was er seiner Herkunft, im Großen wie im Fragwürdigen, verdankte:»Wir sind schauderhaft! Ich kann es sagen, denn: J'en suis!«

Gewiß war auch dabei wieder der nie verwundene Zorn darüber im Spiel, daß die Nation im ganzen sein Werk nur mit so

28

spürbarem Widerstreben annahm. Sorgfältig verzeichnen die Tagebücher jede Weigerung, über die sogenannten Patronatsscheine an der Finanzierung der Festspiele mitzuwirken, und es gehört zu Cosimas schwärmerischen Mißverständnissen, wenn sie schreibt, Richard begehre weder Ruhm noch Anerkennung. In Wirklichkeit hat er zeitlebens nichts anderes begehrt. Es ist nur ein anderer Widerspruch seines Wesens, daß er, aller Bayreuther Volksfestideologie zum Trotz, gerade nach Anerkennung durch die Inhaber hoher sozialer Ränge verlangte. Als im August 1876, bei der Eröffnung der Festspiele, zusammen mit Fürsten, Großherzögen und Prinzen auch der Kaiser erscheint und »sehr freundlich gestimmt vom Nationalfest« spricht, vermerkt das Tagebuch: »Endlich!« Zwar gesteht Wagner dem zunächst bewunderten Bismarck zu, er leiste genug, »der braucht nicht an das Kunstwerk der Zukunft zu denken«. Doch als der Kanzler ihm eine Subvention von 30 000 Talern streicht, werden »bittere Empfindungen« wach, die sich bald in totalen Verdammungsformeln niederschlagen: »Ich kam in die elendeste Zeit, welche Deutschland je erlebt, mit diesem Sauhetzer (Bismarck) an der Spitze.«

Der kränkenden Realität entzog er sich immer wieder durch den Rückzug in die Gegenwelt der Kunst. Die Bayreuther Abende mit den regelmäßigen literarischen Lesungen oder musikalischen Vorträgen waren aber nicht nur Flucht- und Ausweichbewegungen gegenüber der Wirklichkeit, sondern auch vom Verlangen nach ebenbürtigem Umgang eingegeben, wie ihn einzig das »Geisterreich der großen Toten« gewährte. Die griechischen Klassiker, Cervantes, Kant, Schiller, Goethe und Schopenhauer waren die bevorzugten Autoren, sodann Shakespeare, immer wieder Shakespeare: »Er ist unausstehlich«, meinte Wagner hingerissen, »denn er ist absolut unbegreiflich.« Was bürgerliches Bildungspathos mit all seinem intellektuellen Aneignungshunger, seiner Sehnsucht nach großen Gedanken, Stoffen und Themen sowie dem Glück hingebender Bewunderung eigentlich ist, wird kaum irgendwo so unmittelbar anschaulich wie auf diesen Seiten. Sie demonstrieren zugleich auch die suggestive Macht geistiger Erfahrungen. Angesichts der nervösen Zustände, unter denen Wagner litt, all den Zahngeschwüren, Migränen, Gesichtsrosen, Hitzeblattern und Fieberanfällen, mußten die Ärzte immer wieder ihr Unvermögen eingestehen. Aber die Lektüre eines Buches, auch ein geistreicher Einwurf, konnte alle Gebrechen vergessen machen und ihn glücklich stimmen: dies war die Wirklichkeit gegen alle Wirklichkeit, ein »unendlicher Trost«. Wenn Wagner von einem Traum berichtet, in dem Goethe ihm erklärte, er wolle bei ihm bleiben, bei ihm habe er seine Bestimmung gefunden, so zeugt das nicht nur vom skurril getönten Hochmut Wagners, sondern auch von einer Intimität im Geistigen, die sich nur aus vertrautem, fast nachbarlichem Umgang mit den großen Dichtern und Künstlern der Vergangenheit herstellt.

Immer wieder ist man verblüfft über die souveräne Manier, in der er über weite Bereiche des europäischen Bildungsguts gebot. In der Tat sind auch seine komplizierten Text-Vorlagen, denen die motivisch unendlich verflochtene, von Anspielungen und Beziehungsreizen erfüllte Musik nur zu genau entspricht, ohne bürgerliches Bildungsbewußtsein und bürgerlichen Bildungsprunk kaum zu denken; und man beginnt zu ahnen, welchen Gefahren das Werk durch Wagners literarische Bewußtheit, seinen psychologischen Scharfsinn, das tiefsinnig Ausgedachte seiner Szenen und Figuren, ausgesetzt war. Ohne die Fähigkeit, sich vor den Partituren in jenen »wahnsinnigen somnambulen Zustand«, jene »eigentümliche Brunst« zu versetzen, in die er sich nicht selten künstlich, durch mancherlei anregende Nachhilfen, wie er es nannte, zu »schrauben« pflegte – es hätte alles leicht in eine Art angestrengter, von den Spuren eines pedantischen Konstruktionswillens unverlierbar gezeichnete Gedankenmusik ausarten können.

Er liebte Carl Maria von Weber, der sein großes musikalisches Bildungserlebnis gewesen war: ohne ihn wäre er nie Musiker geworden, hat er bekannt, da »käme er in seine Heimat«. Daneben bewunderte er Beethoven, »wir sind die beiden Melodisten, wir haben die große Linie«, behauptete er, während er sich, vom musikalischen »Schönheitsgefühl« sprechend, als »Nachfolger Mozarts« sah. Er rühmte, in einem schönen Wort, dessen »wimmelnde Wunderbarkeiten«, registrierte staunend, nie habe Mozart »etwas Törichtes komponiert«, doch erhob er immerhin auch Einwände. Sie galten vor allem der »Kürze« dieser Werke und dem mitunter »schrecklichen Formalismus« ihrer Durchführung, nur selten sei Mozart »zum Ausdruck seines Wesens« gekommen. Bezeichnenderweise fragte er nicht, ob Mozart überhaupt individuelle Empfindungen: Nöte, Sehnsüchte oder Hochstimmungen in Musik habe umsetzen wollen, wie er denn durchweg, was immer ihm begegnete, aus der radikal verengten Perspektive des eigenen Kunstbegriffs bewertete. Das wird im abschätzigen Urteil über Rossini, Schumann oder Brahms ebenso deutlich wie in den Verdikten über Rom oder die Renaissance. Noch in der Sixtinischen Kapelle denkt er unwillkürlich an das eigene Werk: »Das ist wie in meinem Theater, hier merkt man, daß nicht gescherzt wird.« Daß Genie auch Blickverengung, Neid und Ungerechtigkeit sei, hat er mit selbstkritischem Freimut verschiedentlich eingestanden: »Ich kann«, heißt es einmal, »nicht gerecht sein, dazu muß man selbst nichts sein, nichts anderes im Kopfe haben als das Abwägen.«

Wenn Wagner aber zu den eindrucksvollen Beispielen dessen zählt, was bürgerliche Bildung einmal war, so hat er doch auch deren Grenzen aufgezeigt. Selten nur ist der Satz, daß Bildung freimache, daß dem geistigen Gewinn notwendig ein moralischer folge und mit den Unkenntnissen auch die Vorurteile fielen, so nachdrücklich selbst als Vorurteil kenntlich geworden wie an seiner Person. Denn alle Leidenschaft für große literarisch-künstlerische Eindrücke und erweiternde Erkenntnisse hat nicht verhindern können, daß er zahlreiche Wahnvorstellungen der Epoche teilte: mancherlei Verschwörungstheorien, Irrlehren, Ressentiments, und kaum daß er durch die Freiheit eines

Urteils Bewunderung abnötigt, stellt er sich als Anwalt des dunkelsten Köhlerglaubens bloß.

Den anschaulichsten Beleg dafür liefert zweifellos Wagners Antisemitismus. Er selber hat ihn, eine verbreitete Vorstellung mit den eigenen Dekadenzvisionen verknüpfend, verschiedentlich damit begründet, daß die Juden als die Repräsentanten der Geldherrschaft zugleich das eigentlich antreibende Element des Verfallsprozesses bildeten. Überfremdungsängste kamen hinzu: Die rassische Härte der Juden, ihre Intelligenz und oft bewiesene Fähigkeit, unter allem Anpassungsdruck nichts von ihrer Eigenart aufzugeben, machten sie allen Völkern überlegen, meinte er. Solange die Deutschen, ungeprägt und formbar wie sie seien, noch keinen nationalen Charakter entwickelt hätten, leiste der Staat, indem er die Juden in seinen Schutz nehme, dem Untergang des Landes Vorschub. In zwei oder drei Generationen, vielleicht, werde man die Vorbehalte ablegen und die Juden nach Deutschland hereinlassen können, denn am Ende seien sie, wie er einmal, alle Vorurteile spontan abwerfend, äußerte, »doch die allervornehmsten«.

Indessen wird in solcher, das »rationale« Gerüst seines Wahns freilegender Verkürzung nichts mehr von dem obsessiven Charakter dieser über Jahre hin sich erstreckenden, in ständig neuen, bösartigen Ausfällen gipfelnden Judenfeindschaft spürbar. Ihre dumpfen Motive kommen zum Vorschein, wenn Cosima von »wildesten Träumen« Richards berichtet, in denen Jüdinnen ihn verhöhnen oder, ein anderes Mal, »zudringlich« werden: »Immer viel Racen-Gespräche«, notiert sie. Die Veröffentlichung der von Wagner verfaßten Schrift »Über das Judentum in der Musik« fällt in die Zeit der Tagebücher, und zahlreiche Eintragungen machen das gewaltige Echo, das sie hatte, vernehmbar. Irritiert liest man, wie Wagner sich »mit einiger Genugtuung« ein persönliches Verdienst an der, nach Jahren zunehmender Liberalisierung, plötzlich wieder »gefährdete(n) Lage der Israeliten in Deutschland« zuschreibt, oder Cosima, nach der Lektüre einer antisemitischen Rede des Pfarrers Stoecker, in naivem Zynismus festhält: »Wir lachen darüber, daß wirklich, wie es scheint, Richards Aufsatz über die Juden den Anfang dieses Kampfes gemacht hat.«

Die Psychologie dieses Ressentiments wird noch befremdlicher, wenn man die besondere Vorliebe gerade zahlreicher Juden für Richard Wagners Werk bedenkt. Zu seinen engagiertesten Anhängern zählten der Leipziger Operndirektor Angelo Neumann, der das reisende Wagner-Theater gegründet hatte, ferner der Schriftsteller Heinrich Porges, Catulle Mendès, der Dirigent Hermann Levi sowie der Pianist Josef Rubinstein. Sie alle gehörten über Jahre dem engsten Bayreuther Freundeskreis an, und Wagner spottete gelegentlich: »Wir bekommen in Wahnfried eine Synagoge.« Rubinstein hatte Eingang in die Hausgemeinschaft durch einen Brief erlangt, der mit dem Satz begann: »Ich bin Jude«, und nach »Erlösung durch Mittätigkeit an der Aufführung der Nibelungen« verlangt. Doch war es gewiß nicht allein diese, Wagner offenbar tief bewegende Erklärung, die ihn zum Freund und bald auch einfühlsamen Ratgeber des Jüngeren machte; vielmehr endeten alle Vorbehalte immer dann, wenn es um den Rang künstlerischer Leistung ging, wie Martin Gregor-Dellin im Vorwort bemerkt. Aus keinem anderen Grunde auch hatte er Hermann Levi als Dirigent der Uraufführung des »Parsifal« ausersehen, ging dabei jedoch allen Ernstes mit dem Gedanken um, ihn zuvor zum Übertritt ins Christentum zu bewegen. Lange suchte er nach der geeigneten Formel, »um so einen armen Menschen zu taufen«.

In solchen Überlegungen deutet sich der Umschlag ins Inhumane rassischer Menschenverachtung schon an, die alle Gesten der Freundschaft und des fachlichen Respekts, alle Begeisterung für das gemeinsame Werk, nicht verhindern konnten. In ihrer roheren Gestalt kam sie zum Ausdruck, als er einmal, Levi gegenüber, unvermittelt bemerkte: »Er – als Jude – habe nur zu lernen zu sterben.« Und als im Jahre 1881, beim Brand des Wiener Ringtheaters, mehr als vierhundert Juden den Tod finden, erklärte er in »heftigem Scherz«, wie Cosima, auch hier alles mitmachend, notiert: »Es sollten alle Juden in einer Aufführung des ›Nathan‹ verbrennen.«

Das ist erschreckend, und man soll sich nicht verheimlichen, daß der dolose Judenhaß Wagners erheblich dazu beigetragen hat, dem deutschen Antisemitismus einen Schein der Achtbarkeit, des gesellschaftlich und intellektuell Erlaubten zu vermitteln, er selber hat sich noch gegen Ende seines Lebens einiges darauf zugute gehalten: »Ich bin um etwas dabei.« Angesichts dieser Wirkungen tritt die Frage nach den individuellen Motiven seines antijüdischen Ressentiments zurück, man wird sie in Wagners Pariser Scheitern, das er, in einer ersten Rationalisierung seiner Mißerfolge, überwiegend den Machenschaften jüdischer Gegner zuschrieb, ebenso zu suchen haben wie wiederum in jenem übermächtigen Angstgefühl der Epoche, das hinter allen ihren kühnen Herausforderungsgesten nistete und sich in den Juden nur ein konkretes Feindbild schuf. Als Wagner einmal einen Pfau dabei beobachtete, wie er das Rad schlug, bemerkte er: »Ganz die k(aiserliche) Majestät, vorne Pomp, hinten Angst.« Er hat das auch für sich gesagt.

Allen herrischen, schroffen Zügen zuwider war er eine weiche Natur und laut nach Art der Schwachen; nicht eigentlich stark, sondern nur zäh. Immer wieder ist in den Aufzeichnungen von Tränenausbrüchen die Rede: aus Ergriffenheit, Selbstmitleid, Gefühlen der Ohnmacht oder der künstlerischen Unsicherheit. Schon in jungen Jahren pflegte er sich mitunter hinzusetzen, um zu weinen: wie erschlagen vom Zweifel, ob er das geplante, in den Umrissen ihm schon sichtbare Gesamtwerk je werde vollenden können: »Es ist mir, als ob ich mich einmal geradezu verweinen müßte.« Dabei war es geblieben. Er kenne nur exaltierte Zustände, hat er von sich gesagt, alles sei mit Krämpfen verbunden, sei »der Freude oder des Leidens«.

Thomas Mann hat die Opern Richard Wagners »Wunderwerke« genannt, und zu den großen, haftenden Eindrücken dieser Notizen zählt denn auch die Erkenntnis, welcher gefährdeten, von Neurasthenien, Mattigkeiten, immer neuen Krankheiten und Zusammenbrüchen heimgesuchten Konstitution sie abgerungen wurden; ein Wunder auch dies. An manchen Tagen bringt er zwei oder drei Takte zustande, ein andermal hat er »zwar eine Seite der Partitur ertrotzt, ist aber vor der großen Schwierigkeit seiner Aufgabe völlig niedergedrückt«. Er haßte die Musik, die unablässigen Quälereien vor dem leeren Papier, sein Unvermögen, den Abstand zwischen Idee und Ausführung zu überwinden. »Was ich für ein Stümper bin, glaubt kein Mensch«, gesteht er Cosima verzweifelt, er könne strenggenommen nur phantasieren, aber so schwer einen Einfall in Form umsetzen: »Mendelssohn würde die Hände über dem Kopf zusammenschlagen, wenn er mich komponieren sähe.« Noch während der Arbeit am »Ring« trägt er sich mit der Absicht, alles hinzuwerfen. Einmal ruft er bei Tische aus: »Ich verfluche dieses Musizieren, diesen Krampf, in den ich versetzt bin, der mich mein Glück gar nicht genießen läßt; da ist mein eigener Sohn da gewesen, und es geht an mir vorüber wie ein Traum; dieses Nibelungen-Komponieren sollte längst vorüber sein, es ist ein Wahnsinn, oder ich müßte gemacht sein, wild wie Beethoven; es ist nicht wahr, wie ihr euch einbildet, daß dies mein Element ist; meiner eigenen Bildung zu leben, meines Glückes mich zu erfreuen, das wäre mein Trieb.«

Was ihn dennoch immer wieder zur Musik, dieser »Marter meines Lebens«, zurückbrachte, war ein ununterdrückbarer, ins Manische reichender Produktionszwang. Die Essays und zahllosen Briefe, die er geschrieben hat, die Autobiographie, das abendliche Deklamieren, Vorlesen und Vorsingen, das oft wahllos anmutende, fast schlingende Interesse an allem Geschriebenen, dessen Thesen er sich aneignete, um sie sogleich, verfärbt und mit Eigenem durchsetzt, in wild wuchernden Dauermonologen wieder von sich zu geben, hatte in dem gleichen Bedürfnis seinen Ursprung, und die Musik war nur die konzentrierte Form dieser Ausdrucksbesessenheit. Als er einmal, von Zahnschmerzen und einer Handflechte gequält, einige Tage nicht zu seinen Notenpapieren kommt, schreibt Cosima: »R. mißmutig, sehnsüchtig nach Produktivität.«

Gleichzeitig war, was ihn immer wieder zur Arbeit trieb, in seiner Bürgerlichkeit begründet: im Bewußtsein, daß die Kunst nicht so sehr eine Berufung als ein Beruf sei, der täglich aufs neue den Akt der Selbstnötigung verlangte, keine Ausflüchte oder genialische Lethargien erlaubte und alle Stimmungen zum Schweigen zwang. Den inneren Nöten, den Gebrechen und vielfältigen Gefühlskränkungen durch die Welt keine Macht über sich einzuräumen und allen resignativen Einflüsterungen zum Trotz mit Hingabe bei dem zu bleiben, was getan werden muß, ist eigentlich, was bürgerliches Arbeitsethos heißt. Der klassische Gegensatz von bürgerlicher und künstlerischer Lebensform war in Wagner, wie sehr er auch darunter litt, aufgehoben, er selber hat das in die Klage gefaßt, er habe »Pedanterie und Genialität in einen Beutel bekommen«. Nirgendwo kommt dieses zweite Antriebselement seines Schaffens respektgebietender zum Vorschein als in den Begleitnotizen Cosimas zu seiner letzten Oper, dem »Parsifal«, die er, müde, von Krankheiten geplagt und immer wieder in anhaltende Phasen produktiver Unlust zurückfallend, schließlich zu Ende führte. »Es ist vollbracht«, vermerkt sie in Anspielung auf den Passionscharakter jener Monate, als er, mit der abgeschlossenen Partitur, ihr Zimmer betritt.

Schon während der Arbeit am »Parsifal« hatte er beständig über ein Gefühl tiefer Erschöpfung geklagt, er habe gar keine Exaltationsfähigkeit mehr. Als im Sommer 1882 die zweiten Bayreuther Festspiele mit der Oper eröffnet werden, notiert Cosima: »Vor der Aufführung hat R. geweint, und am Schluß ruft er aus: ›Ich bin müde!‹« Auf seine Umgebung reagierte er mit zunehmender Gereiztheit, nichtige Anlässe lösten vehemente Wutanfälle aus, in denen sich Anklagen und Selbstvorwürfe entluden, einmal sprach er auch von seinem Haß auf das Leben: »Ach! wär ich tot.« Auch eine Reise nach Venedig, in die Tristanstadt, die er allen seinen Dekadenzphobien zum Trotz leidenschaftlich liebte, weil ihr Verfall von ausgegebener Kraft, Verfeinerung und romantischem Todeszauber zeugte, brachte keine Besserung. Die Krämpfe, unter denen er litt, nahmen an Dauer und Intensität zu, zusehends stellten Gedächtnisstörungen sich ein, er war voller Todesahnungen. Eines Abends rief er seinen Gästen beim Abschied pathetisch nach: »Harlekin, du mußt sterererererrrrebenenene!« Sein Theatertemperament verließ ihn nicht; noch den Gedanken an den eigenen Tod verband er mit Auftrittsvorstellungen. Als er vierzehn Tage später, am 13. Februar 1883, von einer Stunde auf die andere, starb, war er allein in einem Nebenzimmer.

Der Blick auf Werk und Person Richard Wagners ist nie ohne zwiespältige Empfindung möglich gewesen, und Cosimas großes Notizenwerk hat die Irritationen eher noch verstärkt. Wie eh und je kann alle Bewunderung für sein gewaltiges, von unerhörten musikalischen wie intellektuellen Vorgriffen zeugendes Werk an den trüben, instinktgebundenen Elementen nicht vorbei, die auch darin enthalten sind und eine Hingabe ohne Zweifel, eine Verehrung ohne Räsonnement nicht erlauben. Etwas sei in ihm, hat er einmal bemerkt, »mit dem man nicht fertig wird«.
Schon sein erster Kritiker, Friedrich Nietzsche, hat gesagt, das Werk Richard Wagners sei »gegen die Zivilisation« gerichtet. Es stand auf nicht ganz unschuldige Weise dagegen: zuviel Bewußtheit, zuviel berechneter Affront- und Verneinungswille war darin eingegangen, und in der Frage Wagners, ob die Kunst nicht ein großer Frevel sei, ist etwas vom Gefühl der eigenen problematischen Bedeutung festgehalten. Das verwirrende Gebräu von politikfeindlichem Utopismus, von mythischer Revolutionsschwärmerei, Blutkult und klassenloser Volksgemeinschaft, von Todessehnsucht, Alt-Nürnberg und Modernität enthält, künstlerisch übersetzt, schon die ganze Lossage von den Normen und humanen Traditionen des alten Europa, die sich später in der Wirklichkeit vollzog. »Die Musik«, so hat er gesagt, »verklärt alles.« Alles gewiß nicht.

Betrachtung über einen Unpolitischen

Thomas Mann und die Politik

Thou com'st in such a questionable shape.«

Hamlet

Dies ist unsicherer Grund. Ein Leben und ein Werk voll Ironie, der Lust an Doppeldeutigkeit und würdevoller Mogelei. Fangen wir vorsichtig an.

Das mindeste wäre, Thomas Manns Verhältnis zur Politik als einen Prozeß zu bezeichnen: die Geschichte einer aus konfusen Anfängen hervorgehenden, nicht ganz freiwilligen, doch vom Druck der Umstände bewirkten »Bekehrung« zu politischer Vernunft. Einzuräumen wären wiederholte Phasen des Schwankens, der Rückfälligkeit in den reaktionären Sündenstand von einst, doch steht am Ende immer wieder der entschlossene Schritt nach vorn: ein deutscher Bildungsroman im Grunde, vorgeführt am Beispiel eines der größten Dichter des Landes, Biographie als Stufengeschichte zu höherer Einsicht. »Einer erzieht schreibend sich selbst«, hat Heinrich Mann, ganz in diesem Parabelsinne, den Lebensweg seines Bruders gedeutet.

Nicht zufällig ist der Entwicklungsroman bei einem pädagogisch so ernstmeinenden Volk wie dem unseren die Erscheinungsform des Romans schlechthin; und häufiger als offenbar zulässig, wirkt die ihm zugrunde liegende Idee, wonach der Mensch erst im Ringen mit sich selbst zu Einsicht und Reife komme, auf die Deutung eines Lebenswegs zurück. Der Verdacht ist nicht unbegründet, daß Thomas Mann in seinem Verhältnis zur Politik nicht zuletzt deshalb zum Paradefall eines deutschen Schriftstellers im ausgehenden bürgerlichen Zeitalter werden konnte, weil er die vertraute Vorstellung, daß Leben soviel wie Läuterung sei, beispielhaft zu erfüllen schien: nach einem entschieden unpolitischen, in die hochmütigen Spielereien der Kunst verlorenen Beginn hat er sich, der verbreiteten Auffassung zufolge, gleich der Mehrzahl seiner schreibenden Zeitgenossen, von den Euphorien des Ersten Weltkrieges zu einigen verworrenen nationalistischen Bekenntnissen hinreißen lassen, dann aber, von Vernunft und Verantwortungsbewußtsein geleitet, den früheren Vorstellungen abgeschworen und den Weg zur Aussöhnung mit Republik und Demokratie eingeschlagen, sogar »zur Entscheidung für den Sozialismus« gefunden, wie Kurt Sontheimer gemeint hat, kurz: die in seiner Person wie am Exempel sichtbar gewordene, traditionell deutsche Entfremdung von Geist und Politik überwunden, ehe er schließlich, als Emigrant, einer der engagierten Kritiker des in Hitler offenbar gewordenen deutschen Irrwegs geworden sei; in der Tat ein Entwicklungsroman.

Zahlreiche Äußerungen aus der zweiten Lebenshälfte des Dichters stützen diese Deutung auch offenkundig ab: angefangen mit der aufsehenerregenden Rede »Von deutscher Republik«, die Thomas Mann 1922, zum 60. Geburtstag Gerhart Hauptmanns, gehalten hat, über die gegen Ende der Weimarer Republik beschwörend ins Politische ausgreifenden Studien zu Freud, Goethe, Richard Wagner, sich fortsetzend in den »Leiden an Deutschland« und schließlich gipfelnd in den von der BBC während des Krieges ausgestrahlten Rundfunkansprachen sowie in manchem anderen, was er, nicht ohne verwunderte Erheiterung, als »politisch gebundene Dienstleistungen« und »demokratisches Wanderpredigertum« bezeichnet hat.

Die Frage ist freilich, ob von einem wirklichen Wandel der Grundüberzeugungen gesprochen werden kann. Nicht, daß die Bekenntnisse zur Republik, zu westlicher Zivilisation und sozialer Gerechtigkeit nur als die opportunistischen Zugeständnisse eines Mannes zu gelten hätten, dem die Rolle als Praeceptor und Festredner viele republikanische Messen wert gewesen wäre. Doch darf man die ironische Nebenspur nicht übersehen, die alles begleitet, was er je in Standpunktdingen geäußert hat, sie immer sogleich entschärfend, abschwächend, auflösend. Schon den »Betrachtungen eines Unpolitischen« beispielsweise hatte er eine Vorrede hinzugefügt, wonach in aller polemischer Heftigkeit, auf die er sich da eingelassen habe, in aller Streitlust, immer auch »ein Rest von Rolle, Advokatentum, Spiel, Artisterei, Über-der-Sache-Stehen, ein Rest von Überzeugungslosigkeit« enthalten sei. Und nicht viel anders verfuhr er anläßlich der Bekenntnisrede »Von deutscher Republik«. In dem Vorwort, das er der gedruckten Fassung voranstellte, verwirrte er seine Leser mit den Sätzen: »Wenn der Verfasser also auf diesen Blättern teilweise andere Gedanken verficht als in dem Buche des ›Unpolitischen‹, so liegt darin eben nur ein Widerspruch von Gedanken untereinander, nicht ein solcher des Verfassers gegen sich selbst ... Dieser republikanische Zuspruch setzt die Linie der ›Betrachtungen‹ genau und ohne Bruch ins Heutige fort.« Und an seine Briefpartnerin Ida Boy-Ed schrieb er ungefähr zur gleichen Zeit, nun schon fast sein Bekenntnis zur Demokratie verleugnend: »Ich halte mich an die großen Meister Deutschlands, Goethe und Nietzsche, die es verstanden, anti-liberal zu sein, ohne irgend einem Obskurantismus das geringste Zugeständnis zu machen und der menschlichen Vernunft und Würde etwas zu vergeben.«

Wer daher nicht einfach gutgläubig ist oder zu den ideologischen Proselytenmachern zählt, die auf beständiger Suche nach Zeugen und Eideshelfern der demokratischen Sache sind, wird mit der politischen Standortbestimmung des Dichters einige Mühe haben. Zusätzlich kompliziert wird das Urteil noch durch eine ebenso auffällige wie bezeichnende Diskrepanz, auf die Thomas Mann selber hingewiesen hat. Das rational Humanitäre, schrieb er in einem Brief aus dem Jahre 1935, äußere sich bei ihm »fast nur im Kritisch-Essayistischen, Polemischen ..., aber kaum in meinem dichterischen Werk, wo meine ursprüngliche Natur, die nach Gleichgewicht im Humanen verlangt, weit reiner zum Ausdruck kommt«. Ungeachtet dessen berufen sich die

Anwälte eines demokratisch geläuterten Thomas Mann fast ausschließlich auf seine politischen Schriften, weil in ihnen der Dichter selber als Person, Bürger und Bekenner zu sprechen scheint, während in den Romanen und Erzählungen jeder Standort durch die übergreifende Intention, durch Handlungszusammenhang oder Psychologie der auftretenden Personen bedingt und relativiert erscheint.

Wer es sich aber versagt, den Dichter, auch als Person, als politisches Wesen von seinem literarischen Werk kurzerhand abzutrennen, wird den Widerspruch, zumindest mit Beginn der zwanziger Jahre, immer neu entdecken. Und die Überlegung liefe dann darauf hinaus, ob Thomas Mann sich mit seinem essayistischen Werk, mit seinen Reden und Appellen, nicht nur einer wie ernst auch immer begriffenen Pflicht unterwarf – während er in Wirklichkeit, in seinem Werk also und im Persönlichen, der alten romantisch-ästhetischen Position mitsamt ihren Antithesen von Geist und Politik, Kunst und Leben unveränderbar treublieb; ob all die feierlich stilisierten Bekenntnisse zur Demokratie, zum sozial Nützlichen oder zum Fortschritt nur mühsamer »Gewissensdienst« waren – während er weiterhin jene apolitische »wütende Leidenschaft für das eigene Ich« kultivierte, die sein Bruder Heinrich ihm vorgeworfen hat: die Vorliebe für Verfall, Untergang und weltverachtendes Außenseitertum. In seinem gesamten erzählerischen Werk jedenfalls hat die so spektakulär empfundene Wendung von 1922 keinen merkbaren Widerhall gefunden. Die Welt des Sozialen, in irgendeinem engeren Sinne Politischen: Revolution, Heraufkunft des Industriezeitalters, gesellschaftliche Veränderungen, aber auch die Menschen, die davon erfaßt, getragen, zerbrochen wurden: das alles ist den späten Romanen so fremd wie den frühen, am deutlichsten tritt es, paradoxerweise, noch in den »Buddenbrooks« hervor, die den Verfall einer Familie eng mit dem historischen Untergangsprozeß des Bürgertums verbinden. Doch Thomas Mann selber hat diesen Aspekt nicht wahrhaben wollen und darauf beharrt, er habe nur individuelle Schicksale erzählt und »die

Verwandlung des deutschen Bürgers in den Bourgeois ein wenig verschlafen«. Unverändert jedenfalls, vorher wie nachher, blieb sein Blick auf den sonderbaren, in eine geschichtslose Geschichtlichkeit versetzten Einzelnen gerichtet, das »problematische Ich«. In »Königliche Hoheit« heißt es über Klaus Heinrich, der seine grüßenden, im Sonntagsstaat versammelten Untertanen betrachtet: »Er wußte nicht, wie sie unverschönt und unerhoben am Wochentage blickten und waren« – das gilt auch für den Autor, der das nicht nur nicht wußte, sondern nicht einmal zu wissen verlangte: Sie waren »ja nur Nebenpersonen«, wie es im »Erwählten« einmal zur Begründung dafür heißt, daß sich der Erzähler der erschlagenen Ritter nicht annehmen will. Die Wirklichkeitsverleugnung geht so weit, daß Thomas Mann auf die Frage, wie sich reale Ortsnamen in einem seiner Romane ausgenommen hätten, antwortete: »Das Wort ›Berlin‹, ein einziges Mal in einer einzigen Zeile aufklingend, hätte mit den hundert störenden Ideenverbindungen, die es hervorruft, meine ganze Imagination über den Haufen geworfen.« Selbst der Josephs-Roman, dessen vierter Band vielfach (und nicht ohne Legitimation durch Thomas Mann selber) als eine hintergründige Huldigung an das Amerika Franklin Delano Roosevelts, an eine Welt des aufgeklärten, pragmatischen, sozialen Glücksstrebens verstanden worden ist, erzählt nichts anderes (wie wiederum Thomas Mann, groß in seinen Widersprüchen, bemerkte) als der Roman »Buddenbrooks« auch schon: eine »Verfalls- und Verfeinerungsgeschichte«, der junge Joseph sei durchaus mit Hanno zu vergleichen, äußerte er, »nur, daß ... in diesem mythischen Buch das Familiär-Bürgerliche ins Menschheitliche gesteigert wird«.

Nicht anders steht es, aufs Ganze gesehen, um »Lotte in Weimar«, um »Doktor Faustus«, den »Erwählten« und schließlich um »Felix Krull«. Kurz nach dem Erscheinen des »Zauberberg« schrieb der Dichter auf entsprechende Einwände hin an Julius Bab: »Daß das Soziale meine schwache Seite ist –, ich bin mir dessen voll bewußt und weiß auch, daß ich mich damit in einem gewissen Widerspruch zu meiner Kunstform selbst, dem Roman befinde, der das Soziale fordert und mit sich bringt. Aber der *Reiz* – ich drücke es ganz frivol aus – des Individuellen, Metaphysischen ist für mich nun einmal unvergleichlich größer. Sicher, Roman, das heißt Gesellschaftsroman, und ein solcher ist der Zbg. bis zu einem gewissen Grade auch ganz von selbst geworden. Einige Kritik des vorkriegerischen Kapitalismus läuft mit unter. Aber freilich, das ›Andere‹, das Sinngeflecht von Leben und Tod, die Musik, war mir viel, viel wichtiger. Ich bin deutsch ... Das Zolaeske ist schwach in mir, und daß ich auf den 8 Stunden-Tag hätte kommen müssen, mutet mich fast wie eine Parodie des sozialen Gesichtspunktes an.‹

Der das schreibt, ist strenggenommen immer noch der Autor der »Betrachtungen eines Unpolitischen«, der wie unberührt von dem, was die nationale Rechte ihm als »Überläuferei« vorwarf, von Gesinnungswechsel und Hochrufen auf die Republik, an der Idee einer elementaren, in der deutschen Geistestradition begründeten Politikfremdheit festhält.

Schon diese wenigen Andeutungen machen offenbar, wie irrig im Falle Thomas Manns der bloße Versuch einer genaueren politischen Positionsbestimmung ist. Man verfehlt sein Wesen selbst, die Lust am Vexatorischen, an Schein, Rollentausch und höherem Versteckspiel, sofern man ihn beim Wort zu nehmen trachtet. Sein innerstes Bedürfnis ging durchweg gegen Parteinahme, Tendenz und Engagement, sogar gegen alle Formen öffentlicher Mitmacherei, und noch Mitte der vierziger Jahre notierte er, dergleichen habe für ihn stets »leicht den Charakter des Phantastischen, Traumhaften, Skurrilen« gehabt. Alle Gesinnungszugehörigkeiten waren seiner Natur tief zuwider, und wie Hans Castorp wollte er immer der »Herr der Gegensätze« bleiben. Den Streit beispielsweise darüber, ob er dem totalitären Glücksdespotismus Naphtas oder dem Freiheits- und Fortschritts-Belcanto Settembrinis stärker zuneige, hat er mit ratlosem Achselzucken verfolgt; er gab jeder seiner Figuren die Chance des besseren Arguments, der stärkeren Wirkung, sie waren alle seine Geschöpfe: er war für Tonio Kröger und Hans Hansen, war für Mario, doch für den Zauberer auch.

Als reflektierender Schriftsteller, der wie kaum ein anderer das eigene Werk unablässig interpretiert hat, hat Thomas Mann auch das mit jedem Roman, jeder Erzählung kunstvoll neu errichtete System der gebrochenen Bedeutungen, der angeschlagenen, nie nur einfach ins Recht oder Unrecht gesetzten Figuren, zur eigenen Theorie entwickelt. Es handelt sich um nichts anderes als die Thomas Mannsche Ironie. Sie ist weit mehr als bloßes Stilmittel und literarischer Gestus, sondern führt unmittelbar an den Grund der Persönlichkeit selber.

Mit einem beispiellosen methodischen und sprachlichen Erfindungsreichtum hat er sich dieser Ironie in allen denkbaren Formen bedient. Sie taucht ebensosehr als Untertreibung auf wie in der absichtsvoll überziehenden Beschreibung von Personen, Vorgängen und Empfindungen; in doppelten Verneinungen, die als Bejahung mit gleichsam stiller Reserve erscheinen, in leitmotivischen Wiederholungen wie beispielsweise Tony Buddenbrooks Formel vom Leben, das sie, weiß Gott, keine Gans mehr, kennengelernt habe; in der kühnen Verkoppelung von Widersprüchen, im plötzlichen Tonartenwechsel und was man darüber hinaus noch anführen mag. Für dieses novellistische Mittel, das eine allezeit überlegene, nie in die vorbehaltlose Identifikation übergehende Erzählhaltung statuiert, gibt es in jedem Werk des Dichters, auf jeder Seite geradezu, eine Vielzahl von Beispielen. So vermerkt Thomas Mann an hochgestellten, durchaus achtunggebietend eingeführten Personen mit Vorliebe den einen oder anderen ins Lächerliche weisenden Zug, an den Zarten das Grobschlächtig-Brachiale oder läßt im »Tod in Venedig« den Boten des Jenseits als komische Figur auftreten. Das Gesicht des »Kleinen Herrn Friedemann«, das so jämmerlich »zwischen den Schultern saß«, war dennoch »beinahe schön«, Herr Settembrini eine »Mischung von Schäbigkeit und Anmut«. Von besonderer Problematik sind, aus der Sicht eines derart distanzbedachten Erzählers, die Situationen emotionaler Gefühlsüberwältigung, und im »Zauberberg« finden sich zwei ingeniöse Beispiele für die Ausweichbewegung, mit deren Hilfe Thomas Mann es vermeidet, selber in die Falle jenes Gefühls zu tappen, in die er seine Geschöpfe gebracht hat: der Rückzug Hans Castorps beim Liebesbekenntnis gegenüber Clawdia Chauchat in die französische Sprache bedeutet nichts anderes als den Versuch, sich noch im Geständnis der Leidenschaft abzusichern, sich nicht preiszugeben, einen Rest von Unverbindlichkeit zu wahren: »Car pour moi«, äußert er, »parler français, c'est parler sans parler, en quelque manière – sans responsabilité.« Möglicherweise noch sinnfälliger ist die Szene, in der Hans Castorp vor der Leiche Joachim Ziemßens steht. Die Schilderung der Gemütsbewegung, die ihn überfällt, wird unvermittelt abgebogen in die Beschreibung des »alkalisch-salzigen Drüsenprodukts«, das dem Trauernden über die Wangen läuft. »Er wußte«, heißt es dann, wie um die Sache auf die Spitze oder richtiger: von aller Zuspitzung im Gefühl wegzutreiben, »es sei auch etwas Muzin und Eiweiß darin.«

Noch greifbarer äußert sich der ironische Vorbehalt in der einfallsreichen Kombination von Adjektiven und Substantiven, die vielfach nicht nur eine dialektische Spannung zwischen den Wörtern herstellt, sondern zu unverhohlen antithetischen Verbindungen führt, in denen sich die gedankliche Substanz nahezu auflöst und die Erkenntnis weniger durch den begrifflichen Zusammenhang selber als durch dessen Suggestion vermittelt wird. In »Schwere Stunde« ist einmal von der »sehnsüchtigen Feindschaft« Schillers zu Goethe die Rede, Thomas Mann spricht vom »bleichen, verbrecherischen Heiligenantlitz Dostojewskis«, nennt Nietzsche den »trunkenen Migräniker von Sils-Maria« und die Ironie selber schließlich, in einer doppelt gebrochenen Wendung, eine Form »höchster Selbstentäußerung«, einhergehend mit »zärtlichster Verachtung«.

Diese Bemerkungen sind keine thematische Abirrung und haben nichts mit philologischer Pedanterie zu tun; sie gehören vielmehr eng zum Thema selbst. Denn von diesen sprachlichen und erzählerischen Formen, den kunstvollen Ambivalenzen, die alle Konturen aureatisch zerfließen lassen, sie ins Zwielichtig-Ungenaue heben, geht der Blick am Ende zurück auf den Autor. Zwar wird der Verlust an Präzision durch einen hohen Gewinn an Transparenz aufgewogen, durch eine breite Skala an Stimmungen, Farben, Halbtönen. Aber auf seiten des Autors ist diese Ironie nichts anderes als ein Versuch der Selbstverheimlichung, die literarische Figur des »Inkognitos«; sie ist fundamentale Entscheidungs- und Bekenntnisscheu, die sich in die Haltung der Überlegenheit zu retten versucht.

Die Frage liegt nahe, worauf dieses Bedürfnis, die eigene Person zu verbergen, zurückzuführen ist. Denn was immer die Maskerade verdeckt, so offenbart sie doch die Lust oder Nötigung zur Verkleidung. Auffällig ist immerhin, daß Thomas Mann, wie sehr er die Ironie auch zum Prinzip erhoben und gefeiert hat, nie ein Wort über die Motive verlor, die in die Persönlichkeit selber zurückreichen. Er hat sie durchweg künstlerisch begründet, vereinzelt auch als Ausdruck zivilisierter Menschlichkeit, als Zweifel, Bescheidenheit oder Verzicht auf große Gebärden beschrieben. Aber solche Hinweise lösen die Frage nicht, sondern kleiden sie nur in die Form einer Antwort, da hinter allen Kunstthesen oder Haltungen wiederum ein Bedürfnis steht. Selbst die inzwischen veröffentlichten Tagebücher, die ein einzigartiges Dokument nie ermüdender Selbstbeobachtung sind, wo von zahllosen Alltagsmalaisen, von nervösen Hypochondrien, erotischen Anfechtungen und Todesanwandlungen bis hin zu den Auslagen für Schneider, Friseur und Zigarrenhändler die Rede ist, enthalten auf mehreren tausend Seiten nicht die geringste Andeutung zur Psychologie dieser offenbar elementaren Neigung. Der exzessive Hang zur Selbstreflexion und Selbstpreisgabe endet dort, wo die Ursache des ironischen Verhältnisses zur Welt aufzudecken wäre. Zugleich bestätigt der distanzlose Ernst, mit dem Thomas Mann die eigene Person betrachtet, die pedantische Gravität, mit der er wohlwollende Dutzendkritiken, Ehrungen oder den Beifall vermerkt, den er auf seinen Vortragstourneen erhält, die allgemeine Einsicht, daß die ironische Existenz zur Selbstironie unfähig ist. Wenn Ironie ein Zeichen von Schwäche ist, war sie in seinem Fall, sofern man sich ans Belegbare hält, vom weit in die eigene Biographie zurückreichenden Außenseitergefühl verursacht. Schon früh und in überwacher Bewußtheit hat der späte Nachfahre einer hanseatischen Kaufmannsfamilie empfunden, daß deren robuste Tugenden in ihm zu Ende gingen. Und wem die Figur des Hanno, des »kleinen Verfallsprinzen«, wie Thomas Mann ihn nicht ohne narzißtische Zärtlichkeit genannt hat, allzu literarisch umgesetzt erscheint, kann in Peter de Mendelssohns Biographie nachlesen, wie der Schüler der Lübecker Gelehrtenschule Katharineum, fremd, blaß und hochmütig, der Welt gegenübertrat. Wenn der Hauptpastor Ranke von St. Marien, schon bald nach dem Tod des Senators, die rasch in der Stadt umlaufende Bemerkung von der »verrotteten Familie« machte, so bezog sich das zwar auf einige Mißgeschicke der vergangenen Jahre, aber nicht zuletzt doch auch auf die Söhne des Verstorbenen, die, teilnahmslos und blasiert, in »träumerischer Renitenz«, die Kaufmannswelt verachteten, der sie entstammten. Wie wenig man über die Wirkung solcher oder ähnlicher Erfahrungen auf den jungen Thomas Mann auch weiß: ziemlich sicher ist, daß sie die Gefühle des Ausgeschlossenseins, des Ressentiments gegen die Welt noch verstärkten und sich mit dem Bewußtsein leidender Verfeinerung, mit undeutlichen Schuldgefühlen und dunklen Kompensationswünschen zu der Vorstellung verbanden, zu etwas Besonderem, Unerhörtem ausersehen zu sein: dies alles aber in der Sorge, es vor den Menschen und ihrem Hohn geheimzuhalten. Nur durch die Kunst, so viel erfaßte er, sofern man den frühen Zeugnissen, vor allem der Erzählung »Der Bajazzo« folgt, auf deren autobiographische Wahrheit Thomas Mann immerhin selber hingewiesen hat, konnte er sich dem Leben entziehen und gleichzeitig an ihm teilhaben. »Wie, wenn ich in der Tat ein Künstler wäre?«, fragt die Titelfigur, ein von Selbstzweifeln erfüllter, hilflos und lächerlich wirkender junger Mann. In den sich überstürzenden Worten, mit denen er sein Verhältnis zur Welt kennzeichnet, klingt der ganze Außenseiterkomplex des Autors nach: »Ausgeschlossen, unbeachtet, unberechtigt, fremd, hors ligne, deklassiert, Paria, erbärmlich vor mir selbst.« Aber indem er alles in Darstellung verwandelte, konnte er die verworrenen Gefühle zu gegliederten Satzperioden formen, die Ängste und Melancholien in Wortgehäuse sperren oder in erfundene Figuren verlegen und allen Meinungszwängen entgehen, indem er Behauptung und Widerspruch im Antagonismus erzählend eingeführter Gegenspieler zur Sprache brachte, hinter denen er sich ebenso offenbarte wie verbarg. »Es hilft nichts: man muß leben«, sagt der Ich-Erzähler der Novelle; es gab aber auch Möglichkeiten, dem Leben ironisch auszuweichen.

Solche Hinweise erklären schon, teilweise zumindest, das merkwürdig oszillierende Verhältnis Thomas Manns zur Politik. Wie sollte er, mit all seinem Hang zur Reserve im Gefühl wie im Willen, mit seinen tiefsitzenden Zweifeln, je auf dem Feld von Überzeugung und Wahl bestehen? Politik setzte Entschlossenheit oder, wie er formulierte, ein radikales Welterlebnis voraus. Doch »Ironie und Radikalismus«, heißt es in den »Betrachtungen eines Unpolitischen«, »das ist ein Gegensatz und ein Entweder-Oder«.

Gemeint war vor allem: ein Gegensatz zur Kunst. Denn jenseits der persönlichen Motive, wenn auch daraus hergeleitet, hatte seine ironische Distanz, die nach allen Seiten hin gleichmäßig rege, gleichmäßig teilnehmende Indifferenz, mit seiner Idee des Kunstwerks zu tun. Die Glaubwürdigkeit einer Figur, einer Szene oder eines Handlungszusammenhangs wuchs mit den Überlagerungen, den ins Ungereimte, häufig auch Widersprüchliche verlaufenden Umrissen, die Kunstwahrheit kannte keine chemisch reinen Elemente. Jene parteinehmende, die Welt in schwarze und weiße Lager teilende Literatur, die den Beifall der Gegenwart hat und, um ein beliebiges aber erfolgreiches Beispiel zu nennen, den Reporter eines Skandalblattes zum moralisch durchgehend verächtlichen Subjekt, sein Opfer dagegen, ohne kaum eine Eintrübung, zu einer Bildsäule schlichter Lauterkeit und Hingabe macht, wäre ihm wie die Verleugnung der Literatur selber, ihre Auslieferung an einen vorkünstlerischen Pamphletismus erschienen.

Doch macht dieses Beispiel nicht nur einen Unterschied im literarischen Rang, sondern auch in den Ausgangspunkten offenbar. Um dem von immer neuen Ausweichbewegungen bestimmten, sich jeder Festlegung entziehenden Verhältnis Thomas Manns zur Politik noch einen Schritt näherzukommen, muß man sich auch seine geistige Herkunft vergegenwärtigen, die Idee von Kunst und Künstlertum, von der er geprägt und deren letzter überragender Repräsentant er war.

Die literarischen Anfänge Thomas Manns standen ganz im Zeichen der deutsch-romantischen Tradition, die zahlreichen Erinnerungsstücke, die davon handeln, rufen stets aufs neue die Namen Schopenhauer, Wagner, Nietzsche herauf und verknüpfen sie variantenreich mit Begriffen wie Musik, Tiefe, Todesstimmung: dies ist, hat er so oder ähnlich wiederholt bekannt, »doch eigentlich die Heimat meiner Seele«. Von daher ebenso wie aus weiter zurückliegenden, dem deutschen Idealismus entstammenden Quellen kam die schroffe, von der eigenen Lebenserfahrung schon früh bestätigte Trennung von Geist und Leben, die unentwegt beschworenen, auf die Höhe eines Kardinalkonflikts getriebenen Antinomien von Literatur und Wirklichkeit, von Kunst und Politik schließlich auch. Der Vorrang im Verhältnis zwischen dem einen und dem anderen war unstreitig: die erfundene Welt überragte unendlich das Schattenreich der Realität, die fiktive Wirklichkeit war existenter als jene, die sich vorurteilsvollerweise für wirklich hielt.

Die gleiche Vorstellung erhob den Künstler selber hoch über alle Realität; er stand über den Machtkämpfen, den verächtlichen Balgereien der Interessen und demonstrierte in Person und Haltung die einzig wahrhaft unabhängige Instanz. Gerade sein gesellschaftliches Desinteresse, sein Abstand zur Wirklichkeit, bezeugte seinen Rang: ein Asozialer mit grandios weltfremden Zügen, dessen Asozialität freilich nicht genialischer Exzeß und antibürgerlicher Koller war, sondern rigoroser Lebensverzicht – Nietzsches »Pathos der Distanz« war der Schlüsselbegriff für diese ungemein hochstilisierte, ins Entsagungsvolle, Asketische, auch undeutlich Heroische ausgeweitete Künstleridee. Im »Tonio Kröger«, der nichts anderes als die erzählerische Umsetzung dieses Konfliktes ist, sagt die Titelfigur: »Es ist nötig, daß man irgend etwas Außermenschliches und Unmenschliches sei, daß man zum Menschlichen in einem seltsam fernen und unbeteiligten Verhältnis stehe, um imstande und überhaupt versucht zu sein, es zu spielen, damit zu spielen, es wirksam und geschmackvoll darzustellen. Die Begabung für Stil, Form und Ausdruck setzt bereits dies kühle und wählerische Verhältnis zum Menschlichen, ja eine gewisse menschliche Verarmung und Verödung voraus. Denn das gesunde und starke Gefühl, dabei bleibt es, hat keinen Geschmack. Es ist aus mit dem Künstler, sobald er Mensch wird und zu empfinden beginnt.«

Was immer aus diesen knapp resümierenden Bemerkungen über den philosophisch-literarischen Ideenhintergrund im Werk Thomas Manns hervorgehen mag: es leuchtet ein, daß er für Szenerie und Figuren eine Kunstebene verlangt, vor der die Umrisse der wirklichen Welt nahezu zerrinnen. Nicht zufällig greift denn auch das Werk so häufig ins Mythische, ins Märchen- oder auch Legendenhafte aus, überall ist Zauberberg, hoch über einem entschwindenden Flachland. Das Gesellschaftliche, die Herkunft, der soziale Status einer Figur oder ihre Überzeugungen sind denn auch selten mehr als eine Farbe psychologischer Grundierung und bedeuten etwa ebensoviel wie irgendeine körperliche Mißbildung, ein tic nerveux, eine Absonderlichkeit in Kleidung oder Gebaren. Und wenn jene Ironie, die, nach allen Seiten hin, mit souveränem Gleichmut auf übereinstimmenden Abstand achtet, überhaupt Abneigungen oder Sympathien durchschimmern läßt, so gilt das eine den Erfolgreichen, Gesunden, die aus dem Blickwinkel des Autors immer zugleich auch die Gewöhnlichen sind, weil Vitalität eine Erscheinungsform des Trivialen ist: in Alois Permaneder, dem mit derbem Urlaut in die verdünnte Lübecker Luft einbrechenden Exoten aus dem Bayrischen, oder in Herrn Klöterjahn aus der Novelle »Tristan« hat Thomas Mann die Irritation durch die lebensstrotzende Strammheit, das Animalische in bourgeoiser Verkleidung, nicht ohne karikaturenhafte Schnörkel, in literarische Figuren übertragen; das andere aber, nämlich mitfühlendes, aus psychologischer Verwandtschaft inspiriertes Interesse gilt nur den déracinés, den vergeistigten décadents: den Hannos, Aschenbachs, Tonio Krögers oder Hans Castorps, den pathologischen Sonderfällen der am Leben selbst Erkrankten oder sich ins Leben Zurücksehnenden bis hin zu den »aristokratischen Monstren«. Sie alle sind, wie sie in diesem Erzählwerk auftreten, durchweg Vereinzelte, vom Leiden erhöhte und bedrohte Menschen, es gibt keine Klassen, keine Gesellschaft, überhaupt keine überpersönlichen Zugehörigkeiten und folglich auch keine Politik. In einem Brief an seinen Bruder Heinrich hat Thomas Mann, kurz vor Ausbruch des Ersten Weltkriegs, seine Unfähigkeit bekannt, sich »geistig und politisch eigentlich zu orientieren, wie Du es gekonnt hast«. Fortschritt, Menschenrechte, Freiheit, überhaupt das gesamte politische Faszinationsvokabular der Zeit, bleibt in seinem Werk ohne Echo. »Mein ganzes Interesse«, bekannte er, »galt immer dem Verfall, und das ist es wohl eigentlich, was mich hindert, mich für den Fortschritt zu interessieren.« In einem anderen Brief, wiederum an Heinrich, heißt es noch bündiger: »Für politische Freiheit habe ich gar kein Interesse.«

Doch die Umstände, insbesondere der Ausbruch des Ersten Weltkriegs, stellten dieses System ästhetisierender Wirklichkeitsverachtung in Frage, und der rückschauende Betrachter sieht sich, angesichts der Werke und privaten Zeugnisse jener Phase, einem Drama der Selbstentfremdung gegenüber: Thomas Mann selber hat davon gesprochen, daß er damals in die Krise seines Lebens geraten sei. Aber wie er sich, in einer doppelten Bewegung, dem unentrinnbaren Anspruch der Politik entzog und ihm gleichzeitig entsprach, wie er auswich und sich stellte, offenbart aufs nachdrücklichste, daß Ironie für ihn nicht nur ein Stilmittel und unnachahmlich verwendeter Kunstgriff war, sondern virtuos gehandhabte Lebensmaxime.

Im Anschluß an zwei kürzere, bald nach Beginn des Krieges veröffentlichte Arbeiten, den »Gedanken zum Kriege« sowie dem Essay »Friedrich und die große Koalition«, begann Thomas Mann mit der Niederschrift der »Betrachtungen eines Unpolitischen«. Halb politisierendes Gedankenstück, halb autobiographische Selbsterforschung, kehrte es die bis dahin bezeugte politische Gleichgültigkeit in einen aggressiv vertretenen Anspruch auf Freiheit von aller Politik um, und fügte den vertrauten Antithesen von Geist und Leben oder Tod und Schönheit die in wortreichen Paraphrasen variierten Gegensätze von Kultur und Zivilisation, Radikalismus und Kunst sowie schließlich, alles ins Prinzipielle steigernd, von deutschem Wesen und Politik hinzu: Sie, die Politik, sei dem deutschen Charakter »fremd und giftig«, heißt es beispielsweise. In den polemisch gegen den Westen, gegen Aufklärung, Fortschritt, Demokratie oder Menschenrechte, alle diese »generösen Zauber- und Schwindelworte« gerichteten Passagen wurden nicht nur die Abschiedsängste einer bedrohten Lebensform vernehmbar, sondern auch, angesichts der alliierten Kriegspropaganda, etwas von dem fassungslosen Staunen, mit dem das deutsche Bürgertum die eigene Abstinenz von der Politik, die Verachtung dafür, als barbarische Rückständigkeit, als Ohnmacht und Untertanengesinnung herabgesetzt sah.

Die Attacken Thomas Manns erhielten die besonders grelle Farbe durch die erbitterte Auseinandersetzung mit seinem Bruder Heinrich, die zu eben jener Zeit auf den Höhepunkt kam. Die Spannungen hatten schon bald nach dem Erscheinen der »Buddenbrooks« eingesetzt und waren ursprünglich in brüderlicher Rivalität, im unterschiedlichen Erfolg, aber auch im entgegengesetzten Temperament begründet. Am frühen Briefwechsel der Brüder kann man verfolgen, wie dieser persönliche Gegen-

satz alsbald zu prinzipiellen Positionen umgeformt wird. Im zunehmend gesteigerten Abgrenzungsbedürfnis definierte Thomas
Mann sich als »ethischer Individualist«, als Vertreter eines pro-
testantisch-romantischen Deutschtums, dem alles Gesellschaftliche gegen das Wesen der Kunst selber gerichtet schien, während
Heinrich, in ebenfalls zunehmend sich verschärfenden Absetz-
bewegungen, den politischen Moralisten herauskehrte, der mit-
leidend und parteinehmend die Literatur als gleichsam operati-
ves Mittel zur Weltverbesserung betrachtete. Der Gegensatz
war exemplarisch. »Du verachtest zuviel, es wird Dir schaden«,
wandte Heinrich sich, über eine seiner Romanfiguren, an den
Bruder; »ich hasse lieber.«
    In aller Schärfe war der Zwist dann im Verlauf des Jahres
1915 entbrannt, als Heinrich Mann die Veröffentlichung seines
Bruders über »Friedrich und die große Koalition« mit einem
umfangreichen Essay über Emile Zola beantwortete, einem
Stück berechnend verdeckter Polemik, in dem der Gegensatz
ideologisiert und auf die Forderung hochgetrieben war, Literatur und Politik müßten sich versöhnen und durchdringen oder
beide entarten. Und obwohl Thomas Mann die Arbeit an den
»Betrachtungen« schon Monate zuvor begonnen hatte, stellte
der Essay unversehens ein anschauliches Feindbild vor ihm auf,
an dem er die eigene Position entwickeln und ins Grundsätzli-
che ausbauen konnte. Die Figur des »Civilisationsliteraten«, der
er, ohne den Namen Heinrichs je zu nennen, ein eigenes, invek-
tivenreiches Kapitel des Buches gewidmet hat, ist nichts anderes
als die ins Riesenhafte, Weltverschwörerische aufgeblähte Person des Bruders: der »Humanitätskomödiant«, der »Unzucht
mit der Tugend« treibt, während er mit advokatorischer Platt-
heit, die eine Hand beteuernd aufs Herz gelegt, mit der anderen
Rousseaus »Contrat Social« schwenkend, von Freiheit, Gleichheit und Fortschritt schwadroniert. Demgegenüber erhob Thomas Mann, mit immer neuen Einfällen, Zitaten und Verweisen
seine These verschärfend, einen Charakterdefekt geradezu zur
Voraussetzung der künstlerischen Existenz: der wirkliche

Künstler, entschied er, stehe immer zwischen den Fronten, er sei die politisch-moralische Unzuverlässigkeit in Person, ein »Roué des Potentiellen«, der mit allen, gerade auch den verbotenen Möglichkeiten sein Spiel treibe und in dem Maße Künstler sei, in dem er gesinnungslos ist. »Was mich empört«, schrieb Thomas Mann damals an Ernst Bertram, »was mich anwidert, ist die gefestigte Tugend, die doktrinäre, selbstgerechte und tyrannische Hartstirnigkeit des Civilisationsliteraten, der ... verkündigt, daß jedes Talent verkümmern müsse, das sich nicht der Demokratie verschwört. Dann will ich lieber in Freiheit und Melancholie verdorren, als durch politische Borniertheiten blühen und selig werden.«

Es liegt auf der Hand, daß die »Betrachtungen eines Unpolitischen«, ihrem Charakter als Streit- und Verteidigungsschrift entsprechend, weder Selbstzweifel noch ironische Gebrochenheit vertrugen. Schon die Form des essayistischen Plädoyers erlaubte es, selbst der Theorie vom Künstlerverrat zum Trotz, Gesinnung zu demonstrieren, ein entschiedenes, alle spielerische Zweideutigkeit meidendes Bekenntnis abzulegen, und in der Tat ist das Buch auch weithin so verstanden worden. In Wahrheit aber ist es, verliert man angesichts der ungewohnt verschärften Tonlage die Argumentation des Autors nicht aus dem Blick, wiederum ein Werk der Skepsis, des Argwohns gegen die eigene Sache, ein Buch, wie Thomas Mann selber gesagt hat, »ohne den Gedanken an endgültige Festlegung«. Schon die lauttönende Verteidigung des deutschen Obrigkeitsstaates sowie des Rechts auf Politikenthaltung war, wie er wohl wußte, selber ein Schritt in die Politik und sogar ins Zivilisationsliteratentum. Schwerer aber wog die Überzeugung, daß »ein Volkskrieg wie dieser unweigerlich, unbedingt und sogar unabhängig von seinem Ausgange die Demokratie bringen müsse«. Das aber konnte nichts anderes heißen als die Politisierung Deutschlands und damit zugleich das Ende dessen, was er als »deutsch« verstanden und sich zu eigen gemacht hatte, bevor er es jetzt erregt in Schutz zu nehmen begann, eine Welt apolitischer, selbstversun-

kener Innerlichkeit, die Welt Joseph Eichendorffs: nämlich
»Traum, Musik, Gehenlassen, ziehender Posthornklang, Fern-
weh, Heimweh, Leuchtkugelfall auf nächtlichen Park«, kurz, eine hochromantische, idyllisch ausgeschmückte Idee. Daß sie nur
wenig mit der Wirklichkeit, dem dröhnend sich industrialisie-
renden, ehrgeizig ausgreifenden Deutschland der wilhelmini-
schen Ära gemein hatte, tat der Idee selber keinen Abbruch. Der
entscheidende Gedanke war vielmehr, daß es damit ein Ende
habe, auch ein Ende haben müsse, wenn Deutschland überhaupt
als Staat existieren und unter Staaten sich behaupten wolle. Wie
mühsam diese Essenz aus dem regellosen, von Willkür und
Wortreichtum geprägten 600-Seiten Essay, durch allen polemischen Vordergrundlärm hindurch, auch herauszupräparieren
sein mag: er bleibt der Abgesang auf das bürgerliche Deutschland, les adieux du siècle, und nicht zu Unrecht hat Thomas
Mann auch von den »Betrachtungen« gesagt, sie seien ein Parallelwerk zu den »Buddenbrooks«: dort die Geschichte vom Verfall einer Familie, hier der Kunstessay, der, schon halbwegs vom
anderen Ufer aus, nicht ohne innere Bewegung den Untergang
einer nationalen Eigenart beschreibt.

Im ersten Band der privaten Tagebücher Thomas Manns findet sich, etwa aus der Zeit des Erscheinens der »Betrachtungen«, eine Eintragung, die den Zwiespalt des Buches, der von
nun an auch zum Zwiespalt seines Lebens werden sollte, aufs
kürzeste formuliert: Es sei, heißt es da, in einem Gespräch die
Rede davon gewesen, »Deutschland zu modernisieren, zu de-
mokratisieren, mit dem alten, dem romantischen, dem kaiserli-
chen Deutschland aufzuräumen«, doch habe man gleichzeitig
auch von den »Qualen« gesprochen, die dieser Prozeß bereiten
werde, weil das »Alte mit dem Deutschtum selbst vielleicht viel
zu tief identisch ist«.

Um diesen Widerspruch und seine Auflösung geht es in den
folgenden Jahren immer wieder. Gerade die frühen Tagebücher
fallen ein ums andere Mal in eine Haltung gereizter Politikverachtung zurück: »Deutschland will die Politik los sein – das we-

nigstens will es denn doch haben von seinem weltpolitischen Zusammenbruch«, heißt es Ende 1918. Eindrucksvoller als vielfach sonst, erhält man auf diesen Seiten einen Begriff von dem tiefsitzenden antiwestlichen und antidemokratischen Affekt des deutschen Bürgertums, das sich nun, am Ende des Krieges, durch Druck und uneingelöste Versprechungen in die demokratische Zivilisation der Völker wie in einen Hinterhalt gelockt sah. »Erregung und Grauen«, notiert Thomas Mann, er spricht von den »pharisäischen Greuln des selbstgerechten Westens«, nennt die Demokratie den »Riesen-Gemeinheitsbetrieb der Neuzeit«, die Presse der Siegermächte »die losgelassene Bestie der Demokratie« und empört sich im Sommer 1919, angesichts der Verhandlungen in Versailles, über »die Affenkomödie des Friedens«. Zugleich offenbart sich auch, ansatzweise zumindest, der tiefere Grund seiner bis in die letzten Lebensjahre zu wiederholten Malen, wie zögernd auch immer, geäußerten Sympathie mit dem Kommunismus: das durchschlagende Motiv war und bleibt der schwer überwindbare Soupçon gegen den »Entente-Demokratismus«, der ihm, in Abwandlung einer berühmten späteren Formel, die »Seele« Deutschlands zu gefährden schien, während der Kommunismus »nur« seine Freiheit bedrohte. Der Westen war platt, hedonistisch, bourgeois, mit einem Wort: politisch, während seine Vorstellung vom Kommunismus weitgehend mit dem Bild zusammenfiel, das er sich in der Beschäftigung mit der Literatur des Landes von Rußland zurechtgemacht hatte, dem tiefen und tragischen. Doch als in München die Räterepublik errichtet wird, kommt es zu raschen Enttäuschungen. Unverhohlen mokiert er sich im Mai 1919 über den Faschingscharakter dieser Revolution, die »wüste Narrenwirtschaft ... von bodenständiger ›Gemütlichkeit‹ und kolonialem Literatur-Radikalismus«, und bezeichnet den Bolschewismus, im Blick auf Rußland, als »die schrecklichste Kulturkatastrophe, die der Welt je gedroht hat, die Völkerwanderung von unten« mit der »Kirgisen-Idee des Rasierens und Vernichtens«. Die Situation ohne Alternative, die getäuschte Erwartung nach beiden Seiten, hält

eine der letzten Eintragungen des Tagebuchs fest: »Wie aber hat
die ›Revolution‹, haben Politik, Programm und ›entschlossene
Menschenliebe‹ abgewirtschaftet.«

Schon rund zehn Monate später hielt der Dichter in Berlin, in
Anwesenheit des Reichspräsidenten Ebert, die Rede »Von deutscher Republik«, und es fällt nicht sonderlich schwer, die äußeren, von den Umständen herstammenden Gründe dafür ausfindig zu machen: da waren die radikalen Umtriebe, die Attentate
auf republikanische Politiker mitsamt dem sich ausbreitenden
Gefühl der Gefahr von rechts, das wiederum die Linke zu militanten Gegenaktionen herausforderte, während die ohnmächti-
ge, von den Siegermächten anhaltend diskreditierte und be-
drängte Republik zusehends an Glaubwürdigkeit und Anhang
verlor. Schon in den erwähnten Tagebuchnotizen meldet sich,
zwischen allem Hohn auf die Politik, die nicht zuletzt vom eigenen literarischen Erfolg getragene Einsicht, daß er, Thomas
Mann, jener ausschließlich privaten Sphäre, in der die politischen Ressentiments und Gemütsleiden nur persönliche Bedeutung haben, längst entwachsen und zum Repräsentanten eines
höheren Interesses berufen sei. Er sei »ein Mensch des Gleichge-
wichts«, hat er von sich gesagt, was immer auch heißt, einer des
Widerspruchs zur Zeittendenz, und sein erasmisches, auf Vermittlung und Ausgleich bedachtes Temperament hat ihn immer
wieder gerade an die Seite der gefährdeten Sache gebracht.

Die Vermutung, daß die Rede zum 60. Geburtstag Gerhart
Hauptmanns ein Akt der gewollt gegensteuernden, zugleich die
eigene Vorstellungswelt mutig verleugnenden Parteinahme war,
wird auch von dem gekünstelten Schwung des Textes, seinem
juvenilen Überschwang gestützt: fast jeder Satz offenbart nicht
nur die Mühen der Selbstüberredung, sondern auch die Distanz
zwischen dem Autor und seinem Gegenstand. Zwar gilt die Rede als Thomas Manns bedeutendstes Bekenntnis zur Politik.
Aber diese Kombinationen aus Walt Whitman, Novalis und
»Vater Ebert«, aus Romantik und Humanität, Lust und
Menschenbrust, sind weit eher Lyrik als Gedanke, eher Reim als

Argument. Durchweg werden in dieser, wie in den weiteren, ähnlich gestimmten Reden aus späterer Zeit, die politischen Begriffe mit einer so souveränen Eigenmacht gehandhabt, daß den Zuhörern damit gewiß nicht mehr gesagt war, als daß hier einer guten, wenn auch weltfremden Willens war.

Dabei blieb es eigentlich immer. Wer die politischen Äußerungen Thomas Manns zu interpretieren versucht, wird sich stets aufs neue einem verwirrenden, vom subjektiven Belieben bestimmten Vokabular gegenübersehen, das Liberalismus, Konservatismus, Sozialismus und gelegentlich auch Kommunismus zu wilden Augenblicksehen zusammenführt: es ist und bleibt »Literatur« in einer dem Autor unvertrauten Sphäre. Aller Selbstverleugnungswille hob den Abstand zur Politik nicht auf. Immer bewegte er sich mit etwas linkischem Feinsinn am Rande des Getümmels, das heftige Fähnchenschwenken täuschte nicht darüber hinweg: er blieb der Betrachter, der noch im entschiedensten politischen Bekenntnis offenbarte, wie unpolitisch er war. Und es ist schwer vorstellbar, daß die später, während der Endphase der Republik sich häufenden öffentlichen Auftritte, die immer dringlicher vorgetragenen Mahnungen zu Vernunft und Menschlichkeit, eine spürbare Resonanz in dem bürgerkriegsähnlich entzweiten, von Privatarmeen und laut lärmenden Demagogen widerhallenden Deutschland gehabt haben können.

Er habe versucht, hat Thomas Mann später, im Blick auf die Rede von 1922, gesagt, der Demokratie in Deutschland »einen Schimmer von Heimatlichkeit zu verleihen«. Seine eigene Heimat wurde sie deshalb aber nicht. Gewiß wäre die Behauptung falsch, er habe sich aus dem Bedürfnis nach Anpassung und ehrgeiziger Repräsentanz lediglich demokratisch aufgeführt und folglich die Öffentlichkeit getäuscht. Aber in seiner republikanischen Rhetorik blieb, wie er schon von den »Betrachtungen« gesagt hatte, ebenfalls ein Rest von Rolle, Advokatentum und Spiel, ein Rest von Vorbehalt, und mit nur geringer Übertreibung ließe sich behaupten, er habe, so oft er ans Rednerpult trat, den Part einer einzelnen seiner literarischen Figuren übernommen, während er in Wahrheit unentschieden irgendwo im Spannungsfeld zwischen ihr und ihren Gegenspielern verharrte. Man kann, was damit gemeint ist, am anschaulichsten durch einen Hinweis auf den in jenen Jahren entstandenen »Zauberberg« verdeutlichen, der im Grunde nichts anderes ist als die epische Umsetzung eben dieses Zwiespalts: in seinen politischen Äußerungen, in der direkten Wendung an die Öffentlichkeit, trat Thomas Mann als ein naher Verwandter Settembrinis auf, während er im Innersten ein Hans Castorp mit undeutlichen Schwächen für Naphta blieb.

Denn so viele Deutungsmöglichkeiten »Der Zauberberg« auch zuläßt: auf den Kern reduziert, ist er die Parabel eines Menschen, der sich dem leidenschaftlichen Disput zwischen den beiden beherrschenden Ideologien der Zeit aussetzt, um in einer Art Experiment mit sich selbst herauszufinden, welche Seite am Ende überlegen sei. Verkörpert werden die beiden Positionen in Herrn Settembrini, dem Wortführer bürgerlich-aufgeklärter, liberaler Humanität, und in seinem Gegenspieler Naphta, dem Anwalt eines theokratischen, dogmengläubigen Totalitarismus, der die Welt vermittels Gewalt zum Heil einer »staats- und klassenlosen Gotteskindschaft« führen will. Ihre Spannung und eigentümliche Intensität bezieht die in ausgedehnten Dialogen dargestellte Auseinandersetzung eben durch die Figur des von beiden Seiten pädagogisch umworbenen Hans Castorp. Interessiert verfolgt er den Abtausch der Argumente, neigt situationsweise auch der einen oder anderen Seite zu, verharrt zuletzt aber, als »verschlagener Junge«, unschlüssig und mit der bloßen »Neugier eines Bildungsreisenden« auf seiner »ironischen«, man kann auch sagen: unpolitischen Position. Daran ändert sich auch nichts durch das Dazwischentreten des wunderlich-großartigen Mynheer Peeperkorn, vor dessen majestätisch stammelnder Persönlichkeit aller Ideologenstreit ins Blasse, Künstlich-Erregte zurückfällt, während Hans Castorp sich unversehens einer dritten Möglichkeit, jenseits aller theoretischen Weltverbesserungskonzepte, gegenübersieht: der Suggestion des großen

Mannes. Settembrini begreift schon frühzeitig Castorps zögernde, vor aller Entscheidung und Parteinahme zurückweichende Haltung. »Sie wollen sagen«, hält er ihm einmal entgegen, »daß Sie es so ernst nicht gemeint haben, daß die von Ihnen vertretenen Anschauungen nicht ohne weiteres die Ihren sind, sondern daß Sie gleichsam nur eine der möglichen und in der Luft schwebenden Anschauungen aufgriffen, um sich unverantwortlicherweise einmal darin zu versuchen.« Castorp wiederum relativiert Settembrinis Auffassungen mit der Bemerkung, dieser sei »nur ein Vertreter – von Dingen und Mächten, die hörenswert waren, aber nicht allein, nicht unbedingt«.

Thomas Mann hat sich, in den zahlreichen kommentierenden Bemerkungen zum »Zauberberg«, in keiner dieser Gestalten erkennen wollen; nicht in Naphta, vor dessen »boshaftem Dunkelmännertum« ihm graue, wie er einmal schrieb, obwohl hinzuzufügen wäre, daß dessen Position, partienweise jedenfalls, die ins Radikale ausgezogene Linie der »Betrachtungen« widergibt; aber auch nicht in dem eifernden Weltbeglücker Settembrini, der sich in seiner unversiegend sprudelnden Eloquenz unverdrossen selbst bloßstellt und exemplarisch offenbart, wie leicht die Formeln von Völkerfrieden, Freiheit und Humanität ihren entschlossensten Anwälten von den Lippen kommen. Für seine »Komik«, meinte Thomas Mann, habe er immer »entschieden Sinn« gehabt. »Am ehesten möchte ich mich noch mit Hans Castorp identifizieren«, hat er in einem Interview, bald nach Erscheinen des Romans, auf eine entsprechende Frage wie beiläufig erklärt und anschließend, nicht ohne auffällige Eile, das Thema gewechselt. Denn Hans Castorp war nichts anderes als die zur Romanfigur verdichtete Erscheinungsform des unpolitischen Betrachters, die Personifizierung seiner ureigensten, um der politischen Vernunft willen öffentlich zwar verleugneten, doch niemals aufgegebenen Wahrheit von einem »Menschentum, ... von dem es sich in Deutschland vielleicht noch immer am besten träumen läßt, (und) das weder Liberalismus noch Faschismus und Bolschewismus ist«.

Die Absicht, sich aus den Kämpfen der Zeit herauszuhalten und, bis zur Mißdeutbarkeit, einen Standort zwischen den Fronten zu behaupten, ist sicherlich auch für seine fast vier Jahre lang durchgehaltene Weigerung mitbestimmend gewesen, sich vom Exil aus öffentlich gegen das Dritte Reich zu erklären. Er selbst hat dieses Verhalten, das im Kreise der Emigranten so viel Unverständnis wie Anstoß erregte, mehrfach mit der Rücksicht auf seine Leser in Deutschland begründet. Die Vorwürfe, denen er sich gegenübersah, ließen jedoch sämtlich außer acht, daß er, der Ideologe des Vorbehalts, trotz aller tiefeingewurzelten Scheu vor Gesinnungsgeständnissen und seiner nie überwundenen Aversion gegen die Politik, der einzige deutsche Schriftsteller von Rang war, der sich immer wieder nachdrücklich zu der dahinkrankenden und bedrohten Republik bekannt hat. Weder der pompös schweigende Gerhart Hauptmann noch all die Döblin, Feuchtwanger und Wassermann, oder die später so redselig klagenden Linken von Anna Seghers bis Bertolt Brecht haben jener Republik, die schon in Furcht und Elend überging, mehr als ihre Gleichgültigkeit oder ihren Zynismus gegeben, und jedenfalls hat keiner ihr den Beistand gewährt, den ihr der Bekenntnisscheueste, Unpolitischste von allen geleistet hat.

Mit dem berühmten Neujahrsbrief von 1937 hat Thomas Mann schließlich seine Zurückhaltung aufgegeben: »Ich habe es mir nicht träumen lassen«, schrieb er, »es ist mir nicht an der Wiege gesungen worden, daß ich meine höheren Tage als Emigrant, zu Hause enteignet und verfemt, in tief notwendigem politischen Protest verbringen würde. Seit ich ins geistige Leben eintrat, habe ich mich in glücklichem Einvernehmen mit den seelischen Anlagen meiner Nation, in ihren geistigen Traditionen sicher geborgen gefühlt. Ich bin weit eher zum Repräsentanten geboren als zum Märtyrer, weit eher dazu, ein wenig höhere Heiterkeit in die Welt zu tragen, als den Kampf, den Haß zu nähren. Höchst Falsches mußte geschehen, damit sich mein Leben so falsch, so unnatürlich gestaltete. Ich suchte es aufzuhalten nach meinen schwachen Kräften, dies grauenhaft Falsche, – und eben dadurch bereitete ich mir das Los, das ich nun lernen muß, mit einer ihm eigentlich fremden Natur zu vereinigen.«

Der Brief macht das tiefe Dilemma deutlich, dem Thomas Mann auszuweichen versucht, und mit dem er von nun an zu leben hatte: daß er die moralische Übereinstimmung mit sich selbst nur herstellen konnte durch einen Akt der intellektuellen Selbstpreisgabe. Hatte er in den zurückliegenden Jahren, in seinen Bekenntnissen zur Republik, wie versteckt auch immer, seinem Hang zur Zweideutigkeit gelegentlich doch nachgegeben, so sah er sich jetzt zu einer Entschiedenheit gezwungen, die keinen Rest von ironischem Vorbehalt, keinen Zweifel mehr erlaubte. Für ihn war das die Widernatur, oder genauer: der Widergeist selbst. Aber die Umstände ließen ihm keine Wahl:»Hitler hatte den großen Vorzug«, hat er 1946, in den Aufzeichnungen über»Die Entstehung des Doktor Faustus«, bemerkt,»eine Vereinfachung der Gefühle zu bewirken, das keinen Augenblick zweifelnde Nein, den klaren und tödlichen Haß.« Überdeutlich war ihm bewußt, daß diese Vereinfachung ihn nicht mehr und nicht weniger kostete als einen Teil der eigenen Identität. An eine amerikanische Briefpartnerin schrieb er im Dezember 1940 unglücklich, er sei nicht zum Haß geboren:»Dieser ist mir aufgezwungen worden und hilft mir nicht, ich selbst zu sein.« Wie tief der Abscheu über die Verbrechen des Hitler-Regimes in den mit großem Ernst absolvierten Radioansprachen und Reden aus der Kriegszeit auch durchschlagen mochte: noch tiefer scheint häufig die Erbitterung darüber zu reichen, daß Hitler jene alte, dem Dichter so wesensgemäße Welt zerstört hatte, in der noch das Menschenrecht galt, unpolitisch zu sein. Und wo es nicht Erbitterung war und Haß, war es Depression. An René Schickele schrieb er:»Wir sind Fremdlinge« in dieser neu heraufziehenden Zeit»und haben am Ende zu resignieren. Ich jedenfalls habe längst angefangen, mich historisch zu betrachten, als überständig aus einer anderen Kulturepoche, die ich im Individuellen zu Ende führe, obgleich sie eigentlich schon tot und versunken ist.«

Die Vorstellung, verspätet und der eigenen Zeit entfremdet zu sein, die das alte Außenseitergefühl auf anderer Ebene wiederholte, aber auch die Freiheit des Alters, hat ihn vermutlich dazu gebracht, sich mit zunehmender Offenheit zu seinen Anfängen zu bekennen. Jedenfalls scheint es, als habe er um so eigensinniger auf der einstigen, aus Romantik, Wirklichkeitsfremdheit und Politikverachtung gemischten Vorstellungswelt beharrt, je entschiedener er sie als öffentlicher Anwalt von Freiheit, Demokratie und Menschenrecht verleugnete. In seinen Briefen distanzierte er sich immer wieder von seinem politischen Predigertum, den demokratischen »Gutmütigkeiten«. An Ferdinand Lion beispielsweise schrieb er nach dem Kriege: »Meine demokratische Attitüde ist nicht recht wahr, sie ist bloße Gereiztheitsreaktion auf den deutschen Irrationalismus und Tiefenschwindel ... und auf den Faschismus überhaupt, den ich nun einmal wirklich und ehrlich nicht leiden kann. Er hat es fertig gebracht, mich zeitweise zum demokratischen Wanderredner zu machen, – eine Rolle, in der ich mir oft wunderlich genug vorkam. Ich fühlte immer, daß ich zur Zeit meines reaktionären Trotzes in den ›Betrachtungen‹ viel interessanter und der Platitüde ferner gewesen war.«

Das Bewußtsein, von der Zeit und ihren Frontstellungen zu einer Art gesinnungstreuer Torheit gezwungen zu sein, hat ihn nie ganz verlassen. Doch sollten die Zugeständnisse so gering wie möglich sein. Infolgedessen führte er nur fort, was er in den frühen zwanziger Jahren schon begonnen hatte: die Trennung von politisch-rhetorischer und schriftstellerischer Sphäre. Der Widerstand, den Hitler ihm abnötigte, machte den Unterschied nur sichtbarer, verschärfte ihn auch, änderte aber nichts. Seine Grundüberzeugungen jedenfalls und seine Vorzugsthemen, die Neigung für Verfall, Musik, Todesstimmung, für Ironie als Mittler zwischen Geist und Leben oder die Vorstellung, daß die Politik der deutschen Kunsttradition fremd sei: das alles hat er dafür nicht preisgegeben. Der deutsche Beitrag zur großen Kunst des 19. Jahrhunderts, schrieb er beispielsweise im Jahre

1940, »weiß vom Gesellschaftlichen nichts und will nichts davon wissen; denn das Gesellschaftliche ist ... überhaupt nicht kunstfähig ...: so will es der deutsche Geist; es ist sein Instinkt, lange vor jeder bewußten Entscheidung.« Selbst den Krieg ordnete er in diesen Zusammenhang ein; er werde geführt, fuhr er fort, für »ein entpolitisiertes Europa, in dessen Atmosphäre allein Deutschland groß und glücklich sein kann«.

Die Sätze entstammen einem offenen Brief an den Herausgeber der Zeitschrift »Common Sense« zur Problematik der Beziehung zwischen Richard Wagner und dem Nationalsozialismus. Schon drei Jahre zuvor, als ihm die fatalen politischen Konsequenzen vorgehalten wurden, die mit dem Namen Wagners verbunden, von diesem zum Teil sogar vorausgedacht worden seien, entgegnete er zustimmend: »Ich weiß Bescheid.« Die Frage war, wie weit er selber, der aus eben dieser Tradition kam und ihr großer Vermittler war, in diesen Katastrophenzusammenhang einzuordnen oder aber zur Lossage davon bereit sei. Vorerst antwortete er, auf Wagner zurückkommend: »Aber welches Niveau, welche Kunst, welche Humanität immer noch! Es ist eben doch noch das alte, große Deutschland, wenn auch schon auf der Kippe – und schließlich, was wollen Sie, das ist meine Heimat, ich werde gerührt, wenn ich darauf komme.« Und dann wiederum und trotz allem das Bekenntnis: »Am Ende bin ich der Verfasser der ›Betrachtungen eines Unpolitischen‹, war es nicht nur, sondern bin es.«

Thomas Mann hat die geistige Teilhaberschaft an den Tendenzen, die, wie entfernt und mittelbar auch immer, zur Herrschaft des Nationalsozialismus führten, nie geleugnet. Schon der vielfach skandalös empfundene Essay von 1938, »Bruder Hitler«, war ein bis an die äußerste Grenze geführter, alle Emigranten-Selbstgerechtigkeit meidender Versuch, den gemeinsamen Kulturhintergrund, das peinigende Verwandtschaftsgefühl zu dem aufzudecken, der die Welt mit immer neuen Übergriffen, Rechtsbrüchen oder Kriegsdrohungen in Schrecken und Angst hielt: »Ich war nicht ohne Kontakt mit den Hängen und

Ambitionen der Zeit«, heißt es da, »und mit dem, was kommen
wollte und sollte, mit Strebungen, die zwanzig Jahre später zum
Geschrei der Gasse wurden.« In einem Vortrag nach dem Zusammenbruch des Hitler-Regimes, Ende Mai 1945, über das
Thema »Deutschland und die Deutschen«, hat er diesen Gedanken noch erweitert und präzisiert: »Eines mag diese (deutsche)
Geschichte uns zu Gemüte führen: daß es nicht zwei Deutschland gibt, ein böses und ein gutes, sondern nur eines, dem sein
Bestes durch Teufelslist zum Bösen ausschlug. Das böse
Deutschland, das ist das fehlgegangene gute, das gute im Unglück, in Schuld und Untergang. Darum ist es für einen deutsch
geborenen Geist auch so unmöglich, das böse, schuldbeladene
Deutschland ganz zu verleugnen und zu erklären: ›Ich bin das
gute, das edle, das gerechte Deutschland im weißen Kleid, das
böse überlasse ich euch zur Ausrottung‹. Nichts von dem, was
ich Ihnen über Deutschland zu sagen oder flüchtig anzudeuten
versuchte, kam aus fremdem, kühlem, unbeteiligtem Wissen; ich
habe es auch in mir, ich habe es alles am eigenen Leibe erfahren.«

Zum politischen Schriftsteller in irgendeinem begründbaren
Sinne haben die Erfahrungen und Einsichten seiner achtzig Jahre ihn aber nicht gemacht; es gibt im strengeren Sinne keine
Entwicklung, keine Bekehrung. Die turbulenten politischen Ereignisse, die den Lebensweg Thomas Manns begleiteten, er-
schütterten und umformten, haben weder die tieferen Schichten
seines Wesens noch sein Werk je erreicht, sondern nur seine Bereitschaft geweckt, in »verantwortungsvoller Ungebundenheit«
zu tun, was er als pädagogische Pflicht erkannte; er selber hat
von einem »Gewissensdienst« gesprochen. Aber weit eher noch
hat er seine politischen Interventionen und Stellungnahmen als
»Galeerendienst« empfunden, und das Motto, das er den »Betrachtungen« mit der verwunderten Frage vorangestellt hat,
»Que diable allait-il faire dans cette galère?« hallt wie ein Echo
in allen späteren Äußerungen zum Tage nach. Noch im »Doktor Faustus«, der doch die große, auch und gerade politisch ge-

meinte Parabel deutscher Verirrung und deutschen Scheiterns erzählt, blieb er seiner frühen Neigung zu den »aristokratischen Monstren«, zur Heroisierung der Außenseiter treu mitsamt den kostbaren Antinomien von Kunst und Leben, Genie und Krankheit, Sünde und Begnadung. Durch allen Schauder, alles atemlose Entsetzen, das die Erzählung dieses apokalyptischen Lebenswegs erfüllt, ist gleichzeitig immer auch das Glücksgefühl des Autors darüber heraushörbar, nach so vielen Umwegen, so vielen »höheren Scherzen«, wieder ein tragisches, von Dämonie, Teufelswerk und geistiger Ausschweifung, von Musik und Theologie handelndes, mit einem Wort: das Deutsche als Sonderfall deutendes Werk vor sich zu haben – auch das ein Parallelwerk zu den »Betrachtungen eines Unpolitischen«. Der aus der ersten Nachkriegsausgabe der »Gesammelten Werke« verschämt ausgeschiedene Riesenessay ist denn auch in seiner Bedeutung kaum zu überschätzen. Thomas Manns Tochter Erika hat in ihrer Einführung zu der später gesondert publizierten Ausgabe der »Betrachtungen«, nicht ohne genierte Beschönigungsabsicht, geäußert, das Buch selber enthalte bereits in seiner Vorrede, die der Autor der ersten Ausgabe von 1918 hinzugefügt habe, »so viel härteste Selbstkritik, so viel Einschränkung, ja Zurücknahme«, daß ein Mißverstehen dessen, was »hier ein im politischen Denken noch Ungeübter in verwirrend jähem Wechsel nach außen und gegen sich selbst« geäußert habe, kaum noch möglich sei.

Doch betreffen die Zurücknahmen nur einige aktuell-politische Überspitzungen, und in Wirklichkeit sind die »Betrachtungen eines Unpolitischen« gerade nicht ein Zeugnis der Verirrung und Selbstverleugnung, sondern das genaueste, über die Jahre hin treffend gebliebene Selbstporträt, weniger Zeit- als Lebensdokument und der unentbehrliche Schlüssel zu jedem genaueren Verständnis von Person und Gesamtwerk Thomas Manns.

Er selber hat es nicht anders gesehen und dem retuschierenden Vorspruch der Tochter vermutlich nur deshalb zugestimmt, weil er darauf hinauslief, jenen vielfach so verwirrend empfundenen Widerspruch zwischen den »Betrachtungen« und seinen republikanischen Plädoyers aufzuheben. Denn hier wie dort hatte er jene Position der Mitte behauptet, die für ihn gleichbedeutend war mit der Idee der Humanität selber. Wer in allem scheinbaren Überzeugungswechsel, allen taktischen oder pädagogisch gemeinten Verschiebungen nach einem festen Punkt sucht, wird ihn hier finden. Um dieser Idee willen war er zu jedem Zugeständnis an die Formen politischer, staatlicher oder sozialer Organisation bereit, sie waren lediglich Bauelemente. Hatte er noch 1918 die Sache der Humanität am sichersten im deutschen Obrigkeitsstaat bewahrt gesehen, so bekannte er vier Jahre später, in seiner Rede »Von deutscher Republik«, er wolle die Jugend für das gewinnen, »was Demokratie genannt wird und was ich Humanität nenne, aus Abneigung gegen die humbughaften Nebengeräusche, die jenem anderen Worte anhaften«; ausdrücklich hatte er eingeräumt, daß er diese Abneigung teile.

In alledem kam wiederum sein Grundbedürfnis nach Balance und Mittlertum zum Vorschein. Zur Zeit der »Betrachtungen« schien ihm das Gleichgewicht von Westen her, durch den Triumph des demokratischen Prinzips, in Frage gestellt, später durch den deutschnationalen Irrationalismus – und immer hatte er sich, offen auch für problematische Haltungen, auf alles eingelassen, jede Sphäre »erkundet«. Ein politischer Mensch, ein politischer Schriftsteller, sei es nach der Art seines Bruders, sei es gar im Sinne des aggressiven Parteigängertums der Gegenwart, wird in alledem nicht erkennbar; aber doch einer, ohne dessen Vermittlungsbemühung, dessen Ausgleichsbereitschaft kein politisches Gemeinwesen bestehen kann, wie überholt und einer anderen Epoche zugehörig er sich unterdessen auch ausnehmen mag.

In jene zurückliegende Zeit, als der Geist um der politischen Vernunft und sozialen Nützlichkeit willen noch keine Zugeständnisse an die »Platitüde« zu machen hatte, sehnte er sich ei-

67

gentlich immer zurück. Mit der Katastrophe des Hitler-Reiches
verband er die Hoffnung auf das Ende einer ideologisch erregten, von Haß und Unduldsamkeit geprägten Epoche. Die aus
dem Tagebuch über »Die Entstehung des Doktor Faustus« zi-
tierte Eintragung, in der er Hitler den großen Vorzug attestiert,
eine Vereinfachung der Gefühle bewirkt zu haben, schließt mit
den Worten: »Die Jahre des Kampfes gegen ihn waren moralisch gute Zeit.«

Aber zugleich wohl auch, wie man ergänzen muß, eine ihm
zutiefst fremde Zeit, und man kann aus diesen Worten unschwer die Erleichterung heraushören, daß nun, nach dem Untergang Hitlers, vielleicht doch wieder möglich würde, womit
für ihn zeitlebens alle Literatur und nicht zuletzt die eigene Existenz untrennbar verhaftet waren: Spiel, Ironie und die unver-
bindlich abenteuernde Freiheit der Kunst. Erich Heller hat her-
ausgefunden, daß Thomas Mann in dem erwähnten, als kritische Rechenschaft gemeinten Essay »Deutschland und die
Deutschen« ganze Passagen aus den »Betrachtungen eines Unpolitischen« eingefügt hat, ohne sie freilich als Zitat kenntlich zu
machen; nur die Vorzeichen wurden vertauscht, die Zusammenhänge abgewandelt – und man stellt sich den Dichter vor, wie
er, selbst noch im Schmerz über Unglück und Schuld seines
Landes, dem unwiderstehlichen Hang zum Zweideutigen nach-
gibt und seine versteckten Späße treibt, indem er die Irrtümer
von einst zwar preisgibt, sich aber gleichzeitig, durch die wort-
wörtliche Übernahme, in parodistischer Sympathie zu ihnen bekennt. In der einige Jahre später, gegen Ende seines Lebens geschriebenen »Phantasie über Goethe« finden sich die Sätze:

»Wenn er die Freiheit für schlecht aufgehoben erachtete in
den Händen der Unfreien, so gönnte und nahm er selbst sich
desto reichlicher davon, – eine umfassende, ins Ungreifbare,
Undefinierbare entgleitende Freiheit, die Freiheit des Proteus,
der in alle Formen schlüpft, alles zu wissen, alles zu verstehen,
alles zu sein, in jeder Haut zu leben verlangt... Es ist da eine
Art von souveräner Treulosigkeit, der es Spaß macht, die An-

hänger im Stich zu lassen, die Partisanen jedes Prinzips zu beschämen, indem man es vollendet – und das andere auch. Ja, es ist etwas wie Weltherrschaft als Ironie und heiterer Verrat des einen an das andere, und ein tiefer Nihilismus, der zum Scheiden und Werten unwillige Objektivismus der Kunst . . ., ein Element der Fragwürdigkeit, der Verneinung und des umfassenden Zweifels, das ihn, wenn wir seiner Umgebung glauben dürfen, gern Sätze sprechen ließ, die gleich den Widerspruch auch schon enthalten.« Es war ein Selbstportrait, wenn auch zum Idealbild erhöht. Denn so hatte er immer sein wollen: ins Ungreifbare entgleitend, von souveräner Treulosigkeit, bereit zu heiterem Verrat und umfassendem Zweifel. Statt dessen hatte die Zeit ihn engagiert und zum Partisanendienst gezwungen. Aber nahe, immerhin, war er dem Bilde, wie er es von Goethe entworfen hatte, gekommen. Der Rest war eifersüchtige Bewunderung.

Friedrich Sieburg

Ein Portrait ohne Anlaß

»Schreiben ist Leben«
Friedrich Sieburg

Er hatte alles, was ein Schriftsteller haben und erreichen kann. Schon das erste Buch, das er nach einigen literarischen Fingerübungen veröffentlichte, wurde ein Welterfolg und sein Titel zur Refrainzeile einer Pariser Revuenummer. Er war der meistbeachtete ausländische Korrespondent im Paris der Zwischenkriegsepoche, verfügte über eine Autorität, die ebenso durch seine Persönlichkeit wie durch umfassende Bildung und eine bestechende Formulierungskunst abgesichert war; er hatte zahlreiche Bewunderer sowie eine angemessene Zahl von Gegnern, deren geringere Statur es ihm erlaubte, seinen Polemiken eine Prise wahrhaft verletzenden Wohlwollens beizumischen; und schließlich gebot er über eine nie versiegende produktive Kraft, die ihn – trotz einer Schreibpause von nahezu zehn Jahren – auf über dreißig Bücher kommen ließ. In der Tat: er hatte alles; und als ihm in den fünfziger Jahren, auf einem Empfang in Stuttgart, ein Lokalredakteur gleichen Namens vorgestellt wurde, rief er in naivem Mitgefühl aus: »Mein Gott! Wie furchtbar! So wie ich zu heißen und nicht ich zu sein!«

Und doch gab es eine Wunde, die ihn quälte. Wer die Bilder aus der späteren Zeit betrachtet, kann den Zug von Bitterkeit und Misanthropie in dem Gesicht nicht übersehen. Auch im Schriftlichen aus jenen Jahren herrscht vielfach eine Gereiztheit, die mehr Unruhe und Verschattung offenbart, als er sich oder anderen je eingestanden hätte. Zur Repräsentantenrolle geschaffen, ist ihm gerade diese versagt geblieben und er mehr und mehr in eine Isolation geraten, die er als absurd, grausam und persönlichkeitswidrig empfand. So machte er sich, notgedrungen, zum Widersacher gegen den Zeitgeschmack, gegen dessen Vorlieben und Maßstäbe, und kehrte den Gegensatz schroff und bis in den großbürgerlichen Lebensstil mit oft genußvoll übertreibender Gestik heraus. Einem Fotografen des »Spiegel«, der ihn in seinem Haus im württembergischen Gärtringen fotografieren wollte, schrieb er mit den Worten ab:

»Ich bin sehr gern bereit, in einer sorgfältig gestellten asketischen Kulisse mit Feldbett und Mülleimer für Sie aufzutreten. Aber meine Utrillos und Louis-XVI-Sessel dem öffentlichen Anblick auszusetzen, habe ich keinen Mut mehr . . . Besuchen Sie mich einmal und Sie werden sehen, wie sehr meine bescheidenen und nur mir gehörenden Lebensumstände die Mißgunst der ›brave new world‹ herausfordern müssen.«

Franz Schonauer, der diese eher erheiternde Episode mit der ganzen Indignation des Modeplebejers aus der Einheitswohnküche berichtet, hat auf treffende Weise aber auch den Vorwurf formuliert, der Sieburg in den Nachkriegsjahren so sehr zu schaffen machte und sein Bild bis in die Gegenwart prägt: zwar kein Nazi, aber doch ein hochfeiner Collaborateur gewesen zu sein.

Merkwürdig berührt immerhin, daß der Versuch, Näheres über Sieburgs Verhalten während des Dritten Reiches in Erfahrung zu bringen, auf vielfältige Schwierigkeiten stößt. In den Erinnerungsbüchern derer, die ihn kannten, taucht er, wie auffällig er sich auch zur Erscheinung brachte, kaum oder nur in blassen Erwähnungen auf: so bei Ernst Jünger, Wilhelm Hausenstein, Margret Boveri oder Hans Speidel. Von den noch Lebenden haben einige die Einzelheiten vergessen, andere schützen offensichtlich Vergeßlichkeit vor, und wiederum andere lehnen jede Auskunft rundheraus ab, so etwa Carlo Schmid, der einige Zeit vor seinem Tode erklärte, er werde kein Wort gegen seinen Freund Friedrich Sieburg sagen – obwohl nach herabsetzenden Erinnerungen gar nicht gefragt war.

Diese Ausflüchte, die fast den Charakter einer Verschwörung des Schweigens annehmen, spiegeln nicht nur die Kränkungen wider, unter denen Sieburg selber gelitten hat; sondern auch, daß er bei vielen, die ihm nahestanden, noch immer auf ein hohes Maß an Freundesnachsicht rechnen kann, die seine Gegner ihm naturgemäß versagen. Sein Charme, die Schlagfertigkeit, über die er gebot, und seine Eloquenz, überhaupt das unablässig Sprühende seines Wesens: das alles hat ihm zahlreiche Bewunderer verschafft; Freunde dagegen gewann er sichtlich weit eher durch seine unverkennbaren Schwächen, vor allem seine entwaffnende Eitelkeit, seinen naiven Besitz- und Genußwillen und seine hochgradige Verletzlichkeit.

Der nach wie vor erhobene Vorwurf gegen Friedrich Sieburg, sich auf anstößige Weise mit dem Hitler-Regime eingelassen zu haben, offenbart nicht zuletzt einen charakteristischen Austragungsmodus des Generationskonflikts. Als der beim Publikum wohl einflußreichste Literaturkritiker der ersten Nachkriegsphase war er auch eines der bevorzugten Opfer jener Methode des literarischen Vatermords, die damals üblich wurde: nämlich die Angehörigen der älteren Generation nicht aufgrund überholter literarisch-ästhetischer Kategorien, sondern durch den immer erneuten Hinweis auf ihr politisches Versagen zu disqualifizieren. Sieburg selber hat häufig über die Heuchelei dieser Auseinandersetzung geklagt, über die Verleumdungen und Denunziationen, denen er ausgesetzt gewesen sei und – preziös noch in seinem Zorn formulierend – davon gesprochen, daß er in vollen Zügen einen Kelch habe leeren müssen, »der bis obenhin mit Dreck gefüllt war«.

In der Tat hat das moralische Athletentum, das viele Angehörige der jüngeren Generation so dreist hervorkehrten, sich nie glaubwürdig machen können. Seine Wortführer, deren konjunkturelle Anfälligkeit sich doch gerade auch in diesen Vorwürfen kundtat, konnten kaum je überzeugend dartun, daß sie ausgerechnet der vehementesten Konjunktur, die je über das Land hereingebrochen war, nämlich der des Jahres 1933, mit je-

ner Integrität widerstanden hätten, die sie unterderhand für sich
reklamierten. Die Auseinandersetzung verbarg denn auch einen
weit tiefer reichenden, aus Lebensweg und persönlicher Erfahrung herstammenden, im Grunde unversöhnlichen Gegensatz.
Friedrich Sieburg wurde am 18. Mai 1893 im westfälischen
Altena in einfachen Verhältnissen geboren und besuchte zunächst dort und später in Düsseldorf die Schule. Von prägen-
dem Einfluß waren vor allem die Studienjahre in Heidelberg,
wo er Volkswirtschaft, Geschichte und Philosophie studierte
und sowohl mit der soziologischen Schule Max Webers als
auch, durch Friedrich Gundolf, mit dem George-Kreis in Verbindung kam. An den Kritiker Karl August Horst hat er darüber
geschrieben:
»Es war ein klassischer Augenblick, den ich dort erlebte. Max
Weber las nicht mehr, empfing uns aber bisweilen in seinem
Garten am Samstagnachmittag. George tauchte manchmal in
seinem schwarz lackierten Strohhut, priesterlich verkleidet, an
einer Straßenecke auf und jagte uns, die wir dort studentisch
durcheinanderschrieen, in die Flucht. Gundolf war der Stern. Er
hatte zwar keine pädagogische Begabung, aber seine pädagogische Leidenschaft ... Die Übungen waren von beispielloser Intensität; ich habe sie nie mehr aus meinem Geist entfernen können und bin ihnen bei jeder lyrischen Interpretation, die ich versuche, verpflichtet ... Dieses sommerliche Zusammenströmen
in seinem Hörsaal mit dieser wunderbaren Atmosphäre von geistiger Neugier und Ehrfurcht, ist mir unvergeßlich. Ich denke
heute fast mit Tränen an diese Situationen, die unreproduzier-
bar sind ... Ich versichere Ihnen: es war das Paradies, und wer
in ihm verweilt hat, dem kommt die Welt seitdem oft farblos
und trocken vor, als sei sie aus Asche gemacht.«
Friedrich Gundolf hat das Wort vom »Bildungserlebnis« gefunden, und dasjenige Sieburgs wird in diesen Zeilen erkennbar:
es ist, was er selber seine »Lust an der Verehrung« genannt hat,
die Ehrfurcht vor »Statuen«. Sie war eines der Elemente, aus denen sich später der Gegensatz zu einer Generation entwickelte,

die sich von ihren Lehrern weit häufiger düpiert wußte und nicht ohne Grund auf Kritik, auf den prinzipiellen Zweifel an aller geistigen Überlieferung setzte, dabei aber nicht selten den Widerspruch radikal überdehnte. Literarisch entzog Sieburg sich schon frühzeitig dem Einfluß der George-Schule. Bald nach dem Ersten Weltkrieg, den er bezeichnenderweise bei einer Eliteeinheit als Kampfflieger und Luftoffizier mitgemacht hatte, veröffentlichte er unter dem Titel »Die Erlösung der Straße« einen Gedichtband, der ganz im Zeichen expressionistischer Vorbilder steht und, als auffälligste Beiträge, einen revolutionär gestimmten »Aufruf an Berlin« sowie ein Stück reiner Verklärungspoesie auf den Tod Rosa Luxemburgs und Karl Liebknechts enthält. Unverlierbar aber blieben, aller literarischen Entfremdung zum Trotz, der Ästhetizismus des George-Kreises, der intellektuelle Aristokratismus, desgleichen der Sinn für praezeptorale Selbstinszenierung, den Sieburg hochentwickelt vorführte, sowie schließlich ein feierlicher Literaturbegriff. »Wenn einer ein Buch veröffentlicht hat«, äußerte er, »hat er im Grunde das Gewand eines Ordens angelegt«: auch dies durchweg Elemente, die späteren Kontroversen reichlich Nahrung boten.

Dem Gedichtband ließ Sieburg noch eine Sammlung von Erzählungen folgen, dann gab er den poetischen Ehrgeiz auf. Zu genau war ihm bewußt, daß man sich als Dichter nur auf unverwechselbare Weise, im Grunde allein durch Genialität ausweisen kann, und die später oft bezeugte Irritation durch alles Mittelmäßige, Nur-Bemühte, bewährte sich schon gegenüber den eigenen frühen Hervorbringungen. Sieburg wurde Journalist. Als Korrespondent der »Frankfurter Zeitung« berichtete er zunächst aus Kopenhagen und ging anschließend, im Jahr 1925, für das Blatt nach Paris. Das Buch, das er vier Jahre später als eine erste Bilanz seines Frankreich-Erlebnisses unter dem Titel »Gott in Frankreich?« veröffentlichte, machte ihn mit einem Schlage hochberühmt. Reich an brillanten Formulierungen, mit großer essayistischer Verve geschrieben, hat es das Frankreich-

Bild einer Generation geprägt, wie auf ihre Weise die Bücher
von Curtius und Voßler, sowie später die Darstellung Herbert
Lüthys. Es war eine Huldigung an französische Lebensart, französische Humanität und französische Verspätungen, durchsetzt
von modernitäts-kritischer Skepsis gegen deutsche Unrast und
die ihm aus der Ferne aufgegangene Neigung seines Landes, das
Gefühl für menschliche Substanz zu verbrauchen.

Im vielzitierten ersten Kapitel der ursprünglichen Fassung des
Buches hat Sieburg die Gründe genannt, warum er über Frankreich geschrieben habe. Es heißt da unter anderem:
»– Weil ich dem Fortschritt der Ideen vor der Idee des Fortschritts den Vorzug gebe;
– weil ich noch einmal den Atem anhalten und verweilen
möchte, ehe die Welle mich der alten Welt entreißt und jenem
Schicksal zuschleudert, das mich aus einem Genießer in einen
Konsumenten verwandelt;
– weil ich schwach genug bin, mich in einem altmodischen
und unordentlichen Paradies lieber aufzuhalten als in einer
blitzblanken und trostlosen Musterwelt;
– weil ich meinen Mitmenschen etwas von jenem Schmerze
mitteilen möchte, den ich empfinde, wenn ich von der Ewigkeit
zur Tagesordnung übergehen muß;
– weil ich einen hemmungslosen Glauben an die Zukunft für
eine Gefahr halte, solange er nicht von der Liebe für eine verlo-
rene, aber unverlierbare Sache, nämlich die Vergangenheit, ge-
dämpft ist;
– weil es gut, ja notwendig ist, eine Weile zu sinnen und sich
das Herz beim Anblick des zurückbleibenden Frankreichs
schwer werden zu lassen, ehe die Fahrt ins neue Zeitalter beginnt . . .«
Das Aufsehen, das dem Buch zuteil wurde, hatte nicht nur
mit dem blendenden Sprachwitz und der Kunst Sieburgs zu tun,
Alltagsbeobachtungen zu charakteristischen Haltungen französischer Lebensart zu verdichten. Vielmehr hatte das Buch auch
die ganze Gunst des Augenblicks für sich, und einiges spricht

dafür, daß weniger der Zufall, als das hochentwickelte Witterungsvermögen des Autors, sein Instinkt für Themen und Tendenzen der Zeit, den Erfolg vor allem bewirkt hat. Zu einem Zeitpunkt erschienen, als die Welt vom deutsch-französischen Gegensatz so beherrscht wie ermüdet war, fand es die Formel, die all die Tagesquerelen und bornierten Reibereien im Politischen auf zwei entgegengesetzte Vorstellungen von der Welt zurückführte und damit der Auseinandersetzung die Würde eines universellen Konflikts verlieh. Auf diese Weise hat es entspannend, am Ende auch versöhnend gewirkt, und niemand anderes als der ehemalige Ministerpräsident Poincaré, die Symbolfigur aller antideutschen Affekte in Frankreich, hat es bald nach Erscheinen, nicht ohne Zeichen des Respekts, zum Gegenstand einer öffentlichen Rede gemacht. Sieburg selber hat verschiedentlich geäußert, zahlreiche Franzosen hätten sich immer wieder gefragt, ob das Buch eher für oder gegen Frankreich gerichtet gewesen sei, und in der Tat mochten sie sich fragen, ob der Bewunderung, die es ausdrückt, nicht ein hohes Maß an Neid, und der Liebe nicht ein Anflug gereizter Eifersucht beigemischt sei. Vorherrschend aber war zweifellos die Angst vor den Gefährdungen der in Frankreich verkörperten Vergangenheit sowie die Klage darüber, daß das Gestrige nicht ewig sei. Noch der Neuausgabe von 1935, zwei Jahre nach Hitlers Machtergreifung, hat Sieburg ein Vorwort vorangestellt, in dem er die von einem rauschhaften Gemeinschaftsethos erfaßten Deutschen aufforderte, kein Ärgernis am individualistischen Lebensgefühl Frankreichs, dem eigensinnig behaupteten kleinen Glück des Landes zu nehmen; denn dies sei »eine Welt, die leben will und deren Ideale von der Mehrzahl aller Abendländer geteilt werden«.

Sieburgs hochentwickeltes Gespür für Bewegungen und Tendenzströme der Zeit kam erneut, nun allerdings auf eher problematische Weise, zum Vorschein, als er Anfang 1933 eine umfangreiche Betrachtung unter dem Titel »Es werde Deutschland« veröffentlichte. Schon 1932 abgeschlossen, war es gewiß kein Produkt jenes scharenweisen intellektuellen Überläufertums, das einen ebenso hochmütigen wie beflissenen Scharfsinn aufbot, um den geistlosen und ungehobelten, nun aber so erfolgreichen Nazis zu erklären, wer sie eigentlich seien und worauf die Geschichte mit ihnen hinauswolle. Vielmehr standen auch dahinter die Erfahrungen der französischen Jahre, das in der Begegnung mit dem angeblich ungebrochenen Nationalgefühl des Nachbarvolkes erst geweckte Bewußtsein für die Fatalitäten einer vielfach zerrissenen, aggressiv mit sich selbst konfrontierten Nation. Sieburg hat schon kurze Zeit später bemerkt, das Buch sei kein »Dokument des Dritten Reiches«, sondern der Versuch einer Beschreibung seiner historisch-psychologischen Voraussetzungen, das Ergebnis patriotisch gestimmten Nachdenkens weniger über die deutsche Politik als über Wesen und Charakter der Nation.

Eben diese Intention gibt dem Buch aber auch den vagen, pathetisch vergrübelten Ton, der es in die weitere Nachbarschaft jenes politisierenden Feuilletonismus' rückt, den man im Begriff der »Konservativen Revolution« zusammengefaßt hat. Erst in dem Vorwort, das der Autor der etwas späteren englischen Ausgabe voranstellte, hat er dann doch noch versucht, seine Betrachtungen, die auf ihre Weise ebenfalls diejenigen eines Unpolitischen sind, etwas näher als der Text es eigentlich gestattet, an die Ereignisse in Deutschland heranzurücken. Schon der abgewandelte Titel »Germany: my country«, mußte, so kurz nach Hitlers Machtergreifung, wie ein Bekenntnis wirken, das die neuen Machthaber »for good or ill« einschloß oder doch in den übergreifenden Zusammenhang eines erwachenden, aus »babylonischer Gefangenschaft« heimkehrenden Nationalgefühls stellte, zu deren bürgerlichen Wortführern Sieburg sich jetzt selber zählte. »Die deutsche Revolution«, heißt es einmal, »ist ein Akt nationaler Selbstbewußtwerdung, und in diesem Sinne ist mein Buch ein Teil dieser Revolution.« Und an anderer Stelle: »Da ich weiß, welche Annehmlichkeiten Deutschland freiwillig zurückweist und welchen Glücksgütern es herausfordernd den

Rücken kehrt, kann ich auch die Größe und das Wagnis dieses Aufbruchs in die Zukunft ermessen. Weil ich ein Leben gekannt und gelebt habe, das im Deutschland von heute nicht mehr besteht, fühle ich mich berechtigt, dieser Jugend – die nicht die meine ist – ein sehr großzügiges Verständnis entgegenzubringen.«

Der politische Anpassungsdrang solcher und anderer Sätze, die dem Nationalsozialismus »innere Wahrheit« oder den Rang einer »rettenden Idee« attestierten, ist unverkennbar, wiewohl der Text im ganzen mehr von jenem für die Zeit charakteristischen Lavierstil enthält, als sich dem flüchtigen Blick offenbart: jener Verbindung aus etwas lauteren Bekenntnisformeln und leisen, gleichsam zur Seite gesprochenen Vorbehalten. So schreibt Sieburg, in einer durchaus doppelsinnigen Huldigung, daß es im neuen Deutschland keine menschlichen Einzelwesen mehr, sondern nur noch Deutsche gebe; er weist auf die Exzesse hin, die so viel »Kritik, ja sogar Widerwillen in der Außenwelt« hervorriefen; oder versichert, in wohl nicht absichtsloser Zweideutigkeit, daß die Welt zwar Hitlers Bedeutung als Staatsmann, nicht aber seine prophetische Gabe bezweifeln könne.

Um so verblüffender mutet an, daß das Buch, wie Sieburg verschiedentlich geäußert hat, zusammen mit einem 1932 veröffentlichten Bericht über eine Arktis-Expedition, von den Behörden verboten wurde. Über die Gründe, die dazu führten, ist aus den verfügbaren Unterlagen nichts zu erfahren. Man kann aber vermuten, daß der Autor mit seiner politischen Betrachtung unter eine Art Sammelverdikt für konservative Tagesschriftsteller fiel, während der Reisebericht Anstoß erregte, weil die Fahrt mit einem sowjetrussischen Eisbrecher unternommen worden war.

Die einschüchternde Wirkung dieser Verbote drängte Sieburg mehr und mehr in die Reiseschriftstellerei ab, er hat später erklärt, er sei seit jener Zeit in seiner »Themenauswahl sehr viel vorsichtiger« geworden. Zwar blieb er als Korrespondent der »Frankfurter Zeitung« in Paris und war zeitweilig auch von London aus für sie tätig; aber die vier Bücher, die er vor Beginn des Krieges veröffentlichte, halten sorgfältig Abstand von aller politischen Problematik und führen, anhaltend virtuos, seine Fähigkeit vor, aus Impression, Erlebnis und Analyse ein zwar höchst subjektives, immer aber überredend stilisiertes Portrait fremder Länder und fremder Lebensart zu entwickeln. Die Ausnahme bildet die 1935 erschienene Biographie »Robespierre«. Sie ist als Sonderfall um so auffälliger, als sie, der Bekundung zahlreicher Zeitgenossen zufolge, im Deutschland jener Jahre als kritische, die Gegner des Regimes ermutigende Publikation verstanden wurde, ähnlich wie später Ernst Jüngers »Auf den Marmorklippen«. Wer das Buch im Nachhinein liest, wird, abgesehen von der allgemeinsten Parallele, die in der Figur des gemütsgeschädigten, die überkommenen Moralvorstellungen dialektisch verwirrenden Staatsterroristen vorgegeben ist, schwerlich entdecken, was den Eindruck mancher Leser von einst stützen könnte; in Wirklichkeit hat man es dabei wohl mit einem jener Fälle interpretierender Eigenmacht zu tun, wie sie unter politischen Unterdrückungsverhältnissen als Mittel kritischer Verständigung häufig sind. Auch macht Sieburgs allgemeines Verhalten: die Neigung, das unberechenbare Regime durch gelegentliche rhetorische Zugeständnisse bei Laune zu halten, weitaus wahrscheinlicher, daß er die Umdeutung allenfalls in Kauf nahm, viel eher aber fürchtete. So notiert Thomas Mann am 24. Februar 1934, nach einem Vortrag in St. Gallen, kurze Zeit vor ihm habe Friedrich Sieburg an gleicher Stelle gesprochen und dabei erklärt, »der Deutsche brauche die metaphysische Legitimation der Führung, Hitler fühle sich als von Gott eingesetzt«.

Doch gerät man mit alledem bereits in jene Zone der Vermutungen, in der die Antworten auf nahezu jede Frage nach Sieburgs Haltung, nach seinen Tätigkeiten, Motiven und Anschauungen während der folgenden Jahre liegen. Nur einige rohe Tatsachen sind zweifelsfrei: daß er 1939, wenige Tage vor Kriegsausbruch, von Paris aus nach Deutschland zurückkehrte, sich jedoch nicht in die Redaktion der »Frankfurter Zeitung«, sondern nach Berlin begab und, zusammen mit einigen anderen renommierten Journalisten wie Hans-Georg v. Studnitz und Giselher Wirsing, in die neugegründete Informationsabteilung des Auswärtigen Amtes eintrat. Der französische Botschafter Robert Coulondre hat berichtet, daß Sieburg am Nachmittag des 30. August, knapp zwei Tage vor dem Überfall auf Polen, offenbar mit einem Vermittlungsauftrag bei ihm vorstellig wurde. Kurz nach Kriegsbeginn wurde er an die deutsche Botschaft in Brüssel entsandt und tauchte im Sommer 1940, nach dem Sieg über Frankreich, im Range eines Botschaftsrats wieder in Paris auf. Schon nach annähernd anderthalb Jahren verließ er jedoch diesen Posten und kehrte als Feuilleton-Redakteur an die »Frankfurter Zeitung« zurück: »überglücklich«, wie er äußerte, endlich »wieder unter wohlwollenden Menschen« zu sein. Als das Blatt im Herbst 1943 verboten wurde, stieß er erneut zum Auswärtigen Amt. Wie gelegentlich schon in früheren Jahren reiste er in sogenannten Sonderaufträgen, über die Näheres zwar nicht bekannt, immerhin aber zu vermuten ist, daß sie diplomatisch-gesellschaftlicher Art waren, unter anderem nach Rom, Madrid und Lissabon. Seine Vorgesetzten schätzten vor allem seine Weltkenntnis und Gewandtheit, die ihm überall ein rasches Entrée verschafften. Kurz vor Kriegsende erhielt er den Auftrag, sich nach Sigmaringen, an den Aufenthaltsort eines Teils der geflohenen französischen Regierung zu begeben, um, wie er bitter bemerkte, dort den »Hofnarren« zu spielen. Von den einrückenden Franzosen in Tübingen festgesetzt, wurde er Ende 1945 angewiesen, sich in »résidence forcée«, eine Art Verbannung, nach Birkenfeld an der Nahe zu verfügen. Im Sommer 1946 kehrte er nach Tübingen zurück, hatte aber bis 1948 Publikationsverbot.

Schon die Gründe, die Sieburg zum Ausscheiden aus der »Frankfurter Zeitung« veranlaßten, liegen ganz im unklaren. Er selber hat erklärt, er habe unter den Bedingungen des Krieges nicht mehr journalistisch arbeiten wollen, überdies sei seine Verpflichtung für »Das Reich«, das gerade im Aufbau befindliche

Renommierblatt des Regimes, vorgesehen gewesen. Das klingt nicht ganz unglaubwürdig für einen Mann, der nach unliebsamen Erfahrungen als politischer Essayist in der Reisereportage eine Ausweichmöglichkeit gefunden hatte, die ihm künftig sowohl durch die Beschränkungen des Krieges als auch angesichts des scharf politisch formulierten Auftrags der neugegründeten Wochenzeitschrift versperrt bleiben mußte.

Nicht recht begreiflich mutet aber an, daß er sich den befürchteten Zudringlichkeiten der Politik ausgerechnet durch den Übertritt in den diplomatischen Dienst zu entziehen versuchte; nicht ohne einen Zug trotziger, die Illusion von einst aufrechterhaltender Naivität hat er von einer »Flucht ins Auswärtige Amt« gesprochen. Vermittelt wurde der Schritt offenbar durch Annelies von Ribbentrop, die Frau des deutschen Außenministers, die den Autor Sieburg seit Jahren schätzte und zu sich lud. Seine Freundschaft mit dem als Botschafter im besetzten Frankreich vorgesehenen Otto Abetz, in dessen Stab er eintrat, sowie die Aussicht, Paris wiederzusehen, mögen an dem Entschluß mitgewirkt haben; aber ausschlaggebend waren alle diese Gründe nicht.

Von weit größerem Gewicht und stark genug, Sieburgs Ängstlichkeit vor politischer Verstrickung auszuschalten, war sein Bedürfnis nach einem großen Lebensrahmen, nach Auftritten, Kulissen und schönen Umständen. Seine Freunde berichten denn auch, mit welchem Glück, welcher geradezu strahlenden Kinderlaune er von der brokatbestickten Uniform des Diplomaten schwärmte, dem grandiosen, die bürgerlich-bescheidenen Verhältnisse der »Frankfurter Zeitung« unwiderstehlich übertrumpfenden Glanz und Gloria des Auswärtigen Dienstes. Der elementar schauspielerische Zug seines Wesens, den er als Schriftsteller nur ersatzweise in Sprachpointen oder effektvoll gebauten Kapitelschlüssen hatte befriedigen können, versprach sich hier zeitlebens erträumte, doch nie ausgelebte Möglichkeiten. Über Chateaubriand, dem er eine bewundernde, vexierbildhaft ins Selbstporträt hinüberspielende Biographie gewidmet hat, schrieb er, der große Antrieb dieses Lebens sei gewesen, »nicht nur zu sein, sondern auch zu gelten«.

Verlangen nach Macht indes bewegte ihn nicht: ihn reizte ihre Nähe, die Beglückungen, die aus der bestaunten Zugehörigkeit zum »engsten Kreis« erwachsen, nicht ihr Besitz. Zwar mochte er sich, bestärkt durch sein literarisches Bild der französischen Geschichte, romantischen Ideen einer Versöhnung von Geist und Macht hingeben. Doch was immer er sich dazu erhofft und erträumt haben mochte, beruhte auf irrigen Vorstellungen von den eigenen Möglichkeiten, und bald schon mußte er, dem Urteil ehemaliger Amtskollegen zufolge, einsehen, daß er nicht die Macht vergeistigte, sondern ins undurchschaubare Gestrüpp eines chaotisch organisierten Gewaltstaats geraten war, wo alle Selbstbehauptungsversuche so hilflos wie zweideutig wirkten. Er war und blieb ein Beobachter, und von allen Versprechungen der Macht reizte am Ende ihn weniger, was man damit anzufangen, als was sie dem Repräsentationsbedürfnis zu bieten vermochte: Privilegien, Würden und einen gut sichtbaren Platz auf der Tribüne. Bezeichnenderweise beneidete er Ernst Jünger um den Auftrag, im Stab des Generals von Stülpnagel das militärische Tagebuch zu führen: »Er ist jetzt der Goethe des Militärbefehlshabers«, äußerte er einem Bekannten gegenüber nachdenklich und nicht ohne spürbar zu machen, daß diese Aufgabe seinen eigenen geheimen Wünschen nahekam: dem Bedürfnis nach bevorzugtem Standort, der soviel Nähe wie Distanz zur Macht gewährleistete, sowie nach schreibender Tätigkeit. Die Machenschaften dagegen, in die er sich geraten sah, die Intrigen und Positionskämpfe, steigerten nur seinen ohnehin vorhandenen Widerwillen vor der Politik.

Er hat, als Botschaftsrat in Paris, den Kreis seiner Pflichten denn auch bald auf die bloßen »actes de présence« im gehobenen gesellschaftlichen Umgang beschränkt und, anders als seine Auftraggeber es gewiß von ihm erwarteten, nicht die Sache des Regimes, sondern, wie stets, vor allem die der eigenen Person vertreten. Aus den anderthalb Jahren dieses Pariser Aufenthaltes ist nicht mehr als eine kurze Ansprache überliefert, die er am 22. März 1941 vor der »Groupe Collaboration«, einem kleinen, wenn auch nicht einflußlosen Intellektuellen-Zirkel, über das Thema »Frankreich – gestern und morgen« gehalten hat. Die entscheidenden, ihm später immer wieder entgegengehaltenen Sätze der Rede lauten:

»Hier, in Ihrer Douce France, ist mein Charakter hart geworden. Frankreich hat mich zum Kämpfer und zum Nationalsozialisten erzogen. Wieviele Nächte habe ich nicht mit französischen Freunden diskutierend verbracht, unentwegt das Tuch der Penelope webend, um es am anderen Morgen wieder aufgetrennt zu finden. Eines Tages sah ich ein, daß es notwendig war, diesen sterilen Dialog zu unterbrechen . . . Mehr und mehr habe ich mich von Frankreich entfernt, bin auf Reisen gegangen, habe Afrika besucht, wo ich ein jüngeres, realistischeres Frankreich gefunden habe als in Frankreich selbst . . . (Erst) einige Tage vor Kriegsausbruch habe ich das Land dann wiedergesehen. Ohne Hoffnung bin ich durch die Straßen von Paris gelaufen, habe noch einmal einen Blick auf all die Herrlichkeiten dieser Stadt geworfen und ihren ganzen Zauber empfunden. Ich war wie Mazarin, der, im Vorgefühl des nahen Todes, durch die schönen Säle seiner Residenz irrte, mit ungläubigem Finger die Schätze berührte, seine schönen Teppiche, seine Bilder, und sagte: ›Muß ich das alles wirklich zurücklassen?‹

An einem Sommerabend, als ich zum letzten Mal auf dem Pont du Carousel die Seine überquerte, suchte mein Blick die Türme von Notre Dame, das Schiff der Ile St. Louis, aber schon entschwand der goldene Dunst. Die Nacht brach schnell herein, eine Nacht ohne Sterne, voller Drohungen und Ängste, die Nacht einer großen Stadt mit bösen Träumen. Einige Tage später war ich wieder auf deutschem Boden und seltsam, die Ängste verließen mich plötzlich, der Vorhang war gefallen, allem zum Trotz fand ich mich jung wie einer, der mit leeren Händen von einer Reise wiederkehrt, frei, die Feder oder das Schwert zu ergreifen.

Das war für mich das Ende des unaufhörlichen Dialogs, in den wir, Sie und ich, so viel guten Willen, so viel Patriotismus eingebracht hatten . . .«

Dem Dialog mußte, darauf lief die Rede hinaus, die von der Geschichte sanktionierte Order folgen. Frankreich habe Abschied zu nehmen von seinen pittoresken, liebenswürdigen und menschlichen Lebensformen, dem »Ideal des Anglers«, wie Sieburg formulierte, und, dem Beispiel wie dem Anspruch Deutschlands folgend, sich entschlossen der Zukunft zuzuwenden. Trotz aller unverlorenen Sympathie mit dem Lande, von der die Rede auch zeugt, wird man doch, durch die poetischen Einfärbungen hindurch, den hegemonialen Ton nicht überhören können und auch nicht die Verleugnung alles dessen, was Sieburg selber einst gefeiert hatte: der universelle Konflikt war entschieden, der Spruch der Geschichte gegen Frankreich ausgefallen. Und wenn dies alles nicht ohne Anstrengung gesagt war, so doch mit jener irrationalen Ergebung in das Walten eines historischen Gesetzes, die eine lange und fatale Tradition hat, und deren Anwälte sich noch ein moralisches Verdienst daraus errechnen, daß sie den Untergang dessen bejahen, was sie lieben. In ähnliche Richtung weist eine andere Bemerkung Sieburgs aus dieser Zeit. Eingehend auf den Bruch, der sich zu seinem Frankreichbild von einst aufgetan habe, entgegnete er unglücklich, doch wie um sich zur Härte zu zwingen: »Ce n'est pas l'heure de l'amour.«

In solchen Äußerungen ist er weiter gegangen, als seine Furchtsamkeit nach hier wie dort ihm eigentlich erlaubte. Zu allen Beschreibungen seines Verhaltens zählt der Hinweis, er habe stets darauf geachtet, sich nach keiner Seite festzulegen, und in der oszillierenden Erscheinung sein Heil gesucht: der geistige Mensch sei als der durchweg Schwächere auf Geschmeidigkeit angewiesen und müsse seine wahren Empfindungen tief in sich verschlossen halten, hat er später bemerkt. Vielfach ist denn auch beobachtet worden, daß er im persönlichen Gespräch durchaus präsent, beherrschend und hochkonzentriert wirkte, gleichwohl seine Auftritte aber häufig etwas seltsam Unverbindliches, Verschlüsseltes, elegant Doppelbödiges hatten. Der Wortjongleur, der er war, haßte alle Eindeutigkeiten. Arno Breker, zu dessen Freunden Sieburg zählte, berichtet in seinen Erinnerungen, dieser habe einmal rasch und stillschweigend sein Haus verlassen, als unter den Anwesenden eine politische Kontroverse ausgebrochen sei. Um so bemerkenswerter ist die Versicherung des damals schon halb im Pariser Untergrund lebenden Paul Medina, des späteren Frankreich-Korrespondenten der »Frankfurter Allgemeinen«, er habe sich in Notlagen verschiedentlich erfolgreich an den Botschaftsrat Sieburg gewandt.

Im ganzen aber galt er offenbar den einen wie den anderen als unzuverlässig und, wenn nicht alles täuscht, ist darin einer der Gründe für seinen frühen Weggang aus Paris zu sehen. Ein anderer waren die bald hervortretenden Spannungen mit Otto Abetz. Die gemeinsame, wenn auch naive Absicht, ausgerechnet als Besatzungsdiplomaten das deutsch-französische Verhältnis mit Hilfe intellektueller Kontakte von den traditionellen Ressentiments zu befreien, wurde von Abetz mit eher derben Mitteln verfolgt, so daß Sieburg sich häufig über das hochgreifend einfältige Frankreichbild »großgewordener Hitlerjungen« mokierte. Persönliche Gegensätze kamen hinzu; die unvermeidlichen Spannungen zwischen dem durch eine Parteikarriere nach oben gekommenen Zeichenlehrer, der über seine provinzielle Herkunft nie recht hinausgelangt war, und dem urbanen Außenseiter, der in Auftreten und Umgangsformen, bis hin zu den dekorativ bestückten privaten Umständen, aristokratische Standards proponierte. Verschärfend trat hinzu, daß Sieburg jederzeit, über den Botschafter hinweg, direkten Zugang zum Außenminister hatte. Die zahlreichen Unzuträglichkeiten, die schließlich zu einem heftigen Streit und anschließender Trennung führten, hat Abetz in die schonende Formulierung gekleidet, der Autor des »Gott in Frankreich?« habe sich »seelisch bedrückt (gefühlt), Paris, das er im Glück gekannt habe, im Unglück zu sehen«, und deshalb seinen Posten alsbald verlassen. Mit der Bemerkung, er sei »die erste Ratte, die das sinkende Schiff betrete«, kehrte Sieburg 1942, als durch alle Scheinsiege hindurch der Fehlschlag des hitlerschen Kriegsplans schon sichtbar wurde, nach Deutschland zurück.

Zu den Gründen, die seinen diplomatischen Auftritt in Paris beendeten, hat Sieburg sich im Nachhinein so wenig geäußert wie zur Erfahrung des Dritten Reiches überhaupt und allenfalls in eher konventionellen Metaphern Abscheu und Distanz bekundet, so wenn er von der »Zeit der Barbarei« oder den »Jahren der Finsternis« sprach. Eine gedankliche, das eigene Verhalten einbeziehende Auseinandersetzung findet sich jedoch in seinen Publikationen nicht, Stolz und Selbstbewußtsein mögen ihn daran ebenso gehindert haben wie die Empfindlichkeit dessen, der die Gewissensfragen nicht öffentlich machen, sondern den »cachettes du coeur« vorbehalten will. In die gleiche Richtung einer teils erschrockenen teils melancholischen Selbstanklage deutet auch, daß er, all seiner fast zwanghaft anmutenden Schreibmanie, seiner Ausdrucks- und Formulierbesessenheit zum Trotz, fast zehn Jahre lang verstummte und auch keine Arbeiten zur späteren Veröffentlichung verfaßte. In einem Privatbrief aber schrieb er beispielsweise: »Ich streite nicht ab, daß ich in meiner inneren Diskussion mit dem deutschen Graus geschwankt habe.« Wurde er dennoch ins Gespräch darüber gezogen, hat er zumeist mit einer Gereiztheit reagiert, die nicht nur den Anspruch gerade seiner lautesten Kritiker zurückwies, Zeiten wie diese unbeirrbar und couragierter überstanden zu haben; vielmehr schien er, in seinem intellektuellen Aristokratismus, auch davon überzeugt, daß der Schriftsteller das Vorrecht, wenn nicht die Pflicht habe, schreckliche Zeiten selbst um den Preis moralischer Zugeständnisse zu überleben und eher ins Zwielicht als an den Henker geraten dürfe; denn er habe kein Beispiel, sondern Beschreibungen zu geben.

Gleichwohl überwand er nie die Irritation darüber, in Situationen gedrängt worden zu sein, die zuletzt doch immer auf die Alternative von Überleben oder Schuld hinausliefen, und im ganzen hat Sieburg sich durch die Erfahrungen des Dritten Reiches nur in seinem hergebrachten Ressentiment gegen die Politik bestärkt gefühlt. Er habe »zu viele Menschen gesehen«, hat er bei Gelegenheit geäußert, »die nach einer ganz kurzen Zeit in der Politik zu einem Haufen Trümmer zermahlen wurden«. Sein Entschluß, sich nach der Aufhebung des über ihn verhängten Schreibverbots zunächst als einer der Herausgeber der »Gegenwart«, anschließend als Mitarbeiter der »Frankfurter Allgemeinen«, überwiegend der Literaturkritik zu widmen, ist vor allem aus diesem antipolitischen Affekt zu begreifen. »Zu keiner Zeit haben die lesenden Menschen die Realität geliebt«, bekannte er; die Politik war in diesem Vorstellungszusammenhang nur die widerwärtigste, unglückbringende Erscheinungsform der Realität.

Hier lag auch, jenseits aller moralisch begründeten Verfeindung, der entscheidende Divergenzpunkt zwischen dem Kritiker Sieburg und der jüngeren Schriftsteller-Generation. Diese hatte aus der Vergangenheit die entgegengesetzten Schlüsse gezogen und gründete ihr politisch-soziales Engagement gerade auf die Erfahrungen der Geschichte. Nicht selten mit schneidendem Hohn, weit häufiger jedoch mit ironisch gestimmter Erheiterung hat Sieburg die Entwicklungen einer Literatur begleitet, die vor allem guten Willens war, formale Kriterien gering achtete und den Einbruch sozialer Kategorien in jene individualistische Welt betrieb, die unwiderruflich die seine war. »Wer vom Schriftsteller verlangt, er solle seine Existenz durch ›soziales Pathos‹ rechtfertigen,« schrieb er, »der unterwirft sich den niedrigen Zeitmächten, die den Menschen mit der Schlinge seines schlechten Gewissens fesseln und so um seine letzte Freiheit bringen wollen.«

Diese gesellschaftliche Verweigerung, der unbelehrbare Hochmut, mit dem er jeden unmittelbar sozialen Anspruch an die Literatur leugnete und gleichsam schon von der Gartentür her abwinkte, wenn die Engagierten, Ernstmeinenden sich zum Disput einstellten, hatte etwas ungemein Aufreizendes. Mitunter scheint es, als seien hier, in Literatur und Kritik, unvereinbare Koordinatensysteme zur Anwendung gekommen, die sich nur vage an einem ganz entfernten Punkt berührten. Denn die Literatur ziele, hat Sieburg wiederholt bekannt, auf die Herstellung und Besserung menschlicher Beziehungen, in diesem sehr weitgefaßten Sinn sei sie allenfalls sozialer Natur. Darüber hinaus ging er nicht.

Hinter der skeptisch gebrochenen Hoffnung, die aus Maximen wie dieser immerhin sprach, hinter aller geistreichen Laune, mit der er sie vertrat, blieb aber stets der Pessimismus eines zutiefst konservativen Temperaments spürbar, der die Entfremdung weiter vorantrieb. Zahlreiche literarische Kritiken Sieburgs scheinen oft nicht mehr als ein beliebiger Anlaß, die eigenen Verdüsterungen zu räsonnieren. Zwar hatten Zeiten des Untergangs ihn stets stärker angezogen als Epochen des Aufstiegs, und gewiß ist es kein Zufall, daß zwei der historischen Biographien, die er verfaßt hat, die Darstellung Robespierres wie diejenige Napoleons, das Schicksal ihres Helden vom Ende, dem Augenblick des Scheiterns her, erzählen. Aber die Gegenwart, so klagte er, biete entgegen der Regel »Barbarei ohne Aufstieg, Verfall ohne Verfeinerung«. Was die Perioden des Abstiegs, jenseits aller intellektuellen Faszination, für ihn auch persönlich so verführerisch machte, war, daß sie den hedonistischen Neigungen, die ihn beherrschten, seinen kulturelitären Bedürfnissen nach Bildung, Stil, Geschmack, kurz: allen Formen gehobenen Lebensgenusses weitaus stärker entgegenkamen. »Mir träumt von einer Gegenwart«, schrieb er mit jenem elegisch gebrochenen Witz, auf den er sich verstand, »die alle Symptome des Verfalls aufweist, als da sind Meinungsfreiheit, Gastronomie, gutes Deutsch, Liebe zur Literatur, Geschichtssinn, Frauenverehrung und Eigenbrötelei . . .«.

Die rasch sprichwörtlich gewordene Formel von der »Lust am Untergang«, die Sieburg einer 1954 erschienenen Sammlung kulturkritischer Essays als Titel voranstellte, war denn auch mehr als jene bloß zynische Pointe, die, in denkwürdiger Bru-

derschaft, die anstoßnehmende Öffentlichkeit von Adenauer bis
zur intellektuellen Linken dahinter vermutete. Thomas Mann
immerhin fand in dem Buch »äußerst gescheite und stilistisch
hochstehende Dinge«, wie er in einem Brief an die Tochter Erika bemerkte. Als analysierende Betrachtung von Symptomen
und Hintergründen bundesdeutscher Mißgefühle gedacht, be-
schrieb es doch eher Stimmungen und Depressionen des Autors
und vereinigte, bei allem diagnostischen Witz, weniger Denk-
stücke als rationalisierte Seufzer zur Gegenwart. Der Schatten,
den die persönlichen Erfahrungen, die Gefühle von Unrecht
und Zurücksetzung warfen, verdunkelte die Gegenstände und
behinderte Sieburgs einst so untrügliche Wahrnehmungsfähig-
keit. Zwar war die individuelle Farbe, die er allem Geschriebenen zu geben wußte, immer seine Stärke gewesen und das
Schreiben selbst, nicht anders als die nie versagende Lust daran,
der in Stil umgesetzte Ausdruck seines Narzißmus. Doch in früheren Jahren hatte der Ausgleich zwischen persönlichen und objektiven Zuständen sich nahezu mühelos hergestellt, während
die »Lust am Untergang«, wie manches andere, weit eher auf
die Beschreibung einer gesteigerten Verletzlichkeit als die einer
vorgefundenen Lage hinauslief. Nur in der literarischen Kritik,
wo der Gegenstand in klarem Umriß vor ihm stand und nicht einer komplexen Wirklichkeit entnommen werden mußte, gelangen ihm nach wie vor beispielhafte Glanzstücke: unvergeßliche
Exekutionen ebenso wie Zeugnisse seiner immer noch ungebrochenen Lust an der Verehrung.

Der mit den Jahren zusehends hervortretende Stilisierungs-
wille Sieburgs, das rituell Herrenhafte seines Auftretens, ist
wohl am ehesten als Abwehrreaktion eines überempfindlichen
Temperaments zu verstehen. Hinter all der Feierlichkeit, mit der
er der Umwelt, aber auch sich selbst begegnete, herrschten weiche Grundstimmungen, die in häufigen Rührungszuständen und
Gemütsüberwältigungen hervortraten. Zahlreiche Beobachter
haben feminine Züge an ihm registriert und sich erinnert, daß er
in jungen Jahren verschiedentlich freundschaftlichen Umgang

mit Homosexuellen unterhalten habe. Dergleichen mochte nicht nur aus dem Vermächtnis des George-Kreises herstammen, sondern deutete offenbar auch, nicht anders als die beharrliche Vorliebe für Freunde und Frauen mit adligen Namen, den Willen an, die beengte westfälische Herkunft durch exzentrische Verhältnisse entschlossen hinter sich zu bringen. Als Beruf des Vaters gab er regelmäßig »Kaufmann« an, doch war der Vater in Wirklichkeit Eisenbahnkontrolleur, und weniges hätte Sieburg, wäre es je zu seiner Kenntnis gelangt, glücklicher gemacht als der im Grunde geringfügige Irrtum des britischen Botschafters in Lissabon, der ihn in einem Schreiben nach London vom Oktober 1940 durchweg »von Sieburg« apostrophierte.

Die alte »Frankfurter Zeitung«, der Sieburg in jungen Jahren beigetreten war, bot daher, faßt man dies alles zusammen, nicht nur seinem Aufstiegsehrgeiz, seinem Rollenbedürfnis und dem Verlangen nach einem dekorativen Lebenshintergrund unvergleichliche Möglichkeiten; vielmehr kam der elitäre, an kultiviert männerbündlerischen Vorstellungen entwickelte Zusammenhalt innerhalb der Führungsgruppe des Blattes, die Stimmung von Freundschaft, gegenseitiger Bewunderung und Intimität auch der empfindsamen Seite seines Wesens entgegen. Im Freundeskreis, beim Lesen eines Gedichts oder in der Erinnerung an einen Verstorbenen kamen ihm leicht und häufig die Tränen; und selbst im Verlauf seiner Intervention beim französischen Botschafter, kurz vor Beginn des Krieges, hat er, dem Bericht Coulondre's zufolge, angesichts der drohenden Kriegsgefahr zu weinen begonnen.

Doch konnte die Stimmung ebenso unvermittelt umschlagen und sich in groben, alle Beherrschung abwerfenden Ausbrüchen entladen. Als er in Gesellschaft, beim Rotwein, von einem näheren Bekannten nicht ohne einen Unterton maliziöser Arglosigkeit gefragt wurde, wie er es denn als Schriftsteller bewerkstellige, immer und unter allen Umständen die geheimen Erwartungen des Publikums zu treffen, starrte er den Fragenden kurz und entgeistert an und schüttete ihm dann wortlos den Inhalt seines Glases ins Gesicht. Die Vermutung ist nicht abwegig, daß hinter seinem zeremoniellen Gebaren, dem unnachsichtigen Beharren auf Konvention und hoher Etikette, nicht zuletzt der Disziplinierungswille eines überaus labilen Menschen stand, der sich weder seiner schwer zu zügelnden eruptiven Gefühle noch seiner sentimentalen Stimmungsschübe je ganz sicher war.

Hier hat man auch die Ursache dafür zu sehen, daß seine literarischen Urteilskategorien in so auffälliger Weise von Begriffen wie Takt, Anstand oder Höflichkeit mitbestimmt waren; wenn Literatur eine gesellschaftliche Aufgabe hatte, so war sie, seiner unbeirrbaren Überzeugung nach, vor allem zivilisierender Natur. Er mißtraute jener vorgeblichen Passion für die »Wahrheit«, die oft nur ein Ausdruck von Zerstörungslust oder Menschenverachtung ist, und glaubte, daß es ohne Takt keine Humanität geben könne. »Was mich«, so hat er in einer Kritik über Martin Walser geschrieben, »von ihm und seinesgleichen unheilbar trennt«, ist »eine Kleinigkeit«: nämlich Takt. »Takt, was ist das schon?« fragte er und fuhr dann fort, es sei »die Frage, über deren Abgrund hinweg wir nicht zusammenkommen können. Mit Sitte und Anstand, so niedrig sie auch im Kurse stehen mögen, können Welten im Sturz aufgehalten werden. O rühre, rühre nicht daran. Laßt doch einige winzige Bereiche bestehen, vor denen ihr mit eurer hoch begabten Schnoddrigkeit zögert! Dies sanfte Zögern wird der Menschheit mehr helfen als alle eure literarischen Anstrengungen. Dieser Walser ist ein Genie, wenn auch einstweilen nichts dabei herauskommt, aber ihn kümmern die haarfeinen Rücksichten nicht, jenseits derer zunächst nur die Taktlosigkeit und, wenn man nicht scharf aufpaßt, die Unmenschlichkeit beginnt.«

Dergleichen Verwahrungen haben die ohnehin bestehende Entfremdung zwischen ihm und der Mehrzahl der jüngeren Schriftsteller bis zur gegenseitigen Nichtbeachtung verstärkt, und wie mächtig er auch war: auf die Literatur der Nachkriegsära hat er kaum Einfluß geübt. Zwar war sein journalistischer Rang unbestritten, auch wenn die eleganten, den spätbürgerlichen Bildungshochmut genußvoll auskostenden Stilmittel Sieburgs so viel Spott wie Geringschätzung hervorriefen. Immerhin war er belesen, verfügte über aggressiven Scharfsinn und artistische Formulierfreude. Daß aber zum Schriftsteller mehr als nur Talent, nämlich menschliche und moralische Unzweideutigkeit gehörten, schien vielen von der Zeit ungeschoren gebliebenen Köpfen in Person und Biographie dieses Mannes exemplarisch offenbar zu werden. In ihm fanden sie daher auch die ideale Gegenfigur: groß und doch in einem jederzeit abrufbaren Punkte wehrlos, ein Vertreter jener Vätergeneration, deren persönliche Lebensumstände so fragwürdig waren wie ihre literarischen Maßstäbe. Mit alledem galt er als überholt und unrettbar altmodisch, ein Monument der restaurativen Epochenmerkmale. Angehörige der Gruppe 47 schickten ihm Gartenzwerge ins Haus.

Ein Mann wie er, so hat Sieburg einmal geäußert, reize die Mitwelt zur Banalität des Urteilens, und in der Tat hat die polemische Auseinandersetzung mit ihm und seinem Werk, die zänkische Inferiorität dieser Anwürfe, auf andere Weise seine Behauptung bestätigt:»Unter Brüdern, viel Großes ist in den verflossenen Jahren auf dem Gebiet der Literatur deutscher Sprache nicht geleistet worden.«

Impulsiv wie er war, hat er es seinen Gegnern aber auch immer leicht gemacht und aller Welt die eigenen Blößen gleichsam offen dargeboten.»Ich bin ja für meine Eitelkeit berühmt«, bekannte er in einem Gespräch mit Horst Bienek, und sicherlich war er naiv genug zu glauben, daß soviel Freimut seine Schwäche mildere und eigentlich auch erlaubt mache. Am Ende lief alles auf ein paar Grundwidersprüche hinaus: das Verlangen dazuzugehören, in großen Rollen aufzutreten – und doch den eigenen Absonderungsbedürfnissen Genüge zu tun; Erfolg wie einen Anspruch zu betrachten – und doch von Mißgunst verschont zu bleiben; nur die persönlichen Möglichkeiten zu bedenken – und doch geliebt zu werden.»Er wollte *sich*«, schrieb er, in lapidar treffender Kürze, auf der ersten Seite der Napoleon-Biographie über seinen Helden. Doch der eigenen Person gegenüber versagte seine psychologische Phantasie. »Warum hassen mich diese Leute?«, pflegte er angesichts der zahlreichen, auf die persönliche Kränkung zielenden Attacken fassungslos zu fragen.

Vielleicht ist das Erlebnis des alten Frankreich, dem Sieburg seinen größten Erfolg verdankte, auch die Ursache vieler späterer Mißhelligkeiten gewesen: nämlich die Vorstellung einer ganz auf das private Glück hin organisierten Gesellschaft, daß der Mensch in der Verwirklichung seiner persönlichen Neigungen, seinem Ehrgeiz, seinem Genußwillen und, ist die Zeit danach, in seiner Entschlossenheit zum Überleber aufgehen dürfe; daß er, selbst oder gerade unter schrecklichen Verhältnissen, ein Recht auf die »douceur de vivre« habe. In den Anfeindungen, denen Sieburg sich ausgesetzt sah, wird immer wieder der Vorwurf des Opportunismus laut; er aber schien eher zu glauben, er sei nicht konsequent genug darin gewesen und all sein Unglück rühre daher, sich im Leben weiter vorgewagt zu haben, als Klugheit und die Einsicht in die Macht des Bösen es geboten. Jedenfalls lassen jene Überlegungen diese Deutung zu, die er den alternden Chateaubriand anstellen läßt, als er die Erkenntnis eines zwischen Literatur und Politik geführten, von Erfolg, Widerspruch und Irrtum erfüllten Lebens resümiert: »Immer, wenn er sich fanatisch gezeigt hatte, anstatt jenen anständigen Opportunismus zu betätigen, dessen Brauchbarkeit er so früh erkannt hatte, war er in eine Sackgasse geraten, und nicht er allein ... Er hatte die Politik nur um des Rahmens willen geliebt, den sie seinem Ich gab. Auf der Suche nach sich selbst hatte er die Wirrnisse der Politik durchquert, und er hatte diese romantische Zweideutigkeit mit einem unruhigen Gewissen bezahlt. Jetzt war alles vorbei.«

In der Person Friedrich Sieburgs wird das Dilemma der ästhetischen Existenz, des Wort- und Ideenspielers, in einer Epoche der moralischen Entscheidungszwänge offenbar. Zweifellos verachtete er die Nationalsozialisten, das stupide, plebejische Herrenmenschentum, das er kennengelernt und beobachtet hatte, wie es dämonisch durch die Geschichte chargierte. Zugleich jedoch kamen die theatralischen Züge des Regimes, seine Lust an Pomp und gleißendem Spektakel, den eigenen komödiantischen Bedürfnissen auf eine Weise entgegen, die ihn immer erneut überrumpelte und seine kultivierten, verfeinerungssüchtigen Maßstäbe außer Kraft setzte.

So wurde ihm alles zur Rolle: ein Spiel mit großen Auftritten, aber voller verschwiegener Vorbehalte und Aversionen. Er betrachtete das Leben als ein großes Theater und wollte, wenigstens für lange Zeit, die tödlichen Alternativen nicht wahrhaben, in die er mit seinem Drängen auf die Bühne zwangsläufig geriet. Das abwägende Urteil wird nicht übersehen, wieviel gebührende Verachtung für die ideologischen Terroristen all die vorgetäuschte Gesinnung, das geheuchelte Engagement enthält; es ist, wie die Umstände noch immer lehren, die Gegenwehr der Schwachen. Aber Ehrgeiz und Karrierebewußtsein, auch wo sie sich hinter müden, tragisch umwitterten Gesten verbergen und vor lauter »goût de l'abîme« fast unkenntlich werden, irritieren manchen Betrachter doch; und nicht jeder ist bereit, das »Fluctuat nec mergitur« im Wappen von Paris als Überlebensmaxime für finstere Zeiten gelten zu lassen und derer, die sie sich zu eigen machen, mit Nachsicht zu gedenken.

Zuletzt wird man auch bedenken müssen, daß Sieburgs Anpassungsbereitschaft nichts anderes als die in moralischen Bewährungslagen hervortretende Kehrseite dessen war, was seinen literarischen Rang ausmacht. Es steckt ein merkwürdiger, in allen Auseinandersetzungen über die Rolle des Künstlers unter Diktatursystemen nur selten bedachter Widerspruch darin, Gesinnungstüchtigkeit, Treue und Charakterstärke bis in den Tod von denen zu verlangen, deren Tätigkeit in hohem Maß von ihrer produktiven Selbstpreisgabe, ihrer Beeinflußbarkeit und affizierbaren Schwäche, kurz: von Eigenschaften abhängt, die im Leben als fragwürdig gelten und den Beigeschmack des Anstößigen besitzen, ohne die aber in der Literatur die reine Öde herrschte. Das gute Herz verbürgt noch nicht die gute Prosa.

Wie hoch man auch die literarische Bedeutung Friedrich Sieburgs einschätzen mag: den literarischen Typus hat er, wie er selbst von sich gesagt hat, auf eine selten ungetrübte Weise verkörpert. An ihm wird beispielhaft sichtbar, wie problematisch es ist, vom Schriftsteller Charakterproben zu erwarten. Die Sensibilität, über die er verfügte, verlieh ihm Einfühlungsvermögen, Instinkt für Fremdes, ihm selber weit Entferntes, aber auch die Anfälligkeit dafür. Es gibt einen Grad des Verstehens, in dem immer auch ein Stück Selbstaufgabe steckt. Zu vorbehaltlos hatte er sich in andere Menschen, Völker, Lebensformen hineinversetzt, als daß er den Umständen noch einen unbeirrbar eigenen Charakter hätte entgegenstellen können. Sein ganzes Leben war ein Dauerakt der Anverwandlung fremden Wesens gewesen, und er hatte dieses Vermögen mit einem Teil des eigenen bezahlt. Alles konnten die Verhältnisse ihm abverlangen: Einstimmung bis hin zur Identifikation, Anschauung, Assonanz, entdeckendes Verständnis – nur nicht selbstbehauptenden Widerstand. Der Wille dazu konnte nur auf einem Grunde wachsen, den er um der eigenen Lebensleistung willen aufgegeben hatte.

Friedrich Sieburg war sich dieser Problematik bewußt. Seine Freunde verbürgen sich dafür, daß er mehr noch als unter den wenigen kompromittierenden Sätzen, die er sich in den Jahren des Dritten Reiches abgenötigt hatte, unter seinen Trugschlüssen, den falschen Hoffnungen und dem nachgebenden Verständnis gelitten habe, sowie schließlich darunter, daß er dies alles niemandem begreiflich zu machen vermochte. Andere bestreiten das; er sei nicht zum Selbstvorwurf, sondern nur zum Mitleid mit sich selbst begabt gewesen. »Niemand hat Glück mit Deutschland«, schrieb er; aber mehr als eine Bitterkeit, deren Ursache unaufgedeckt bleibt, verrät die Äußerung nicht. Auch darin entzieht er sich, wie er es wollte, jeder Eindeutigkeit im Persönlichen. Mehr als er selber je geschwankt hat, schwankt das Bild, das er hinterlassen hat.

In Münster und anderswo

Zu Friedrich Reck-Malleczewens »Bockelson«

>*»Ich stellte einen König dar*
>*Und rezitierte komödiantisch einen Possentext*
>*Durchsetzt mit Bibelstellen*
>*Und mit Träumen einer beßren Welt*
>*Die halt das Volk so träumt.«*
>Jan Bockelson in Friedrich Dürrenmatts
>»Die Wiedertäufer«

Er nannte sich »der gerecht koningk in dem neuen Tempel« und gab vor, auf dem Stuhle Davids zu thronen, tausend Jahre lang. Doch nur rund zwanzig Monate dauerte Jan Bockelsons Herrschaft über Münster, ein chaotisches, seliges, wüstes Regiment. Im Januar 1536, rund sechs Monate nach der Einnahme der Stadt, wurde er gefoltert und exekutiert. Der zerrissene Leib wurde vom Henker in einem Eisenkäfig aufrecht hingestellt, am Turm der Lambertikirche emporgezogen und der Verwesung und dem Fraß der Vögel überantwortet. »Also«, meint ein zeitgenössischer Chronist, »ist aus dem koningk ein monstrum und schouwspel geworden.«

Das hämische Chronistenwort dürfte auf Beifall rechnen, wenn tatsächlich einfach wäre, was sich ihm einfach darstellt; wenn immer schon böse wäre, was dem Verteidiger gegebener Ordnungen böse erscheint: die Verneinung des Bestehenden, der Anspruch auf neue Wahrheit und größere Gerechtigkeit; und wenn immer schon gut wäre, was sich auf den Katalog der Tugenden, auf Gemeinsinn, Treue zum Überlieferten und Gehorsam beruft. Doch die Tugend kann Dumpfheit oder Schwäche oder Indolenz sein. Die Chronistenvorstellung weiß nichts vom »Gewaltrecht des Guten«, den Rechtfertigungen des Schreckens, die um so überzeugender wirken, je näher das Reich der Freiheit gekommen scheint. Und sie weiß nichts von den Erscheinungsformen des Bösen, das keineswegs als Gewalt und Unterdrückung auftreten muß, sondern sich unter wechselnden Masken prinzipienstreng, selbstlos, unbestechlich oder jovial geben und viele uneigennützige Empfindungen wecken kann. Der Traum von einem Endreich der Fülle und des Friedens ist so alt wie die Menschen selbst. Jahrtausende haben sich daran gewärmt: in der Poesie, im Denken, in der politischen Programmatik. Er trat in allen denkbaren Varianten auf, zeigte sich milde, aggressiv, skeptisch oder verklärt. Wo immer er jedoch einen Totalentwurf für die Gesellschaft dekretierte und zu verwirklichen suchte, endete er im Terror oder scheiterte auf andere Weise. Die Erkenntnis dieser Zwangsläufigkeit ist so alt wie sinnlos. Sie konnte keine Einsicht wachrufen, solange der Mensch, über die Vernunft hinaus, auch Affekt und Phantasie besitzt. Daher ist der im spätmittelalterlichen Münster unternommene Versuch, den Endzeittraum auf brüske und wirre Weise zu realisieren, aus der Ordnung der Zeit, aus der Gemeinschaft ihres Denkens und Empfindens radikal herauszutreten, unter anderen Vorzeichen wiederholt worden. Desgleichen hat die Neigung, aktuelle Bedürfnisse mit eschatologischen Erwartungen zu verknüpfen, ihre späteren Wortführer gehabt, nicht anders übrigens als die von einer Person oder Gruppe reklamierte Glaube an die Berufung zur Weltherrschaft.

Die Wortführer fanden ihre Anhänger. In manipulierten Rauschzuständen vermeinten die Bürger von Münster wunderbare Erscheinungen zu erblicken: feurige Wolken, die die Stadt einhüllten, einen goldglänzenden Christus mit Schwert und Zuchtrute, apokalyptische Reiter, die Faust voll herauströpfelnden Blutes, so daß die Gesichter der Christen, wie es in einem zeitgenössischen Bericht heißt, selbst angesichts der äußersten Hoffnungslosigkeit »schön von Farbe« wurden. Die kollektiven Euphorien, die weder durch Entbehrungen noch durch Erschütterungen zu dämpfen waren und bis zur gänzlichen Negierung des Selbsterhaltungstriebes reichten – auch das hat sich unter anderen, doch immerhin vergleichbaren Bedingungen wiederholt.

Nicht ohne Grund sind die beiden bedeutendsten Emanzipationsphasen der europäischen Geschichte: der Übergang vom Mittelalter zur Neuzeit sowie das 19. und 20. Jahrhundert von hochgehenden Eruptionen begleitet oder gefolgt. Die rationalistische Wendung, die beiden Zeitaltern eigentümlich ist, der Sturz aus vertrauten Lebens- und Gesellschaftsformen hat turbulente Abwehrreaktionen zur Folge gehabt. Zwar haben für die Ausbrüche des endenden Mittelalters nicht anders als für die totalitären Bewegungen unserer Zeit soziale Spannungen, die Ängste und Verbitterungen proletarisierter Massen sowie deren Orientierungsnöte angesichts zerbröckelnder Normen und Autoritäten eine wichtige Rolle gespielt; aber die spezifischen Sehnsüchte, denen die Massen sich ergaben, und die Richtung, die ihre Heilserwartungen einschlugen, belegen im einen wie im anderen Falle die elementare Neigung, sich in einer heller und kälter werdenden Welt Fluchtstätten des Irrationalismus zu schaffen.

Gewiß haben eschatologische Konzepte von Lauf und endgültiger Bestimmung der Welt zu allen Zeiten die Phantasie erregt. Indes, nur zweimal gelang es ihnen, unter bestimmten Bedingungen Massenanhängerschaft und aggressive Kraft zu gewinnen. Der Versuch, Voraussetzungen, Struktur und Verlauf dieser vehementen Rückwendungen ins bergende Halbdunkel irrationaler Phantasiewelten zu vergleichen, hat verblüffende Übereinstimmungen zutage gefördert. Friedrich Reck-Malleczewens »Bockelson« verdankt dieser Absicht seine Entstehung. Mit hassendem und zugleich leidendem Blick auf die eigene Zeit hat er das Buch Mitte der dreißiger Jahre, während der Herrschaft des Dritten Reichs, geschrieben. Die Parallelen, die es zwischen dem Münster des 16. und dem Deutschland des 20. Jahrhunderts zeichnet und die dem Buch streckenweise den Charakter eines romanartig ausgeführten Schlüsselberichts verschaffen, sind gleichwohl belegbar. Die historischen Quellen legitimieren die paradigmatische Absicht.

Aus der Betrachtung des revolutionären Chiliasmus lassen

sich zahlreiche Elemente zur Analyse der totalitären Sozialmythologien unserer Gegenwart gewinnen. Die besonderen, von Zeit und Umwelt bestimmten Glücksverheißungen, denen er sich ergab, die Fahnen, Feldzeichen und Formen, die er seinem Aufbruch vorantrug, muten die Gegenwart auf den ersten Blick zwar fremdartig an; doch deren Funktion und Charakter, die soziologischen und psychologischen Voraussetzungen, unter denen er, eine breite Spur von Blut und Tränen hinter sich, seinen Weg ging, sind geblieben. Übersichtlich, auf begrenztem Raum, bieten die Vorgänge an der Wende zur Neuzeit wie im Modell sich dar. Man hat sie einen frühen »Prolog« zum Auftreten der totalitären Bewegungen der Gegenwart genannt.

Die Geschichte der Wiedertäufer von Münster ist nur eine besonders spektakuläre und besonders dramatisch verlaufende Episode in dieser tumultarischen Entladung. Eine eigentümlich chiliastische Schneise erstreckt sich von Holland über den Niederrhein nach Westfalen und von dort über Thüringen bis hin nach Böhmen. Hier vor allem, wenn auch nicht ausschließlich in diesen Landstrichen, treten über mehrere Jahrhunderte, gegen alle Ausrottungsbemühungen von seiten der bestehenden Ordnungsmächte, rebellische Massenpropheten auf, die »wie Engel des Lichts vor dem gemeinen Pöffel« zu erscheinen wußten und ein Himmelreich der Gewalttätigen predigten. Sie sprachen vom Frieden des Herrn, von der Verderbnis der Welt und der großen Züchtigung, die ihr zugedacht sei. Schon werde aus Babylon die unter denkwürdigen Zeichen und Wundern erfolgte Geburt des Antichrist gemeldet, doch auch die Boten Gottes seien aufgebrochen, um die Auserwählten zu siegeln und sie an den vier Enden der Welt zu versammeln, wo sie das Schwert erhielten zur Entscheidungsschlacht; denn die letzte Zeit sei nahe.

Im einzelnen waren die Abweichungen beträchtlich. Die einen forderten brüderliche Gemeinschaft ohne Besitz- und Standesunterschied, andere hielten die Kindtaufe für ein Greuel; diese fanden die weltliche Gewalt unerträglich, jene das Kirchenregiment sowie die Verehrung Gottes in festen Häusern oder in den hergebrachten liturgischen Formen, da Gott im Herzen jedes Einzelnen wohne; wiederum andere verwarfen den Bürgereid, den Kriegsdienst oder die Einehe. Eine große Bedeutung gewannen dabei die Gesichte oder Erscheinungen, in denen sich Gott selber durch begnadete Menschen offenbarte. Nach den Predigten des thüringischen Sackpfeifers Klaus Ludwig pflegten die Zuhörer sich, vom Geist dazu aufgefordert, in wahlloser Promiskuität, die sie »Christerie« nannten, zu kopulieren.

Das Unbehagen entzündete sich an zahllosen Erscheinungsformen der geltenden Ordnung, und immer wieder lief es darauf hinaus, die Obrigkeit abzuschaffen, die gottlosen Pfaffen auszurotten, die Güter neu zu verteilen und eine allgemeine Änderung der Dinge zu erwirken. Bereits zu Beginn des 12. Jahrhunderts mobilisierte der Häresiarch Tanchelm im Flandrischen eine Gefolgschaft, die ihm ekstatisch anhing und, wie der Chronist zu berichten weiß, sein Badewasser teils als Reliquie nach Hause trug, teils als Abendmahlsersatz schlürfte. Zwar zielten die Thesen Tanchelms noch überwiegend auf theologische Streitfragen und die Beseitigung innerkirchlicher Mißstände; doch meldeten sich in gewissen Wendungen und mehr noch im soziologischen Bild seiner Anhängerschaft veränderte soziale Verhältnisse als Antriebselement kommender Erschütterungen.

Von diesem Zeitpunkt an gehen religiöse und soziale Unrast, merkwürdig sich ergänzend, wechselseitig sich steigernd, vielerorts eine hochexplosive Verbindung ein. Die Ereignisse, die den folgenden vierhundert Jahren die blutigen Merkmale verschaffen, sind aus der einen oder der anderen Ursache allein nicht zu begreifen. Über Jahrhunderte hatten johanneische und sibyllinische Weissagungen, vielfach ausgeschmückt und kommentiert, den Unterdrückten und Beladenen Kraft zum Ausharren gegeben. Die Idee der Parusie, der Niederkunft eines streitbaren Heilands im Gefolge rächender Heerscharen, war bis dahin weniger eine reale Erwartung als vielmehr eine weit in die Zukunft verlagerte Trostvorstellung, an der das Bedürfnis für ausgleichende Gerechtigkeit sich nährte. Desgleichen hatte die plebs pauperum wieder und wieder gegen die Reichen gestanden, der Kampf der Besitzlosen gegen die Privilegierten hatte seine unvordenkliche Geschichte; doch gingen die Auseinandersetzungen zumeist um verhältnismäßig eng gesteckte Ziele, um die Verminderung gewisser Lasten, die Gewährung bestimmter Rechte: sie rührten die bestehende Ordnung im Grundsatz nicht an.

Dieses Bild, das vor allem dem frühen Mittelalter die Stimmung einer »majestätischen Mittagsstille« vermittelt hatte, begann am Ausgang der Epoche in Lärm und Aufruhr umzuschlagen. Eine schwer erklärliche Unrast trieb die Menschen hinaus, ergriffen vom »großen Lauffen«, das sie, wie süchtig, in wechselnden Gruppierungen überkam, ohne daß sie ein konkretes Ziel nennen konnten. Die Hektik des Zeitalters, seine zahlreichen hysterischen Züge erwecken den Eindruck, als sei es von einem tiefen inneren Konzeptionsschauer geschüttelt. Und erst allmählich, doch zusehends deutlicher, gibt es die Richtung preis. Das soziale und das eschatologische Element vereinigen sich zum Phänomen des revolutionären Messianismus. Wo immer nun sich gesellschaftliche Forderungen unter dem Einfluß schwärmerischer Massenpropheten mit Endzeiterwartungen verbinden, der Protest der Besitzlosen jenseitige Dimensionen hinzugewinnt, zum »Großen Gericht«, wie später zum »Letzten Gefecht« permutiert, und der Herrschende oder der Reiche vom politischen oder sozialen Anspruchsgegner zum Bösen schlechthin, zum Antichrist sich wandelt, kommt es zu heftigen Entladungen.

Diese Vermischung der Ebenen: die Erhöhung gesellschaftspolitischer Auseinandersetzungen zum Weltendrama, hat der sozialen Empörung, jetzt und für alle spätere Zeit, erst Stoßkraft und militante Weihe verliehen. Nie ist das eine ohne das andere Element erfolgreich. Die Welt, so weiß der revolutionär Entschlossene von nun an, ist nur für den zu erobern, der über ihre Ränder hinaustritt und seine Machtambitionen mit einem Schimmer metaphysischen Lichts zu umgeben versteht.

In eben dieser Ausgangshaltung stimmen der Chiliasmus an der Wende zur Neuzeit und die revolutionären Sozialmythologien des 19. und 20. Jahrhunderts überein. Hier wie dort wird das soziale Ringen nicht nur als Auseinandersetzung um die Veränderung der materiellen und gesellschaftlichen Situation der Massen verstanden, sondern als Entscheidungsschlacht um das Schicksal der Welt: immer ist Hermaggedon. Und Übereinstimmung, zumindest mit der weitaus bedeutendsten Variante der modernen Sozialmythologie, besteht auch hinsichtlich der Zukunftsvorstellung. Dem säkularisierten Paradies der klassenlosen Gesellschaft, dem Reich der Freiheit, entspricht das Neue Jerusalem, auf das so viele ausschweifende Heilsträume sich richteten, jenes irdische Zwischenreich, in dem die sündenfreien Auserwählten unter der Herrschaft eines Friedenskönigs tausend Jahre lang bis zur Wiederkunft Christi leben würden: ein Millenium des Glücks und des Überflusses, wo der Himmel über den Gerechten offensteht, Honig von den Felsen träufelt und die Löwen, nach der Weissagung des Propheten Jesajas, Stroh fressen werden wie die Ochsen.

Der Adressat dieser Verheißungen war ein labiles, affektgeladenes Proletariat, dessen dunkle Werkstätten, nach einem einprägsamen Bilde Rankes, »plötzlich von diesen Meteoren einer nahen seligen Zukunft erleuchtet« wurden. Der Niedergang der gutsherrlichen Ordnung, der chronische Bevölkerungsüberschuß in den großen Städten, die konjunkturelle Unsicherheit, Münzverschlechterungen und Inflationen, der skrupellose Aufstieg frühkapitalistischer Unternehmer sowie später der Zerfall der Zünfte: diese und andere charakteristische Krisenphänomene einer Übergangszeit hatten große Teile der Bevölkerung nicht nur verarmt, sondern wurzellos gemacht. Ohne materiellen und emotionalen Rückhalt in der Gesellschaft, ohne Institutionen auch, die ihre Ansprüche hätten formulieren und vertreten können, bildeten sie eine brodelnde, revolutionär gestimmte Masse, die sich ihren Panikstimmungen überlassen sah. Die Zerrüttung der geistlichen Autorität, deren Vertreter die bestehende

Ordnung theologisch gestützt und für die nur tausendfach emporschießenden Existenznöte keine zureichende Erklärung hatten, ließ diese Massen überdies ohne die Tröstungen der Kirche. Die ziellosen Aggressionen bedurften zur Entladung daher nur der zündenden Parolen, der Feindbilder und suggestiven Zukunftsvorstellungen.

Zu ihrem Flucht- und Kristallisationspunkt wurden jene prophetischen Führerfiguren, die neben einer dunkel metaphysischen Legitimation vor allem über die des demagogisch gehandhabten Wortes verfügten. Der exaltierten Zeitstimmung folgend, wußten sie sich in mancherlei Gestalt Anhang zu verschaffen: als Endzeitkaiser, als Wiedergeburt eines der Monarchen, die dem Volksglauben zufolge in den Bergen schliefen, als Vorboten der Parusie, Herolde Christi, ja als dessen Reinkarnation.

Der soziale Typus blieb durch die Jahrhunderte eigenartig festgelegt. Herkommen, Milieu, Lebensumstände gleichen sich auf oft erstaunliche Weise. Viele entstammten dem niederen Klerus oder dem deklassierten Handwerkerstand. Auf zumeist abenteuerliche Weise hatten sie sich, nach hier und dort getrieben, das Zufallswissen erworben, das sie nun ohne langes Zögern und mit »feuriger Imagination« auf die Gegenwart anwandten, und das, je dunkler es sich reimte, ihnen desto nachhaltiger Gefolgschaft und Autorität bei den Massen sicherte. Einer der Anhänger Jan Bockelsons rühmte dem einstigen Schneiderlehrling, Herbergsvater, Schauspieler und König von Münster noch auf der Folter nach, er habe »großen Verstand in der hilligen Schrifft und große Wohlsprechenheit« besessen. Und wie Bockelson kamen fast alle »von draußen« in die Städte und Gegenden, die sie, für zumeist kurze fiebernde Dauer, dem Aufruhr überantworteten: das Geheimnis des Fremdlings war ebenso Teil ihres Charismas, wie die Bindungslosigkeit des Auswärtigen Bedingung ihrer Kälte und der Unnachsichtigkeit war, mit der sie über gewachsene Ordnungen, angestammtes Recht, über Leben und Tod verfügten. Nicht selten stand das Trauma einer gescheiterten Lebenserwartung am Beginn, soziale Demütigungen, zu »Erweckungserlebnissen« stilisiert, markieren die Wendung von der gesellschaftlichen Randzone zur Führerschaft lokaler Zusammenrottungen. Das Empörertum dieser hochgradig erbitterten Intelligentsia leitet sich oft ununterscheidbar aus gerechtem Zorn, Vergeltungskomplexen und Größenwahn her. Indes werden nicht nur im vorherrschenden Typus von Führern und Gefolgsleuten die Parallelen zu den späteren Erscheinungen greifbar; auch der Prospekt des ideologischen und machttaktischen Instrumentariums weist vielfältige Übereinstimmungen auf. Die wirkungssicher zum Einsatz gebrachte Überzeugung, im Endzeitdrama von einem auserwählten Führer in eine auserwählte Gemeinschaft berufen zu sein, verlieh dem darniederliegenden Selbstwertgefühl der Massen emphatische Impulse. Der beschwörend geltend gemachte Unfehlbarkeitsanspruch, die dämonische Übersteigerung stereotyper Gegenbilder, das heisere »Rott aus, rott!« gegenüber allen Andersdenkenden, die Propagierung der totalen Gemeinschaft, die Armbinden, Abzeichen, Straßensammlungen, Slogans (»Ein Schafstall – Eine Herde – Ein König!«), bis hin schließlich zur kenntnisreich eingesetzten Wirkung von Terror und Volksbelustigung: das alles mutet an wie die Elemente eines modernen Stükkes im mittelalterlichen Kostüm.

Die Geschichte des Täuferaufstandes von Münster, wie Friedrich Reck-Malleczewen sie erzählt hat, bestärkt diesen Eindruck noch durch den Ablauf des Geschehens. Bis in manche Einzelheiten erscheint sie darin wie ein Schema vom Ablauf moderner Machtergreifungsprozesse. Das beginnt mit der allmählichen, von innen her angesetzten Überwältigung der Stadt durch die aus Holland stammenden Prädikanten, die auf jenen bürgerlichen Modepöbel stoßen, der seine Mitläuferei stets und bis in die Gegenwart als Aufgeschlossenheit gegenüber allem Neuen auszugeben pflegt; der stufenweisen, durch zunächst vereinzelte Gewalteinsätze geschürten Volksstimmung; es setzt sich fort mit der unter dem Druck der Straße manipulierten Wahl; wir begegnen der Mechanik von Gleichschaltung und Selbstgleichschaltung; dem schwindenden Behauptungswil_en der etablierten Autoritäten, die sich, zwischen Verständnis und Widerstand schwankend, immer aufs neue vom »friedlichen und freundlichen Nebeneinanderleben« redend, zu halbherzigen Abwehraktionen entschließen und damit den Machtverfall eher fördern als aufhalten, sowie am Ende schließlich den berechnenden Akten einer konservativen Kollaboration. Reck-Malleczewen selbst hat versichert, daß die Übereinstimmungen mit dem Deutschland Hitlers, auf die er beim Studium der münsterschen Dokumente gestoßen sei, sich in einem Maße gehäuft hätten, »daß ich sie, meinen Kopf nicht noch mehr zu gefährden, direkt unterdrücken mußte«. Unmittelbar nach der Machteroberung setzt die Jagd der »Perfecti«, der Abzeichen- und Armbindenträger, auf die unsicheren Elemente ein. Man registriert die Vertreibungen, die Bücherverbrennungen und den Bildersturm, das Trickwerk der Stimmungslenkung, die Vergötzungsphrasen, als deren Stichwortgeber sich der hinkende Goldschmied Dusentschnuer hervortut, sowie schließlich die theatralischen »Umläufe« und Volksfeste, unterbrochen von den Paroxysmen gesetzloser Willkür, die es demjenigen, der »lusten hedde, einen dot zu schlain«, erlaubten, »einen (zu) nemmen und schlain den dot«.

Sehr bald freilich erlahmte der revolutionäre Überschwang, das System richtete sich ein, verfestigte sich. Das mag nicht nur auf die still und zähe im Innern der Stadt wirkenden Gegenkräfte, sondern auch darauf zurückzuführen sein, daß das aufrührerische Münster sich seit Februar 1534 belagert und abgeschnürt sah. Um die voraussehbaren Bedrängnisse, die den Bewohnern freilich als Teil des geweissagten Heilsplanes dargestellt wurden, unbeschadet zu überstehen, sahen sich alle Bürger aufgefordert, ihre Vorräte anzugeben, Gold, Schmuck und Wertgegenstände im Rathaus abzuliefern, während gleichzeitig die Einführung einer Art kommunaler Gütergemeinschaft betrieben wurde, wie sie, der Apostelgeschichte zufolge, von den Jüngern Jesu in der Gemeinde von Jerusalem eine Zeitlang vorgelebt worden war. Einige Wochen später proklamierte Jan Bockelson, nach dreitägiger meditierender Zwiesprache mit Gott, eine neue Verfassung, die die generationenalte, auf der Wählbarkeit der Ratsherren beruhende Ordnung zugunsten eines ernannten Kollegiums ablöste. An der Spitze der Gemeinde standen künftig zwölf Älteste sowie zweiundvierzig Gewerbevorsteher, denen ein strenges Regiment aufgegeben war. Die Todesstrafe war unter anderem vorgesehen für Gotteslästerung, Ungehorsam gegen die Obrigkeit, gegen Eltern und Herren, für Ehebruch, Geiz, Diebstahl und Verleumdung, sowie schließlich für Zank, Murren und Aufruhr. Schon hier deutete sich an, daß die Gesetzgebung des Neuen Jerusalem, noch ehe die versprochene soziale Revolution eigentlich begonnen hatte, zum Mittel der Herrschaftssicherung entartete und, kaum war dies gewährleistet, zusehends offener in die Befriedigung persönlicher Bedürfnisse überging – am anschaulichsten zum Ausdruck gelangt durch den Mitte Juli 1534 ergangenen Erlaß zur Einführung der Vielweiberei, der wie die detailgetreue, wenn auch mit dem Bibelwort: »Seid fruchtbar und mehret Euch!« begründete Vorwegnahme einer Denkschrift Martin Bormanns vom 29. Januar 1944 wirkt. Im Herbst 1534 änderte Bockelson die Verfassung der »Gemeinde Christi« in ein theokratisches Königtum, dessen unbeschränkter Herrscher mit den monarchischen Insignien, mit Hofstaat und sechzehn Frauen er selber war.

Die kommentierenden Einwürfe aus späterer Zeit bleiben unüberhörbar bis zum Ende: zum Beispiel angesichts der Proklamation des totalen Krieges in der erschöpften Stadt, der sinnlos prolongierten Aushalteappelle, der zynisch vorgegaukelten Hoffnungen auf eine Intervention in letzter Stunde, dies alles auslaufend in ein großes, von Untergangsstimmungen entfachtes Morden, die Abrechnung mit Untreue und Verrat. Und schließlich fehlt auch das ideologische Dementi nicht, die Abkehr der besiegten, gefangenen und vor Gericht gestellten Führungsfiguren von ihren Taten und Überzeugungen, so daß Hingabe und Opfer vieler Tausender sich desavouiert sehen, ehe ganz am Ende selbst die Figur dessen auftaucht, der aus dem aktiv beförderten Wahnwitz jener Jahre, so als sei nichts geschehen und nichts zu verantworten, in die bürgerliche Normalität zurückkehrt: in der Tat, ein Modell! Reck-Malleczewen hat diese »Geschichte eines Massenwahns«, wie der Untertitel des Buches lautet, mit dem Blick auf das nationalsozialistische Deutschland geschrieben. Obwohl die Parallelen, die es sichtbar macht, gewiß nicht als überzeichnete Projektionen einer erbitterten Zeitgenossenschaft in die Vergangenheit zu bewerten sind, haben doch die besonderen Umstände der Niederschrift ihre Spuren hinterlassen. Das aggressive Engagement des Autors schlägt Zeile für Zeile durch und macht das Buch zum wohl entschiedensten Dokument der vielberedeten, aber kaum artikulierten literarischen Gegnerschaft zum Nationalsozialismus.

Indessen schlagen Zeitpunkt und Begleitumstände der Entstehung noch auf andere Weise durch. Die wiederholten Versuche, das Geschehen mit dem Begriffsvokabular der Dämonologie zu deuten, die nach »kosmischen« Zusammenhängen fahndenden Interpretationsbemühungen Reck-Malleczewens, die gelegentlich geäußerte Überzeugung von der »schaurigen Periodizität« solcher Katastrophen – das alles hat wohl nicht nur in dem vorgeprägten konservativen Geschichtsbild des Autors seinen Ursprung, sondern muß sicherlich auch begriffen werden als Ausdruck verzweifelter Ratlosigkeit gegenüber einer monströsen persönlichen Erfahrung, die sich für den Zeitgenossen der strikt rationalen Analyse noch widersetzte.

In den gleichen Zusammenhang gehört vermutlich auch, daß Reck-Malleczewen in so bemerkenswerter Weise die Bedeutung der sozialen Problematik unterschätzt. Er räumt ihr nicht mehr als einen sekundären Rang ein und läßt sie, wo überhaupt, nur als »Ressentiment« gelten. Allzu entschieden neigt er dazu, Niedertracht, Fieberwahn und bösartige Bastardkomplexe in Erscheinungen zu sehen, die ihre sehr realen Antriebe der Not und gesellschaftlichen Deklassierung hatten. Auch duldet seine polemische Absicht es nicht, hinter den gewiß grauenhaften, aus Bigotterie, Blutdurst und Eigensucht gemischten Erscheinungen, in die der Aufruhr pervertierte, die verwischten Spuren eines uralten Menschentraumes zu erkennen: des unbedingten und ungeduldigen »Willens zum Paradies«. Jüngere Arbeiten haben nachgewiesen, daß das einfache Schema des Pöbelaufstandes auf die Geschehnisse von Münster nicht anwendbar ist. Zwar beherrschten die niederen Schichten die Straße; die städtischen Herrschaftspositionen jedoch blieben nach wie vor zu einem beträchtlichen Teil in den Händen einer aktiven bürgerlichen Honoratiorenschaft: plus ça change, plus c'est la même chose, lautet die alte skeptische Formel dafür. Im Dunkel der von der Plebs nie eigentlich begriffenen Lage bedienten die traditionellen Machtgruppen sich, nach einer Phase der Unsicherheit, der täuferischen Ideologie und Ungeduld vor allem, um die eigenen Positionen oder was davon verblieben war, so weit wie möglich über die Zeit zu retten.

Und schließlich ist wohl auch in die Beschreibung und Bewertung der Person Jan Bockelsons mehr von der nationalsozialistischen Führerphysiognomie eingegangen als die historische Identität zu gestatten scheint. Zweifellos bedarf es nur geringfügiger perspektivischer Verschiebungen, um hinter Jan Bockelson und seiner gestiefelten Tappedürs das Urprofil totalitärer Führungsfiguren und ihrer Schlägerformationen auftauchen zu sehen. Auch drängt ja die eigentümliche Mischung von Willenskraft und Affektgebundenheit, von raffinierter Beweglichkeit, theatralischem Ingenium und Scharlatanerie den Durchblick von Bockelson auf Hitler geradezu auf. Aber die prägenden Umweltbedingungen, der Grad der ideologischen Befangenheit, die Motive der Empörung: diese und andere Eigenarten oder Züge machen eine Beschreibung im Sinne absichtsvoller Austauschbarkeit doch problematisch.

Mit Nachdruck hat Reck-Malleczewen aus den spärlichen Quellen alle Züge herausmodelliert, die auf eine Art biographischer Verwandtschaft zwischen dem einen und dem anderen hindeuten. Da sind die vergleichbar trüben Umstände der Herkunft: Jan Bockelsons Mutter war die Tochter eines Kleinhäuslers, die auf der Wanderschaft durch Holland einen unehelichen Sohn zur Welt bringt, dessen Vater sie erst nach der Niederkunft heiratet; da sind die vagabundierenden, unsteten Jugendjahre des späteren Königs von Münster, seine Unfähigkeit, das erlernte Schneiderhandwerk auszuüben, die unklare Neigung zur Kunst, die theatralische Gabe, mit der er sich erstmals vor den Gästen einer selbsteröffneten Schankstube in Leyden hervortut; sodann der Anschluß an die literarische Bohème der Stadt, die Aufnahme in die »Kammer der Rhetoriker«, einen Literatenklub, in dem er mit seinen Gedichten und Schauspielen als große Begabung gefeiert wird. Unruhig und anpassungsfähig, wie er war, erkannte er, daß die aufstrebende Wiedertäuferbewegung seinem Ehrgeiz unvergleichliche Chancen und Ziele bot. Von Jan Matthys, dem Führer der niederländischen Täufer, ließ er sich Anfang 1534 nach Münster schicken, dem ausersehenen Neuen Jerusalem, das, wie Matthys behauptete, bei der prophezeiten Züchtigung der Welt als einzige Stadt verschont bleiben werde. In der Deutung eines zeitgenössischen Portraits von Jan Bockelson brechen Reck–Malleczewens Verachtung und sein polemischer Abscheu gegen das in allen voraufgegangenen Hinweisen beständig durchscheinende Bild Hitlers schließlich unverhohlen durch:

»Das sind die verschwommenen und versulzten Züge des im Chausseegraben geborenen Bastards, des Kneipen- und Hurenwirts, der auch als Literat dilettieren konnte, des abortiv verlaufenen Schneiders, der bei seiner Zunft wahrscheinlich für einen großen Dichter, im Klub der Rhetoriker aber vermutlich für einen geschickten Gewandschneider gehalten wurde. Am Hals die Kette (des Königs von Münster) und am ganzen Leibe dieses Geschmeide, mit dem der Minderwertige so gern die tiefen Wunden seines Selbstbewußtseins verdeckt, über der ganzen Erscheinung aber jene Unseligkeit, die aus der Charakterschwäche so leicht ins Laster und ins Verbrechen gleitet: die Stigmata des in übler Stunde und in üblem Bette Gezeugten, der aus einem Taugenichtsdasein so leicht in die Kloake, aus dem Milieu des Dreckigen aber ins Lasterhafte und aus dem Lasterhaften endlich ins Verbrecherische und Blutdürstige wechselt . . . Wer hier kratzt, wird zunächst nur auf eine dicke Schicht von Hysterie stoßen, wer tiefer schabt, stößt gar auf eine armselige und im Grunde unbedeutende Kreatur. Denn die Geschichte, die doch auf die Dauer immer nach unabänderlichen Gesetzen arbeitet, erlaubt sich wohl manchmal den grausamen Scherz, den Jämmerling, den Schwätzer und Hysteriker für kurze Zeit auf ihre Podeste zu heben, das Nichts für kurze Zeit zum Mittelpunkt der großen Dinge, den Pickelhäring zum wattierten Kondottiere, den Gerber Kleon in der Vorstellung des Pöbels zum zweiten Perikles, den Gracchus Baboeuf in der gleichen Vorstellung zum Gracchus Cornelius zu machen.

Dies aber immer nur für eine kurze Galgenfrist; dies alles nur, um den Polichinelle in Kürze um so grausamer zu entlarven. Um den betrogenen Betrüger unter dem Gelächter der Welt in die Gosse zu tunken, um zum Schluß einen zerfetzten und mit glühenden Zangen gezwickten *roi dessou* in einem Eisenkäfig an die Spitze des Münsterer Lambertiturmes zu hängen.

Ein Häufchen Nichts also, geladen mit Hysterie, und füglich könnte man mich fragen, weswegen ich auf dieses Buch seinen Namen schreibe.

Dies aber ist ja auch nicht die Geschichte eines armseligen Tscheka-Königs – es ist die Geschichte eines dämonischen deutschen Rausches, eine Episode, bei der aus den geheimen Gewölben dieser zweitsehenden fälischen Seele alle die Teufel, die Albe, die Satanasse entwichen, die man bis dahin nur auf fromme gotische Tafeln zu bannen wagte. Der Regisseur war, trotz aller goldenen Ketten und Fingerringe, nur ein armer Hanswurst, das Fastnachtsspiel aber, das wurde deswegen doch gespielt von einer um so vollblütigeren Komparserie.«

In solchen Passagen überschreitet das Buch offenbar den historischen Zusammenhang und wird zum Dokument des Widerstands. Die Zeiten des Verstehens um jeden Preis seien in der Geschichtsschreibung vorüber, vermerkt Reck-Malleczewen an einer Stelle, die Vorgänge der Vergangenheit dienten dem an der eigenen Zeit Verzweifelten ebensosehr dazu, die eigene Erbitterung wachzuhalten und die Hoffnung zu beleben. Darin ist sicherlich auch die Ursache für den beständig wiederholten Hinweis auf die kurze Dauer der Ereignisse von Münster zu sehen; für die Befriedigung, mit der geschildert wird, wie Jan Bockelson, angesichts des näherrückenden Endes, auf seinem verlassenen Thron sitzt und mit aufgestütztem Kopf vor sich hin ins Leere starrt; wie er im vergitterten Wagen zur Schaustellung über Land gefahren wird und schließlich die angeblich von Gott selber offenbarten Grundsätze, in deren Zeichen er die Macht erobert und regiert, gemordet und seine Anhänger zum Ausharren gezwungen hat, um des eigenen Davonkommens willen verleugnet. Selbst beim abschließenden Morden in den Straßen der am 24. Juni 1535 gefallenen Stadt kann der Autor seine Sympathien für die Eroberer kaum verhehlen.

Mit dem in Feuer und Blut erstickten Experiment von Münster verlor der revolutionäre Chiliasmus, der in den voraufgegangenen Bauernkriegen schon halb gebrochen war, die aufrührerische Dynamik. Die Wiedertäufer entwickelten sich zu einer Sekte brüderlicher Beschaulichkeit und haben mit der Rückkehr zu ihren sanfteren Ursprüngen zahlreiche quietistische Richtungen innerhalb der christlichen Kirchen nicht unwesentlich beeinflußt. Andere nahmen nun die Tradition des sozialrevolutionären Heilsgedankens auf und gaben sie weiter. In den Entwürfen englischer und französischer Utopisten werden Elemente dieser Sehnsucht ebensosehr erkennbar wie in den blutig hingeschriebenen idyllischen Konzepten der Revolution von 1789; sie sind bei Weitling, Marx oder Tolstoj spürbar, in den Visionen der revolutionären europäischen Intelligenz des 19. Jahrhunderts oder im Endzeitdenken gegenwärtigen Philosophierens, sei es bei Herbert Marcuse oder Ernst Bloch. Denn wie verworren im einzelnen auch war, was in Münster geschah: Es blieb zuletzt doch in der Tradition einer rabiaten Heilserwartung, und durch allen hysterischen Vordergrundlärm war immer noch, merkwürdig anrührend, etwas von jenem alten »Murren der Kinder Israels« zu hören, die gegen die Härte des Gesetzes aufbegehren.

Die modernen totalitären Sozialreligionen haben, mehr oder minder, im Zeichen chiliastischer Vorstellungskomplexe erstmals wieder die Massen mobilisiert. Gewiß waren die Ausgangshaltungen von Kommunismus und Nationalsozialismus denkbar verschieden. Kaum etwas unterstreicht dies so nachdrücklich wie die Tatsache, daß der Sozialismus zumindest der frühen Zeit in der Tat eine Eschatologie besaß, während die Zukunftsvorstellung des Nationalsozialismus wenig mehr als eine von Fluchtängsten beherrschte, in die immer gleichen Eroberungs-, Unterwerfungs- und Ausrottungskonzepte auslaufende Hegemonialidee war. Der religiös gefärbten Endreichutopie des einen hat der andere nur eine auf die eigenen Komplexe verweisende, imperiale Weltreichutopie entgegenzusetzen. Die totalitäre Realität jedoch wies, wenigstens zeitweilig, beträchtliche Übereinstimmungen zwischen dem einen und dem anderen auf, und beide haben sich, im System rechtfertigender Selbstdarstellung, nicht ungern auf die spätmittelalterlichen Vorgänge gestützt. Wie es eine auf Friedrich Engels zurückgehende, marxistische Tradition der Bezugnahme auf die Wiedertäufer gibt, so haben die Nationalsozialisten sich verschiedentlich auf die sozialrevolutionären Gruppen der Begharden und Beginen berufen und in dem ersten Milleniumspropheten mit radikaler nationalistischer Tendenz, dem sogenannten Oberrheinischen Revolutionär und dessen Buch der hundert Kapitel (1510), ein frühes ideologisches Vorläufertum gefeiert. Freilich lassen solche Berufungen nicht nur die intendierte Folgerung zu, daß die eigenen Zielsetzungen ihre geschichtliche Würde besitzen und damit legitimiert seien. Ebensosehr ist der Umkehrschluß möglich, wonach der Rückgriff auf die irrationalen Wahnwelten, dem wir in diesen frühen Erscheinungen so nachdrücklich begegnen, immer mit

Gefolgschaften rechnen kann, und daß ein Mittelalter existiert, das bis in unsere Tage reicht. Dieses Mittelalter ist gegenwärtig in jeder irrationalen Reaktion auf Existenz- und Orientierungsnöte. Es wirkt als Antriebselement in den Fluchtversuchen, deren Spur über unsere Straßen geht: bei den Apologeten der Gewalt und eines aufrührerischen Anarchismus, dem hektischen Weltverbesserertum, das in die Traumwelt eines vagen Paradieses ausbricht. Ihren romantizistischen Charakter enthüllen die unterschiedlichen Bewegungen der Gegenwart nicht zuletzt dadurch, daß sie im Widerspruch gegen das Bestehende verharren, die Definition ihrer Ziele jedoch verweigern. Nach der Art von Gruppen, deren Mitglieder sich überwiegend emotional verbunden wissen, wollen sie durchweg, bei allen Abweichungen im einzelnen, Affekte pflegen und die Gegensätze zur bestehenden Ordnung eher mit ostentativ verzweifelter Gebärde aushalten als aufheben. Denn nicht erst die revolutionäre Veränderung des bestehenden, sondern schon die konkrete Beschreibung des ersehnten Gesellschaftszustandes würde die Spannung schwächen und dem eigenen hochgetriebenen Außenseitergefühl Abbruch tun. Die Revolution der Jugend oder was doch so heißt, ist in Wahrheit eine Rebellion, die vom eigenen Unbehagen ausgeht und dort auch verharrt. Sie bezieht ihre Impulse weniger aus der Glücksvorstellung einer künftigen, als aus der Unglücksvorstellung der gegenwärtigen Gesellschaft und ist, im ganzen, nur ein neues Kapitel in der Geschichte eines Geistes, der sich seit je auf sein unpolitisches Wesen einiges zugute hält.

Immerhin hat das schwärmerische Mißbehagen der Gegenwart, insbesondere soweit es sich auf Karl Marx beruft, den utopischen Charakter wiederentdeckt, der allem entschiedenen politischen Denken innewohnt. Im Konsumkult der kapitalistischen wie in der Konsumnot der sozialistischen Welt ist er auf eine eher prosaische Weise verendet. Mitunter hat es den Anschein, als sei es das Bestreben und die Funktion dieser weltweiten Unruhe, eine Ordnung der vulgären Zwecke eschatologisch zu durchsetzen und ein übriges Mal die Diagnose Karl Mannheims zu widerlegen, daß wir in einem »trockenen Zeitalter« lebten. Gewiß ist vieles an dem Aufruhr kurzsichtig, outriert und reine Selbstergriffenheit, anderes setzt, eher belustigt, das Unmögliche voraus. Wenn der Himmel einstürzt, das ist richtig, werden wir alle Lerchen fangen. Aber fehlendes Augenmaß, Selbstergriffenheit und ein Hang zum Unmöglichen gehören zum Wesen utopischen Denkens, wieviel davon auch immer in Münster und anderswo zum Vorschein gekommen sein mag. So wäre am Ende denkbar, daß Friedrich Reck-Malleczewen doch nicht fehlgegangen ist, als er erzählte, wie es, historisch streng, eigentlich nicht ganz gewesen ist. Denn was immer als das vorherrschende, der genaueren geschichtlichen Analyse standhaltende Motiv im Münster der beginnenden Neuzeit wirksam gewesen sein mag: Der revolutionäre Aufruhr kann zwar das Recht haben, doch das »Heil«, auf das er sich mit Vorliebe beruft, hat er nicht. Was man so nennt, entzieht sich gerade, wo sich der Überschwang, der kollektive Zukunftsrausch breitmachen. Die Revolution, die es näherbringen könnte, sieht alltäglich und nüchtern aus. Und vielleicht ist es so, daß die geschichtlich bekannten Revolutionen gescheitert sind, weil nicht hinreichend bedacht oder hinreichend befolgt werden konnte, daß die Utopie vom »Heil« vernünftig ist, wie denn die Vernunft, so unansehnlich sie sich häufig ausnehmen mag, die eigentliche Utopie ist.

Demagoge des befriedeten Daseins

Ein Wort zu Herbert Marcuse

Der Tod Herbert Marcuses besiegelt das Ende einer Epoche. Er war, mit allen Ungereimtheiten, die repräsentative Figur jener weltweiten Protestbewegung, die unterdessen in Enttäuschung oder sentimentale Irritation umgeschlagen ist. Die Echolosigkeit, in die seine letzten Äußerungen fielen, verstärkte den Eindruck nur, wie lange das alles zurückliegt: Barrikadenkämpfe, Fahnen, rhythmische Rufe, der ganze hektische Diskussionsfuror der späten sechziger Jahre. Marcuse sah sich bis zuletzt gleichwohl nicht widerlegt. Doch hatte er die Realität ohnehin stets verachtet.

Sein unvermittelter Aufstieg aus der Namenlosigkeit zum Weltruhm hatte zahlreiche Ursachen. Objektiv war er vor allem in den krisenhaft zutage tretenden Schwächen demokratischer Gemeinwesen begründet, die den moralischen Ansprüchen der jungen Generation nicht mehr gerecht zu werden vermochten und jedenfalls unfähig waren, deren Bedürfnisse nach inspirierenden Zukunftsvorstellungen zu erkennen. Man muß sich des historischen Hintergrundes vergewissern: Vietnam-Krieg, Bürgerrechtsbewegung und, in der Bundesrepublik, die Große Koalition waren die Katalysatoren dieses Entfremdungsprozesses. Dahinter stauten sich schon lange Gefühle der Ohnmacht, der Erbitterung über konformistische Zwänge und gedankenlos fortgeschleppte Traditionen: all das, was die Protestbewegung den »Muff« nannte und was tatsächlich zu einem Teil als politisch-gesellschaftliche Sklerose auszumachen war.

Das war die Stunde des Konventikel-Denkers, der Marcuse bis dahin gewesen war. Auch die neuerliche Lektüre seiner Schriften macht nicht glaubhaft, was all das grüblerische Exegetengetue uns aufreden will: daß er einer der großen Philosophen der Epoche gewesen und irgend etwas an diesen tollkühnen Kombinationen zwischen Marx, Freud und Heidegger schlüssig sei.

Er war vielmehr ein geistvoller Eklektiker, der sich aus allen intellektuellen Moden am Wege ein Bildungserlebnis zurechtgemacht hatte und ihre Stichworte unbekümmert kreuzte. Aber er hatte ein glückliches Talent zur schlagenden Formel. Vieles, was er als theoretische Einsicht bot, war nur gedankenhaft maskierte Parole. Damit gab er einer desorientierten Gesellschaft die suggestiven Vokabeln, in denen sie die eigene Situation authentisch erfaßt fand:»große Verweigerung«,»repressive Toleranz«,»affirmative Kultur«. Was verschlugen da noch Widersprüche? Gerade die Unschärfe seiner Begriffe machte sie agitatorisch so verwendbar, und was an Widerspruch allenfalls empfunden wurde, sah sich vom Charisma seiner Erscheinung zugedeckt.

Es waren aber nicht nur demagogische Kraft und persönliche Integrität, die Herbert Marcuse Resonanz verschafften. Er hat auch deutlich gemacht, daß die Utopieverdrossenheit der Generation, die das Hitler-Regime miterlebt hatte, die Zeit nicht überdauerte, daß es vielmehr ein elementares Bedürfnis nach idealen Ordnungen gibt: nach jenem»befriedeten Dasein«, dessen bis zur Kopflosigkeit schwärmerischer Anwalt er war.»Eine Gesellschaft ohne Krieg, ohne Grausamkeit, ohne Brutalität, ohne Unterdrückung, ohne Dummheit, ohne Häßlichkeit: daß eine solche Gesellschaft möglich ist, daran zweifle ich überhaupt nicht«, versicherte er. Und bereit, wie er einmal sagte, sich»begeistert der Lächerlichkeit auszusetzen«, fragte er, fern aller Metaphorik, nach jenen besseren Zuständen, wo die großen Fische nicht mehr die kleinen fressen werden. Dies war seine konkrete Utopie, die er während der Demonstrationen immer schon um die nächste Straßenecke sah und hinter jeder demolierten Institutstür. Gewiß, Gewalt ängstigte ihn, und nicht ohne Verwirrung sah er, wie radikale Gruppen die Bewegung eben dazu mißbrauchten. Doch hatte er genügend machiavellistische Kälte, um nichts zu widerrufen. Statt dessen entwickelte er, ein Widerspruch mehr, die Idee von jenem defensiven Gewaltrecht, das wohl nur er mit der Idee der Revolution zusammenzureimen vermochte.

Es kam, was nach so überschwenglichem Aufbruch vorherzusehen war: der angewiderte Rückzug der Protestgeneration aus der Wirklichkeit in die Fluchtburgen der Innerlichkeit, die Fahnen auf ihren Türmen wurden eingerollt. Marcuse hat diese Abwendung in einer seiner letzten Schriften noch mitgemacht. In der ruhigen Kontemplation, so glaubte er unverdrossen, werde die revolutionäre Phantasie wieder zu Kräften kommen.

Vieles, was er heilsgewiß verkündet hat, ist überholt. Die Revolution, die er ersehnte, hat er aus dem technologisch ermöglichten Überfluß hervorgehen sehen, während die gegenwärtige Zukunftsvorstellung von Strategien zur Verwaltung des Mangels beherrscht wird.

Aber richtig bleibt seine Überlegung, daß von einem veränderten Bewußtsein vieles abhängt; daß die modernen Gesellschaften zunehmend unfähiger werden, kritische Maximen aus sich selbst heraus zu entwickeln und fruchtbar zu machen. Und zutreffend auch die Erkenntnis, daß die utopische Sehnsucht dem Menschen angeboren und unaustilgbar ist. Es wäre nicht nur eine ironische, sondern auch eine fatale Konsequenz, wenn die Wirkungen, die Herbert Marcuse hatte, und die Motive dafür allzu schnell vergessen würden; und wenn er, der Verächter des Konsums, selber zum Konsumartikel würde, der seine Zeit hatte, ehe er auf den Abfallhalden der Gesellschaft landete.

Die verneinte Realität

Überlegungen zum Romantizismus heute

Der weltweite Protest hat in wenigen Jahren mehrere Generationen von Akteuren verbraucht. Immer aufs neue brachten sich Tendenzen ins Gerede, flüchtig und schwer greifbar, formierten sich zu kurzatmigem Aufsehen und gingen in Agonie über. Ein Getümmel wie auf alten Schlachtenbildern, bunt und mittelpunktlos, machte die Szene kaum entwirrbar. Die Rhetorik des Aufruhrs entsprach diesem Bild. Sie bediente sich eher wahllos im Arsenal der Ideologien, veränderte, mischte und parodierte sie. Nicht selten war der Protest der Komplize seiner Entartungen.

Die Frage lautet, ob es einen übergreifenden, alle Auftrittsformen deckenden Begriff davon gibt; ob zwischen den frühen Rockern und den Räterevolutionären von gestern, der Neigung für bunte Perlenschnüre, indische Intuitionstechniken oder die »Lady Mary Jane« mehr als nur ein zufälliger zeitlicher Zusammenhang besteht.

Ansätze zu Gesamtdeutungen hat es verschiedentlich gegeben. Man hat den Protest als universalen Generationskonflikt, als Entfremdungsphänomen, Ödipus-Rebellion gegen die Vätergesellschaft oder auch als Wiederentdeckung utopischer Urbedürfnisse in einer Welt der rationalen und technischen Prioritäten gedeutet.

Was aber alle Namen, Parolen und Stimmungen unverkennbar verbindet, ist der romantische Widerspruch zur Realität, das vehemente Zurückschrecken vor der kühlen, technischen Rationalität der Gegenwart. Die große Weigerung angesichts der modernen Asphalt- und Computerwelt stellt den Zusammenhang her zwischen jenen Meditationszirkeln, die, im Kreis um eine exotische Figur sitzend, von Zeit zu Zeit im Chor die magische Silbe »Om« murmeln, den Berliner Tupamaros und den Woodstock-Pilgern. Die Wirklichkeit ist das Entsetzen selbst, die Antwort darauf der große Exodus auf der Suche nach »drei Tagen Musik, Liebe und Frieden«.

Ihren politischen und gesellschaftlichen Drapierungen zum Trotz ist die Protestbewegung in allen ihren Gestalten durchweg selbstergriffen gewesen und hat, aufs Ganze gesehen, ihre Empörung zu keinem Zeitpunkt in wirksame soziale Energie umgesetzt. Das vielzitierte Wort von Dieter Kunzelmann, im Juni 1966 während einer theoretischen Diskussion des Berliner SDS gesprochen: »Hört doch auf mit diesem Scheißgelabber; mich interessieren nur meine Orgasmusschwierigkeiten!«, ist nicht zuletzt deshalb von den eigenen Parteigängern angegriffen worden, weil es den unverkennbar asozialen Zug selbst der revolutionären Kader offenbar machte.

Das verband denn auch alle die heterogenen Gruppierungen: sie waren sich selbst das wichtigste Problem und trachteten vor allem danach, Glückszustände für den Einzelnen zu schaffen, nicht die bessere Gesellschaft für alle. Das merkwürdige Mißverhältnis zwischen dem taktischen Genie des Protests und seiner krassen Unfähigkeit, Ziele zu definieren, rührte eben daher; denn die eigentliche Genugtuung seiner Anhänger resultierte nicht aus der Verwirklichung eines revolutionären Konzepts, sondern erwuchs durchweg aus der Aktion selber: »Wer den Mai in Paris nicht gekannt hat, der weiß nichts von der Lebensglut«, hat der französische Schriftsteller Fabre-Luce im Rückblick auf das Jahr 1968 versichert; und um Lebensglut, feu de joie, individuelle Aufschwünge ging es. Es war kollektiver Narzißmus.

Ihren greifbarsten Ausdruck hat die Realitätsverneinung dieser Generation im Drogengenuß gefunden. Bezeichnenderweise werden die Rauschmittel nicht aus intellektueller Abenteuerlust konsumiert, es geht nicht, wie häufig vorgegeben, um die Erweiterung des Bewußtseins, sondern gerade um dessen zeitweise Auslöschung, den Massenaufbruch zu künstlichen Paradiesen im Gefolge »schuhloser, schlipsloser Götter«. Schon die Vokabel »drop out« verrät die Gebrochenheit und den melancholischen Ekel hinter den vielen kühnen Gesten.

Wie es sich äußert, schließt das Unvermögen, die Gegenwart zu ertragen, die Unlust ein, sie zu verändern. Die Cité idéale der Philosophen ist nur beschworen, doch nie wirklich gesucht oder gar konstruiert worden. Ernst Bloch, der den Rebellen einen Teil seiner Hoffnung schenkte, überging, was sie von ihm im Prinzip unterschied: daß sie kein Ziel, keine Utopie besaßen, sondern nur eine Verzweiflung, der sie zu entgehen suchten.

Die Unfähigkeit zur Utopie, die zu den auffallendsten Merkmalen aller Gruppen und bisherigen Generationen des Protests zählt, hat nicht zuletzt damit zu tun, daß für sie die Zukunft an sich eine pessimistische Kategorie ist: man kann sie sich, wie einer der Wortführer des deutschen SDS versicherte, »nur noch gespenstisch vorstellen«. Der Aufruhr wendet ihr den Rücken zu, er artikuliert sich mit dem Blick auf die Vergangenheit. Das heißt, er ist nichts anderes als eine große romantische Gegenrevolution.

Er ist nur die jüngste Gestalt des gegenrevolutionären Widerstandes gegen die moderne Welt. Unschwer läßt sich nachweisen, daß in der Revolte Antriebe und Motive wirksam sind, die seit Generationen zum festen Bestand der intellektuellen Haltung gegenüber der Wirklichkeit gehören: die Verachtung der Zivilisation, das Bedürfnis nach Unmittelbarkeit in den menschlichen Beziehungen, nach der Unschuld des einfachen Lebens sowie nach Anschaulichkeit, überhaupt die Angst vor der Entromantisierung und Entmenschlichung der Welt.

Schon die berühmte Ansprache vom 2. Dezember 1964, durch die der Student Mario Savio von den Stufen der University of California herab den Aufruhr auslöste, war nichts anderes als eine Kampfansage aus kulturpessimistischem Radikalismus: sie sollten ihre Leiber in die Maschinen werfen, die sie krank machten, rief er den sechstausend Versammelten zu. Ganz ähnlich wollte Bernd Rabehl »die Technologie in ihrer ganzen Anlage« zerstören oder Rudi Dutschke mit dem traditionellen antiurbanen Affekt der Gegenaufklärung, die Städte »auseinanderreißen«, während Timothy Leary die Technik hinter dichten Baumhecken verbergen wollte, vor der Büffel grasen sollten und Autos verboten sind. Schüler Rousseaus, die sie waren, suchten sie das Modell einer lebenswerten Zukunft in einer verklärten Vergangenheit. Herbert Marcuse, der den entfremdeten Intellektuellen nicht ohne suggestive Wirkung verkörperte, sprach dunkel und beseligt von der »Rückkehr zu einem imaginären temps perdu im wirklichen Leben der Menschheit«.

Die gegenrevolutionäre Richtung des Protests im ganzen wurde allerdings nicht sogleich faßbar, weil sie sich hinter linken, fortschrittlichen Vorzeichen verbarg: Wie es der Zeitgeist verlangt, vollzieht sich die Verleugnung der Vernunft in deren Namen. Ein Frankfurter Verlag, der progressive Haltungen pflegt, veröffentlichte in diesem Herbst Edgar Rice Burrough's »Tarzan«, dessen verschwiemelter Romantizismus irgendwo unter Blunck und Griese liegt. Doch annonciert werden Aufklärungsprozesse. Manche, so sagt ein arabisches Sprichwort, nennen ihre Läuse Gazellen.

Dieser Einwand wird auch gestützt durch den rhapsodischen Irrationalismus der Protestsprache, die Selbstauslieferung an eine narkotisierende, bewußtseinsdrosselnde Musik, die Bizarrerien der Kleidung, die Vorliebe für den Fäkaljargon, die Stilisierungen ins Infantile: dies alles dementiert unaufhörlich die rationalen Gesten des Aufruhrs. »Buch macht dumm«, stand im Sommer 1968 an einer Wand der Freien Universität, »Studium ist Opium«.

Gobineau, Lagarde, Bakunin, Moeller van den Bruck, auch Jacob Burckhardt oder Nietzsche sind daher der jugendlichen Widerstandsbewegung näher als Marx und Lenin; und mit dem

Wandervogel und der Bündischen Bewegung, die nicht ohne eigenes Zutun in die Hitlerjugend überging, hat sie mehr zu tun als mit Rosa Luxemburg. Es sind rechte Leute von links. Nur sind sie bisher noch nicht auf den Begriff von sich selbst gekommen. Sie haben ihren revolutionären Konservatismus noch nicht entdeckt.

Zwangsläufig ist damit die Frage nach dem Verhältnis von Protestbewegung und Faschismus gestellt. Der Protest selber versteht in allen seinen Gruppen den Faschismus als die denkbar extremste Gegenposition, den bösen Erbfeind und Widersacher schlechthin. An der subjektiven Aufrichtigkeit dieser Gegnerschaft kann man nicht zweifeln. Der von Jürgen Habermas gelegentlich erhobene Vorwurf des »linken Faschismus« wurde mit Recht alsbald zurückgenommen; denn er bezog sich auf den eher vordergründigen Gesichtspunkt der Gewaltanwendung.

Doch besteht eine enge, elementare Verwandtschaft unter prinzipiellerem Aspekt. Denn der historische Faschismus war Teil der epochebestimmenden romantischen Gegenrevolution, deren Fortsetzung wir heute in San Francisco, Berlin, Paris oder Woodstock erleben; er war ihre radikalste, machtvollste und verzweifeltste Gestalt. Das ideologische Material, das er vorfand und zur eigenen Weltanschauung verarbeitete, barg nahezu das gesamte kulturpessimistische Gedankengut des 19. Jahrhunderts, und es war nicht zuletzt dieser gegenwartsfeindliche Ansatz, der ihm Resonanz und Anhängerschaft eintrug. Durch alle seine kalten technizistischen Herrschaftsvisionen schimmern denn auch immer wieder die Heimwehbilder der Vorväterwelt: das strohgedeckte Bauernhaus und die bemalte Schnabeltasse, Kinderreigen und das Glück unter der Linde.

Es sind dem zeitgenössischen Bewußtsein offenbar unverlierbare Bilder. Gewiß ist ein Teil davon seit der Inanspruchnahme durch den Faschismus diskreditiert. Aber das Bedürfnis danach ist so machtvoll wie einst. Der gegenrevolutionäre Protest unserer Tage sucht es daher in der unverdorbenen Idylle Südamerikas oder Südostasiens zu stillen: an die Stelle des Bauernhauses tritt die Indiohütte und das Glück unter der Linde stellt sich inzwischen unter Palmen und Affenbrotbäumen her. Aber hier wie dort ist es die heile, vorindustrielle Agrarwelt, die der unromantischen städtischen Zivilisation entgegengesetzt wird. Castro ist, was einst Jörg von Frundsberg war, und der Rückgriff auf Che Guevara oder Ho nichts anderes als der Versuch, den kulturpessimistischen Widerstand aus der anstößigen Nähe zum Faschismus, wo er geistesgeschichtlich und psychologisch seinen Platz hat, wegzurücken.

Zweifellos wäre es abwegig, die Anhänger des Protests damit kurzerhand als Faschisten und die Protestbewegung im ganzen als eine zeitgemäße Version des Faschismus auszugeben; und nur die platteste polemische Absicht könnte dazu verführen, konkrete Übereinstimmungen aus gewissen beiläufigen Parallelen herzuleiten: der rechenschaftslosen Dynamik, der eigentümlichen Verbindung von femininen und brutalen Zügen, dem vereinzelt anzutreffenden Gewaltglauben, der freilich nicht nur unter den Hakenkreuzbanden in den USA anzutreffen ist, sondern beispielsweise auch den zeitweilig führenden SDS-Ideologen zu Madagaskarlösungen anregte, als er vorschlug, »ältere Leute und bestimmte Verbrecher« (!), deren Umerziehung nicht mehr möglich sei, zur Auswanderung zu zwingen. Was dagegen behauptet werden kann, ist der Zusammenhang der Epoche und die Gleichartigkeit des Bewußtseins.

Jürgen Habermas hat in dem erwähnten Widerruf von dem »groben Mißverständnis« gesprochen, das in der Gleichsetzung von SDS und Studentenbewegung der dreißiger Jahre enthalten sei. Das mag im Äußerlichen zutreffen: im Ordnungsbedürfnis, dem Autoritätshunger oder der scheinbar ungebrochenen Militanz der Älteren; in der Tat ist die gegenwärtige Generation resignierter, elegischer, reizbarer gegen Herrschaftsansprüche.

Aber hier wie dort begegnet man zunächst doch dem gleichen tiefen und pessimistischen Zweifel an der Vernunft sowie der Totalität des Widerspruchs zur bestehenden Ordnung: Gregor

Strassers lapidare Bemerkung, der Nationalsozialismus sei »das Gegenteil von dem, was heute ist«, hat immerhin einige Ähnlichkeit mit Marcuses Satz, daß das Bestehende »immer als Ganzes schlecht« gewesen sei, und diese Ideologie der konsequenten Negation, gepaart mit einem bemerkenswerten Unvermögen zu programmatischen Gegenentwürfen, charakterisiert in der Tat die einen wie die anderen; und läßt nicht auch die gemeinsame Neigung, Politik als Spektakel und Happening zu begreifen, auf tiefere Verwandtschaften schließen? Der amerikanische Historiker Klemens von Klemperer hat bemerkt, es mache das Wesen des Faschismus aus, daß er keine Utopie, sondern nur trügerische Euphorien kenne; doch vielleicht kennzeichnet eben dies das gesellschaftliche Vorausdenken einer Epoche überhaupt, die, pessimistischerweise, ihre Zukunft eher vergessen als konstruieren möchte.

Nur wer diese Zusammenhänge verkennt, kann von Enzensbergers Klage über den fehlenden Führer befremdet sein, den er freilich, preziös ausweichend, den »Piloten« und »Lotsen« nennt, oder sich irritiert zeigen, wenn er in der undifferenzierten, egalitären, emotional verbundenen Gesellschaft, »in der sich jeder um den anderen kümmert«, das Modell der Volksgemeinschaft wiederentdeckt; denn das politische Engagement dieser Generation ist vor allem der Versuch, die Vereinzelung durch Gruppenerlebnisse zu überwinden und die eigene Existenz aufzuheben im wärmenden Kollektiv. Es sind, wenn man so will, »faschistische« Bedürfnisse. Wer hätte gedacht, daß sie im ganzen so liebenswürdig aussehen können?

Es handelt sich schließlich, damals wie heute, bei Wortführern wie Mitläufern, um einen erkennbar unpolitischen Typus. Schon die Art macht das sichtbar, in der die Hunderttausende aufgrund irgendeines äußeren Anstoßes kurz und radikal auf ein »politisches« Verhaltensmuster umschalten, um bald darauf in ihre apathischen Zustände zurückzutreten. Mick Jagger, Chef der »Rolling Stones« und nach gelegentlichen Bekundungen Marxist, hat bezeichnenderweise geäußert, er wolle »nichts als die Leute auf Touren bringen«. Es ist die quasipolitische Ideologie des Sportpalasts.

Denn dahinter steht die Gewißheit von der Unumkehrbarkeit der gesellschaftlichen Verhältnisse, die dem Schicksalsglauben faschistischer Ideologien so verwandt ist. »You are what your are«, meint der wilde Jagger; ein Wort aus streng konservativem Geist. Ähnlich Janis Joplin: »Wir Beatniks wissen, daß nichts besser wird.« Für einige freilich doch. Immerhin ist es nicht ohne enthüllende Bedeutung, daß zahlreiche Anführer des Widerstands, wenn sie die Fronten, die Pop-Barrikaden und Zaubergärten verlassen, mit Vorliebe in die Traumwelt der Schickeria ausweichen und die eine Pseudorealität gegen die andere eintauschen. Prominente holländische Provos retirierten ins Filmgeschäft; Bob Dylan zog sich in die Bürgeridylle, Langhans in die Münchner Modewelt zurück, und auch Cohn-Bendits zärtliche Schwächen richteten sich schon frühzeitig, wie man weiß, auf rheinische Kapitalistenvillen.

Auch solche Erscheinungen sind indessen eher von psychologischem als von polemischem Interesse. Sie bezeugen den korrumpierenden Druck eines Bewußtseins, das nur noch Scheinwelten erträgt und sich durch ein System von Surrogaten trügerische Genugtuungen verschafft. Hans Magnus Enzensberger hat in einem »Kursbuch« die Kapitalverflechtung in der Bundesrepublik als Unterlage zu einem Würfelspiel verwendet; nach jedem Wurf, so heißt es in der Anleitung, werden die besetzten Felder, die jeweils ein westdeutsches Unternehmen repräsentieren, »rot gestrichelt, zum Zeichen, daß der betreffende Betrieb befreit und unter Arbeiterkontrolle gestellt worden ist ... Das Spiel heißt: Enteignung«. Es hieße treffender: Ersatzhandlung.

Die anhaltende, generationenlang unbeirrt gebliebene Tradition der Realitätsverweigerung gibt zu erkennen, welche Mühen der Anpassungsprozeß an die Gegenwart bereitet. Sie macht allerdings auch unverändert fortbestehende gesellschaftliche Widersprüche offenbar. Nur eine Minderheit akzeptiert sie als

Herausforderung im Bewußtsein. Arnold J. Toynbee hat von dem »ständigen Heimweh« der Menschen nach der Welt der Vorfahren gesprochen. Es war nie heftiger und hat der ganzen Epoche die charakteristischen Züge romantischer Gegenwehr verschafft. Dieser Zusammenhang ist unverkennbar. Quer durch alle Lager und Richtungen sind die Anhänger des Protests davon überzeugt, mit ihrem Widerstand die Autonomie des Menschen zu verteidigen: sie zersetzten, so behaupten sie, das autoritäre Potential. Es ist aber die Frage, ob sie es nicht gerade darstellen. Die historische Erfahrung rät zur Skepsis; sie bestätigt eher den Satz, daß alles Romantische im Dienste anderer, unromantischer Energien steht.

Gedanke und Tat

Über eine Metapher von Heinrich Heine

*»Der Gedanke geht der Tat voraus
wie der Blitz dem Donner.«*

Heinrich Heine

Der Satz Heinrich Heines über das Verhältnis von Gedanke und Tat zählt zu jenen Metaphern, vor deren suggestiver Kraft aller Zweifel oder gar Widerspruch sich schwertut. Gleichwohl gibt es einen alten Streit darüber, ob jenes Naturgesetz in der Welt der Geschichte, auf die Heine sich in der Schlußpassage seiner Betrachtung »Zur Geschichte der Religion und Philosophie in Deutschland« bezieht, nicht außer Kraft gesetzt oder sogar auf den Kopf gestellt sei und das rechte Verständnis historischer Vorgänge sich erst einstelle, wo man es wieder auf die Füße hole: »kommt wort vor tat, kommt tat vor wort?«

Ich will aber die Aufgabe, die mir gestellt ist: nämlich einige Überlegungen zum Verhältnis von Gedanke und Wirklichkeit anzustellen, nicht weitläufig mißverstehen. Gemeint ist doch offenbar, im prinzipiellen Einverständnis mit dem Satz Heines, ob es Gedanken gäbe, die in die Geschichte hineinwirkten und realitätsverändernde, politisch formende Kraft entfalteten.

Daran ist eigentlich, um es vorweg zu sagen, ein ernsthafter Zweifel nicht möglich. Gewiß sind Armut, Unterdrückung und die Empfindungen sozialer Willkür mächtige gesellschaftliche Energien. Aber erst durch die gedankliche Bindung gelangen diese Energien zum Bewußtsein ihrer selbst, erst sie vermittelt ihnen jene Perspektiven, aus denen mobilisierende Wirkungen, Richtungsbewußtsein und Stoßkraft wachsen. Der Französischen Revolution kommt man, um bei der überschaubaren Vergangenheit zu bleiben, ohne die gedankliche Minierarbeit der

Aufklärung, die pathetischen Projektionen von Natur- und Menschenrecht, nicht bei; die historischen Bewegungen und Machtverschiebungen im Europa des 19. Jahrhunderts sind ohne die nationalstaatliche Sehnsucht, die elementaren Empfindungen der Zusammengehörigkeit auch fernab aller wirtschaftlichen oder verfassungspolitischen Interessen, nicht zu begreifen; und der Marxismus selber, der das Verhältnis von Gedanke und Wirklichkeit so nachdrücklich in Frage stellt, bezeugt ironischerweise, wohin wir blicken, geradezu den Triumph der Idee – und strenggenommen nur noch der Idee oder gar ihrer verkümmerten, ramponierten Reste – über und wider alle Wirklichkeit. Es ist eine fast banale Einsicht, daß Ideen Realität schaffen; sie erst bringen häufig die erstarrten, in ihre eigene Schwere verhafteten Verhältnisse in Bewegung.

Aber nicht minder banal ist zugleich die andere Einsicht, daß Ideen für die Wirklichkeit wenig bedeuten. Im richtigen Augenblick sich mit Völkern, Staaten oder gesellschaftlichen Machtgruppen verbindend, zur Wirklichkeit drängend und von der Wirklichkeit ergriffen, können sie eine unerhörte Brisanz entwickeln. Sie können aber auch ins Leere stoßen und unbemerkt verhallen; sie können zu früh kommen und erst Generationen später aufgegriffen, dann auch verändert, mit neuen Bedeutungen versehen, in ihrer Frontstellung überdies gleichsam umgedreht werden. Die Evolutionstheorie beispielsweise, die zunächst, durchaus zum Unwillen Darwins, zu einem allgemeingültigen sozialen Lebensgesetz erweitert und anschließend von einem Gedanken eher fortschrittlicher Vulgäraufklärung zu einem Beweis für die angebliche Naturwidrigkeit demokratischer, humanitärer Vorstellungen umgedeutet wurde, demonstriert wie am Paradigma, welche Entwicklungen, Sprünge, Überläufereien eine Idee durchmachen kann, ehe sie zu historischer Wirksamkeit kommt.

Die Wirklichkeit verfährt nach souveränem Belieben mit den Ideen, sie unterwirft sie sich, verfälscht sie häufig auch. Das Frankreich der Französischen Revolution verband, noch vor

Napoleon, die revolutionäre Botschaft von 1789 mit dem besonderen Sendungsbewußtsein des Landes zu einer Hegemonialidee, der die Parolen von »Freiheit, Gleichheit, Brüderlichkeit« nur noch als Fetzen dienten, um die nationalimperiale Eigensucht zu verdecken. Die russischen Ereignisse von 1917 wiederum gehen auf die revolutionäre Entschlossenheit einer kleinen Gruppe zurück, die ein Ideensystem einer Realität anpaßte, für die es nie gedacht war. Denn die Revolution in einem Land, das als der ewige Nachzügler der Weltgeschichte noch tief in seiner feudalistischen Phase steckte und allenfalls über zehn Prozent Proletarier verfügte, verstieß nicht nur gegen das strenge Periodenschema des historischen Materialismus; als Revolution einer »Intelligentsia«, die die bäuerlichen Massen in die Rolle der »Avantgarde der Weltrevolution« stieß, ignorierte sie auch den eigenen Lehrsatz, daß das »Sein« das »Bewußtsein« bestimme, und kam überdies, wiederum im Widerspruch zu ihren theoretischen Axiomen, nicht als Erhebung der Massen, sondern als Revolution »von oben«. So willkürlich verfuhren Lenin und sein engerer Anhang mit den Ideen von Marx, daß man versucht ist zu sagen, sie hätten ihrem revolutionären Willen auch andere Vorstellungen unterschoben, wenn jene nicht zur Hand gewesen wären.

Man kann aber noch einen Schritt weitergehen und die Behauptung wagen, daß es eines stimulierenden Gedankens nicht einmal bedarf, um gewaltige Kräfte freizusetzen. Man wird den Widerhall, den der Nationalsozialismus in breiten Schichten, insbesondere auch unter den Intellektuellen, gefunden hat, nicht verstehen, wenn man seine dezidiert widergeistige Tendenz nicht geradezu als Element der Anziehung einsetzt. Eine entschlossen antirationalistische Stimmung, die dem Geist als der »unfruchtbarsten aller Illusionen« die »Urkräfte des Lebens« gegenüberstellte, beherrschte jene Zeit, deren Ideenüberdruß sich in Begriffen wie »Triebrevolte« oder »Erkenntnisekel« verstanden und damit schon halbwegs gerechtfertigt sah. Die Tendenz ging auf die Verhöhnung des Gedankens, auf Teilhabe an kollektiven Rauschzuständen, atavistischen Erfahrungen der Selbstvergessenheit, auf Marschkolonnen, romantisierendes Zeremonienwerk, vom nächtlichen Feuerzauber erhitzte Gesichter: dergleichen wirkte unwiderstehlich auf eine Generation, die aus allem Theorienstreit der Epoche die resignierte Einsicht zurückgebracht hatte, daß man »den Dingen mit dem Gedanken nicht mehr nahe« komme. Der Satz Hegels, daß es Eigensinn und Stolz des Menschen ausmache, nichts in der Gesinnung anerkennen zu wollen, was nicht durch den Gedanken gerechtfertigt sei, schien emphatisch suspendiert.

Und ähnlich konnte man in der zweiten Hälfte der siebziger Jahre beobachten, wie ein Tätertum sich vom Gedanken ablöste, dem es ursprünglich, wenn auch auf undeutliche visionäre Weise, verbunden war, und nur noch die Akte demonstrativ-verzweifelter Auflehnung suchte; jedenfalls hat der sogenannte Terrorismus kaum durch ideologische Verlautbarungen auf sich aufmerksam gemacht, schon gar nicht Zeugnisse jenes theoretischen Rausches hinterlassen, dessen Zeuge wir zehn Jahre zuvor gewesen waren. Statt dessen schien darin etwas von jener präfaschistischen, aus prinzipieller Gedankenverzweiflung herrührenden Erinnerung an die »action directe« wiederaufzuleben, während allem Ideologischen nur die vage Funktion zugewiesen war, die aus den unterschiedlichsten Antrieben stammenden Aggressionsbedürfnisse zu binden und an der Dynamik eines weltweiten Befreiungsprozesses teilhaben zu lassen.

Schließlich ist eine weitere Überlegung angezeigt, die das Bild Heines vom kausalen Verhältnis zwischen Gedanke und Tat, wie häufig bei Metaphern, als rhetorischen Überrumpelungsakt kenntlich macht. Denn das Bild legt die Vorstellung nahe, daß der Gedanke oder doch derjenige, der ihn denkt, in die Realität wirken will, so daß sie, wie das berühmte Wort lautet, »nicht aushält«. Gedanken können aber auch bloßes Spiel sein, artistische Laune, Experiment – und damit sind nicht etwa nur Gedanken von der Art gemeint, wie viele Engel wohl dem Gewicht eines Rosenblattes gleichkämen. Auch und gerade auf die politischen, gesellschaftlichen Verhältnisse bezogene Gedanken können aus der spielerisch-provokatorischen Lust herrühren, über alle Grenzen hinauszugehen und im Bereich des Denkens zu erproben, was die Wirklichkeit nicht zuläßt: immer eingedenk des unaufhebbaren Unterschieds zwischen dem einen und dem anderen; zwischen der fiktiven Welt der sogenannten Gelehrtenrepublik, wo das gedankliche Experiment, noch in der äußersten Überspanntheit, mit versuchter Erkenntnis zu tun hat, und der wirklichen Welt, in der Menschen leben. Und selbst wo, wenn wir zurücksehen, ein anklägerischer Ernst am Werke scheint, bleibt ein Bewußtsein der Distanz zur Realität greifbar, nicht selten offenbart die Radikalität der Schuldsprüche gerade das Pathos der Entfernung. Das Reich des Geistes hat viele Wohnungen für diejenigen, die hungrig und durstig sind nach Kompensation und mit schneidenden Verdikten Vergeltung üben wollen an der Wirklichkeit und den Ohnmachtserfahrungen, die sie ihnen beschert. Unschwer jedenfalls ließe sich sagen, daß die Mehrzahl der Werke zur politisch-gesellschaftlichen Kritik gerade nicht aus politischem, sondern aus distanziert moralischem oder ästhetischem Grundantrieb stammt: aus der Absicht, eine verdammungswürdige Welt mit immer neuen Konstruktionen, immer großartigeren Prospekten oder Phantasiespielen in Erstaunen oder Unruhe zu versetzen.

Es waren, um im Bilde Heines zu bleiben, Blitze, die mit dem Donner allenfalls drohten und daher nicht eigentlich Blitze waren, sondern eine Art wilden bengalischen Feuers. In der Welt der Geschichte, so haben wir inzwischen gelernt, kann freilich dergleichen, korrespondierende Umstände vorausgesetzt, einen Donner machen, der noch vielen Generationen in den Ohren hallt.

Denn man muß nicht ausführen, daß dies einen charakteristisch deutschen Zug im Verhältnis von Gedanke und Tat bezeichnet. Die Ursachen, Motive und traditionsbildenden Faktoren des Prozesses gedanklicher Wirklichkeitsentfremdung in unserem Land sind vielfach beschrieben worden. Aufs Ganze gesehen tritt immer wieder die Tendenz hervor, über konkrete Nöte, über Ungerechtigkeit und soziale Mißstände hinwegzusehen, das Erreichbare oder schon das Augenmaß dafür zu verachten und statt dessen Ideen gegen die Wirklichkeit auszuspielen, das Menschenmögliche gerade in der Utopie zu erkennen und den einen einzigen Sprung zu definieren, mit dem man, über alle Realität hinweg, ins Reich der ganzen Freiheit gelangt. Der Einzelne, sein Bedürfnis nach geordneter Selbstentfaltung, nach Freiheit von Furcht, Unterdrückung sowie auferlegter oder selbst verschuldeter Unmündigkeit verliert sich unter solchen Höhenflügen leicht im Undeutlichen.

Eben auf die greifbare Zustandsverbesserung zielt aber, was man den aufklärerischen Impuls zur Wirklichkeitsveränderung nennen kann. Das »Ende der Aufklärung«, von dem seit einiger Zeit unter wechselnden Gesichtspunkten die Rede ist, hat deren problematische Züge auf breiterer Ebene als je zuvor und, befördert durch eine quer durch die Fronten verlaufende neue Skepsis, zu Bewußtsein gebracht. Aber das vernünftig organisierte Gemeinwesen, wie es vor allem den frühen Aufklärern vorschwebte, war noch nicht der strenge »Staat der Vernunft« der späteren Phase, geschweige denn die Vorform jener inhuman-rationalistischen Herrschaftsgebilde, die sich, wiederum später, davon herleiteten; und der Versuch, ethische Normen über die private Sphäre hinaus auszuweiten, die Einheit von Moral und Politik herzustellen, muß keineswegs, wie etwa bei Rousseau, in der Idee des totalen Staates enden. Es scheint mitunter, als schlage die Anfälligkeit für extreme Positionen noch in der kritischen Rezeption der Aufklärung durch diejenigen durch, die sie für ihre extremen Positionen tadeln.

Überhaupt haben die »philosophes militants« der Aufklärung, bei allem Grundsatzfieber, das sie beherrschte, über den Ideen immer auch deren Erprobungsfeld, die Realität, im Blick behalten. Es sei ein manchen Philosophen eigentümlicher Irrtum, hat Pierre Bayle erklärt, die Erkenntnis ließe sich unbesehen in die wirkliche Zeit übertragen. Erfasse selbst ein fortschrittlicher Gedanke einmal das Feld der Politik, so seien die Übel, die daraus folgten, häufig größer als diejenigen, die er zu beseitigen trachte. Die Kritik als die richtende Instanz müsse sich abgrenzen gegen die politische Instanz des Staates und dürfe die Zuständigkeiten nicht durcheinanderwerfen. Es mag sein, daß solche Unterscheidungen allzu ausgedacht sind und die Dynamik des von der Aufklärung entwickelten Herrschaftsanspruchs der Vernunft nicht hinreichend in Rechnung zogen. Aber die Skepsis selbst gegenüber den eigenen Prämissen, das Zögern, die undogmatische Besonnenheit solcher Sätze bezeichnen eine Haltung, für die sich im Deutschland jener Zeit kaum eine Parallele auffinden läßt, und in die politische Zivilisation des Landes ist ein vergleichbar kritischer Wirklichkeitssinn nur selten und ansatzweise eingegangen. Das Vernünftige ist, wer wüßte das nicht, als Position der Mitte immer auch das intellektuell Reizlose und hat, statt unerhörter Abenteuer, nur eher arglose Befriedigungen zu bieten; damit mag zusammenhängen, daß die Aufklärung eine so geringe, vorwiegend auf ihre späteren radikalen Formen beschränkte Resonanz in Deutschland gefunden hat.

Für die Zwischenzeit sieht man sich immer wieder auf den einen Lessing und seine Freunde verwiesen, auf Kant sowie etwas Bürgertum in Berlin, Bayern und vor allem in den freien Reichsstädten – dergleichen begründet keine Tradition. Die deutsche Klassik steht fast gänzlich abseits von diesen Entwicklungen, unterbricht sie geradezu, Athen war ihr immer näher als Paris, trotz der »Räuber«, trotz »Luise Miller«, und das von progressiven Köpfen gern gestellte Thema »Schiller und die Aufklärung« ist meist nur mit einigen retuschierenden Kunstgriffen zum guten Ende zu bringen. Erst mit dem »Jungen Deutschland« wird in der Dichtung wieder ein politisch-aufklärerischer Ton vernehmbar. Georg Büchner wäre zu nennen, doch melden sich da alsbald Zweifel. Der »Hessische Landbote« erlaubt gewiß auch die Frage, was hier stärker zum Ausdruck drängt: humanitäre Empörung, Mitleiden oder das vom eigenen großen Tiradenton fortgerissene rhetorische Temperament. Schon das folgende Werk des Dichters, »Dantons Tod«, ist ja das pessimistisch verdüsterte Drama von der Niederlage des vermittelnden, die rigorosen theoretischen Postulate vermenschlichenden Typus gegenüber den in die Realität einbrechenden Ideologen, ein Dokument nicht nur der Abwendung von der Politik, sondern der Verzweiflung und sogar des Abscheus davor. Denn dies ist gleichsam die zweite deutsche Ausweichbewegung gegenüber der Aufklärung: der angewiderte Rückzug aus der Wirklichkeit, der aufs engste korrespondiert mit den Tendenzen zur Radikalisierung der Idee. Es gibt bei Büchner vehemente Zeugnisse einer politischen oder genauer apolitischen Misanthropie: Verächtlichkeiten über das gemeine Volk, den Wankelmut, die Beschränktheit und moralische Inferiorität der Menschen, alles einmündend in das Bekenntnis aus einem Brief an Gutzkow: »Nichts kommt einem doch in der Welt teurer zu stehen als die Humanität.«

Dies kann kein Gang durch die deutsche Literatur- oder Geistesgeschichte sein, sondern nur ein Versuch, an einigen Beispielen das eigentümlich gebrochene Realitätsverständnis von Dichtern und Denkern anzudeuten. Andernfalls wäre, um beliebig anzusetzen, auf Winckelmann hinzuweisen und was, im Anschluß an ihn, als »Die griechische Tyrannei über Deutschland« beschrieben worden ist; ferner auf einige Frühsozialisten, auf die kulturpessimistische Denktradition sowie auf Friedrich Nietzsche, dessen Botschaft – wie mißverstanden, abgeleitet und völkisch verballhornt auch immer – in manchen späteren Erscheinungen auf eine wenn auch schwer greifbare Weise präsent ist. Immerhin liegt es nahe, Heinrich Heine zu erwähnen, der nicht nur der Stichwortgeber dieser Überlegungen ist, sondern häufig als eine der großen Postamentsfiguren eines auf politische Wirkungen drängenden Dichtertums bemüht wird. Aber auch da stellen sich augenblicklich die Bedenken ein. Denn für dergleichen Sockelrollen war der Dichter zu lebendig, zu warm und menschlich-schwach, zu unzuverlässig. Man muß nur nachlesen, wie er als Berichterstatter im Paris des Jahres 1832 von einer revolutionären Demokratenversammlung in der Rue de Grenelle zu einer Soirée im vornehmen Faubourg St. Germain eilt, beherrscht von der Sorge, zu spät einzutreffen: »Nichts als Lichter, Spiegel, Blumen, nackte Schultern, Zuckerwasser, Glacéhandschuhe und Fadaisen«, bemerkt er, glücklich, wieder in der Welt zu sein, der er sich, das »Vive la République!« aus der Rue de Grenelle noch in den Ohren, doch wahrhaft zugehörig fühlt. Einiges spricht überdies dafür, daß die beiden Veranstaltungen in Wirklichkeit nicht am gleichen Abend stattfanden und von Heine nur verkoppelt wurden, um seiner Aversion gegen den revolutionär gesinnten Mann von der Straße eine effektvolle Gegenkulisse zu verschaffen. Zwar mokierte er sich über die Privilegierten, strafte sie mit seinem Sarkasmus, verachtete sie aufgrund ihrer Lasterhaftigkeit, aber das Volk, dem sein Mitleid galt, ängstigte ihn. Seit er die Menschen betrachtet habe, mit denen die Revolution gemacht werden solle, sei ihm alle Hoffnung vergangen, schrieb er, ihn quäle die Sorge, sie würden die »Marmorbilder meiner geliebten Kunstwelt« zerschlagen und die Lorbeerwälder umhacken, um darauf Kartoffeln zu pflanzen, die ganze Zivilisation, die mühselige Errungenschaft so vieler Jahrhunderte, sei durch den Sieg des gemeinen Mannes, des »souveränen Rattenkönigs«, bedroht; und am Ende, in den »Geständnissen«, räumte er sogar ein, er habe seinen Atheismus aufgegeben, als der zu einer Sache des Plebs geworden sei und »nach Käse, Branntwein und Tabak zu stinken« begonnen habe. Aber dann wieder weint er »nackte Tränen«, als er den Ort betritt, der vom Blut zusammengeschossener Republikaner gerötet ist.

Kaum anderswo werden wie bei ihm die Paradoxien eines humanitären Engagements offenbar, das stets mit einer Art sozialen Berührungsangst einherging, und vieles spricht dafür, daß er damit mehr sichtbar gemacht hat als eine nur persönliche Irritation: »Die Emanzipation des Volkes«, schrieb er, war die große Aufgabe unseres Lebens, und wir haben dafür gerungen und namenloses Elend getragen, in der Heimat wie im Exil – aber die reinliche sensitive Natur des Dichters sträubt sich gegen jede persönliche Berührung mit dem Volke, und noch mehr schrekken wir zusammen bei dem Gedanken an seine Liebkosungen, vor denen uns Gott bewahre! Ein großer Demokrat sagte einst: er würde, hätte ein König ihm die Hand gedrückt, sogleich seine Hand ins Feuer halten, um sie zu reinigen. Ich möchte in derselben Weise sagen: Ich würde meine Hand waschen, wenn mich das souveräne Volk mit seinem Händedruck beehrt hätte.« Wie immer man eine derartige Äußerung nach Inhalt, Tonlage und biographischem Zusammenhang bewerten mag: soviel ungehemmte Selbstpreisgabe gibt wenig her für die politische Inanspruchnahme, zu freimütig ist der Mitleidsimpuls vom Ekel vor der Wirklichkeit durchsetzt. Aber wie sehr Heinrich Heine, unfähig zu jeder Form der Verstellung, für sich selber sprach: er steht damit doch in einer langen Tradition.

Man hat verschiedentlich darauf hingewiesen, daß streng zu unterscheiden sei zwischen einem aufklärerischen und einem hegelianischen Verhältnis zur Realität: das eine sei auf den konkreten Menschen bedacht, das andere auf die eigenen blitzenden Konstruktionen und nur ihnen verpflichtet. Der unterschiedliche Ausgangspunkt präge auch die unterschiedliche Vorstellung von der Veränderung des Bestehenden. Beide kennen die Gewalt. Aber die Vertreter der einen Seite sehen darin eine äußerste Zuflucht, um unerträglich gewordene Zustände zu bessern, während die der anderen vorgeben, das große, verborgene Gesetz der Geschichte zu kennen, dem alle, zu ihrem Glück oder Unglück, unterworfen sind. Die Letztgenannten begreifen den Widerstand dagegen denn auch nicht als Ausdruck abweichender Glücks- oder Autonomievorstellungen, sondern als die so starrköpfige wie vergebliche Auflehnung gegen ein unerbittliches Prinzip: den ehernen Schritt des Weltgeistes selber. Es liegt auf der Hand, daß zwischen beiden Auffassungen, so wenig sie herkömmlicherweise auch auseinandergehalten werden, eine Vermittlung nicht möglich ist.

Das Bewußtsein der Übereinstimmung mit einem übergreifenden Prinzip hat den Anhängern der hegelianischen Richtung, den »Doktoren der Revolution«, wie Heine sie spöttisch nannte, die ungerührte Härte, den tödlichen und heilsgewissen Ernst gegeben. Doch kam und kommt der Hochmut, der alle ihre Verheißungen und Glückskommandos trug, mit Vorliebe im schlichten Rock: als Agenten und Werkzeuge der Geschichte, als deren dienendes Personal verrichten sie nur das Werk eines höheren Auftraggebers. Ihn kümmert, was Menschen wünschen, hoffen, leiden nicht, die Wirklichkeit ist keine erwägenswerte Größe, sondern nur der schwerfällige Stoff, der sich der Materialisierung der idealen Fiktionen anhaltend widersetzt. Wie unterschiedlich die Deutungen , wie kontrovers die Zielvorstellungen von Hegel bis zu dessen späten Adepten und Jüngern in der Gegenwart auch immer sein mögen: gemeinsam bleibt ihnen allen der aufdringliche Verkündigungston, durch den sie ihren Verfügungsanspruch über die anstößige Realität, moralisch wie intellektuell gleichermaßen, abzusichern suchen. Es gibt von Friedrich Hölderlin in dem Gedicht »An die Deutschen« ein Bild, das dem Heineschen denkbar ähnlich ist. An die nicht ohne klagenden Unterton formulierte, vielzitierte Zeile von den »tatenarmen und gedankenvollen« Landsleuten schließt die Frage an: »Oder kömmt, wie der Strahl aus dem Gewölke kömmt, aus Gedanken die Tat?« In der einen, der kürzeren Fassung des Gedichts, wird diese Frage noch einmal abgewandelt und gleichzeitig verdichtet: »Leben die Bücher bald?« Der ganze ungebrochene Enthusiasmus der Aufklärung, die Gewißheit, daß die Verbesserung der Welt aus denkender Einsicht komme, spricht aus dieser ungeduldigen Frage, die noch nichts von Macht und Suggestivkraft realitätsentfremdeter Ideologien weiß. In der Tat lebten die Bücher bald; oder erhoben, genauer gesagt, Anspruch über eine Wirklichkeit, die sie weder kannten noch schonten. Zusammen jedenfalls kamen sie nicht.

Von Hitler wissen wir, daß er seinen verstiegensten Träumen, den Gedankenexzessen von Welteroberung, Blutreinheit und

Übermenschentum mit Vorliebe auf dem Obersalzberg oder in dem »Adlernest« nachhing, das er oberhalb des Berghofs hatte errichten lassen. Hier, im ganz buchstäblichen Sinne wirklichkeitsentrückt, vor der Schicksalskulisse der Berge, überdachte er seine vor keiner Konsequenz zurückschreckenden Projekte, hier, so hat er geäußert, habe er alle großen Entscheidungen getroffen: es gibt kein anschaulicheres Bild selbstgewählter Abkoppelung von Realität. In der wie arrangiert wirkenden Szene findet die Wirklichkeitsentfremdung ganzer Generationen indignierter Propheten und völkischer Utopisten, die, vergraben in ihre Studierstuben, dem in die Irre gehenden Weltenlauf ihre rigorosen Rezepturen verordneten, ihren geradezu metaphorischen Ausdruck.

Diese Tradition besteht unverändert fort, wie sehr sich die Winde auch gedreht haben. Oder ist es, um den Schritt in die Gegenwart zu tun, mehr als ein Zufall, daß der wohl unnachsichtigste Chefentlarver bundesrepublikanischer Verhältnisse, der sich auf den Rigorismus seines Urteilens nicht wenig zugute hält, vor Jahr und Tag in eine der hochsubventionierten Gelehrtenresidenzen im bayerischen Seengebiet retirierte, um von dort, aus der verdünnten Luft des Voralpenlandes, seine bitteren Dicta zur Lage zu verkünden? Und daß er, als die anspruchsvolle Retraite im Zuge einer Neuorganisation des Instituts bedroht war, nicht ohne weitläufig mobilisierte publizistische Unterstützung um sein Isolationsprivileg kämpfte? Kurz: die Indizien für den Realitätsverzicht der kritischen Intelligenz, jene Heineschen Berührungsängste, sind weiterhin verbreitet auffindbar.

Es gibt einen Ansatzpunkt, von dem aus der studentische Protest, auch in seinen späteren radikalen Formen, sich begreifen läßt und auf unser Verständnis rechnen darf. Seine Protagonisten hatten, erfüllt von unklaren und noch ganz richtungslosen Antigefühlen, jahrelang Lehrern zugehört, die das totale Anathema über die spätkapitalistische Massengesellschaft ausriefen. Ich will die persönliche Betroffenheit, den Grad subjektiven Entsetzens über die Heraufkunft einer total verwalteten Welt bei dem einen oder anderen dieser Lehrer, die im Stalinismus wie im Nationalsozialismus so etwas wie die Vorwegnahme einer für unentrinnbar gehaltenen Zukunft sahen, nicht ironisch in Frage stellen. Aber konnten die Zuhörer nicht den Eindruck gewinnen, daß auf den Kathedern vor ihnen Meister in der Kunst des Mundspitzens am Werke waren, die im Ernst nie daran dachten, auch zu pfeifen? Wie glaubwürdig mochten ihnen zur marxistischen Tradition sich rechnende Philosophen erscheinen, die darauf beharrten, es komme darauf an, die Welt nur zu interpretieren, nicht aber sie zu verändern? Carl Jacob Burckhardt berichtet von einem deutschen Dichter, der vor französischen Freunden gesprächsweise geäußert hat:»Ihr Franzosen habt das Schicksal, immer alles hier in der Realität auszufechten, ihr seid vor der Welt und ihren Anforderungen immer in der Lage des Herzogs von Guise, der sich gegen seine Mörder verteidigen mußte mit zwei Schritten Rückzug bis zur hinteren Wand, einen Schritt zur Rechten, einen Schritt zur Linken und keinen mehr, um zu kämpfen auf Tod und Leben; wir Deutschen aber, wir können im letzten Augenblick bisweilen durch die Wand hindurchgehen, als ob sie Luft wäre.«

Der blinde Aktionismus, der in zahlreichen Terrorhandlungen gegen Ende der siebziger Jahre erkennbar wurde, ist denn auch sicherlich nicht nur aus der Empörung gegen eine als verderbt empfundene Gesellschaft zu verstehen; er war vielmehr ebenso getragen von der Verachtung für jene Kathedereschatologen, die sich der Probe aufs Exempel immer aufs neue mit dem flinken Schritt durch die Wand entzogen. Die»Kritik müsse in Aktion umschlagen«, der Mensch»aus dem Gedankengefängnis ausbrechen« und die Lüge der zum bloßen»Alibi heruntergekommenen Idee« demaskieren – das waren die wiederkehrenden Parolen derer, die zunächst auf die Straße und anschließend in den Untergrund gingen, um nicht mehr als»Vorzugsschüler des Untergangs«, wie Hanns Eisler in durchaus verwandtem Zusammenhang bemerkt hat, die Privilegien einer Gesellschaft in Anspruch zu nehmen, die sie verabscheuten. Gewiß mögen dabei tiefgreifende Mißverständnisse im Spiel gewesen sein. Aber wer wollte dem gereizten, wenn auch nicht selten grell umgesetzten Ernst, der endlich genug hatte von dem feinsinnigen Verdammungsgetue und all den pontifikalen Verwünschungen, ganz und gar den Respekt versagen?

Man hat jene Terroristen, die sich weigerten, die Trennung von Gedanke und Tat oder, wie man unterdessen sagt, von Theorie und Praxis, länger hinzunehmen und sich immer tiefer in ein radikales Tätertum verrannten, als »Hitlers Kinder« bezeichnet: eine höchst mißverständliche, vielfach auch mißverstandene Formel, die etwas allzu gezielt den spektakulären Namen mit den neuen, noch undefinierten Erfahrungen in Verbindung brachte. Denn haltbar ist die Formel doch allenfalls, sofern sie die Herkunft der Terroristen aus der weitläufigen, nie ganz abgerissenen Tradition einer deutsch-romantischen Irredenta meint: aus dieser unter stetig wechselnden Vorzeichen auftretenden, schwer beschreibbaren Mischung von obskurantem Idealismus, Politikhaß und »in die Wälder« gehender Gewaltidee, von antizivilisatorisch und antidemokratisch gefärbtem Pessimismus, überhöht dies alles durch den Gedanken von Selbstopfer und mythologisierender Untergangsschwärmerei. Aber dies sind überwiegend vorgegebene Verhaltensmuster, die nach Auffüllung mit gedanklichem Stoff verlangen, damit das Gemisch virulent werde. Gewiß gehört auch Hitler in diese Tradition, aber man tut gut, eine Behauptung wie diese durch ein verundeutlichendes »irgendwie« zu relativieren. Denn die Idee des imperialen, auf die Unterscheidung in Herren- und Sklavenmenschen gegründeten Rassestaats, die Hitler jenen Neigungen aufstülpte und die hinter allen antizivilisatorischen Ressentiments, allen pseudo-romantischen Verbrämungen am Ende doch unverhüllbar zum Vorschein kommt, ist von den Spielarten, mit denen es die Gegenwart zu tun hat, unendlich weit; es gibt Extreme, die sich nur sehr allgemein in jenen Nächten noch berühren, in denen alle Katzen grau sind.

Auch die andere Deutung, die der Formel von »Hitlers Kindern« gegeben worden ist und wonach im Terrorismus ein Element begreiflicher Empörung gegen die vom Nationalsozialismus heillos korrumpierte Generation der Väter, ihren Opportunismus und ihre Indolenz vorherrschend sei, ist gewiß unzureichend; und nicht viel weiter trägt offenbar auch eine Variante dieses Interpretationsansatzes: daß nämlich das kleinbürgerlich verkappte Reaktionärswesen, das den einen Hitler möglich gemacht habe, nach wie vor in dieser Gesellschaft wirksam und mitsamt den präfaschistischen Strukturen dem anderen schon zugewandt sei, der irgendwann aus dem noch immer fruchtbaren Schoß hervorkriechen werde. Immerhin mögen solche, von persönlichen Erfahrungen mitgetragene Anstöße in dieser oder jener Einzelbiographie motivierende Kraft gehabt haben: die Anwendung der erwähnten, in diesem Fall überdies eher verquer wirkenden Formel rechtfertigen sie nicht.

In einem ganz anderen Sinn jedoch, der zudem mit dem Verhältnis von Gedanke und Tat zu tun hat, kann man die Terroristen von heute dennoch als »Hitlers Kinder« bezeichnen. Denn angesichts der Frage, wodurch jener Mann sich so unauslöschlich ins Gedächtnis der Welt eingeprägt habe, wird man beständig auf seine monströse Unerschrockenheit stoßen, das bloß Erdachte: die ungereimtesten Phantasien und Trivialvorstellungen, das ganze exzeßhafte Phrasenwerk einer neurotischen, aufgebrachten Epoche buchstäblich zu nehmen. In seiner gänzlichen Unfähigkeit, intellektuelle Erfahrungen zu verarbeiten, hat er die Grenze zwischen Denken und Tun, die noch dem anstößigsten Gedanken im Bewußtsein seiner prinzipiellen Lebensferne das gute Gewissen verschaffte, auf eine bis dahin unvorstellbare Weise ignoriert und eigentlich aufgehoben.

Gewiß gab es immer schon Ansätze, das eine mit dem anderen zur Deckung zu bringen, und strenggenommen zielt alles politische Handeln, soweit ihm die Vorstellung einer neuen idealen Ordnung zugrunde liegt, auf die Herstellung der Identität von Gedanke und Wirklichkeit. Der revolutionäre Entschluß bezieht seine Kraft nicht zuletzt aus der Empörung über das Auseinanderklaffen von Idee und Realität, und der neue Anspruch, mit dem er vor die Welt tritt, seine innerste Verheißung, besteht gerade darin, diesen Bruch zu heilen: das sind, in der metaphorisch erregten Diktion moderner Revolutionen, die »Masken«, die man den Herrschenden abzureißen beabsichtigt, auch wenn, wie Danton erklärte, die Gesichter dabei mitgingen. Die Belege dafür finden sich, unendlich variiert, in jeder Chronik revolutionärer Prozesse, man muß nicht nur die Zeugnisse der großen klassischen Erhebungen bemühen. Kurt Eisner beispielsweise hielt es für »die größte Idee, die die Menschheit kennt, daß zwischen Gedanke und Tat kein Widerspruch und kein Zeitraum bestehen darf«, und Martin Buber hat in der siebten seiner »Reden über das Judentum« die »Tendenz zur Verwirklichung« sogar mit dem jüdischen Geist in Verbindung gebracht und als dessen »kostbarstes Erbe« bezeichnet. Während der ungarischen Revolution von 1956 entriß einer der Aufständischen einem Rundfunkreporter aufgebracht das Mikrophon und schrie: »Wir sind belogen worden! Was wißt Ihr denn! Unser großes Programm – und was haben sie daraus gemacht!« Der Ausbruch offenbarte ganz spontan, in situationsüberwältigter, unreflektierter Sprache, was Antrieb, Moral und Rechtfertigung dieser Revolution war: der unerträglich gewordene Zwiespalt zwischen Idee und Wirklichkeit.

Zur Hinterlassenschaft Hitlers gehört, daß dieses elementare Bedürfnis nach Übereinstimmung ebenso problematisch geworden ist wie die Überzeugung von der prinzipiellen Distanz zwischen Gedanke und Tat. Verbreitet herrscht noch immer die Vorstellung, in ihm habe sich nur eine mehr oder minder ideenlose, auf ein breites nihilistisches Affektmaterial gestützte kriminelle Energie verwirklicht, und vielen fällt es schwer, den intellektuellen Impuls zu akzeptieren, der ihn vorwärtstrieb. Gewiß war in seiner Radikalität immer etwas von der Radikalität und moralischen Stumpfheit der Gosse mitenthalten. Aber der Vorsatz, die Idee von der Bedrohung durch die sogenannten Minderrassen in ein fabrikmäßig betriebenes Ausrottungsprogramm

umzusetzen, eugenische Hirngespinste durch den Begattungs-
einsatz von SS-Einheiten in rassisch degenerierenden Gebieten
zu verwirklichen, Umsiedlungsaktionen für hundert Millionen
von Menschen in die Wege zu leiten: das alles und anderes
mehr war nicht lediglich Ausdruck aus sich selber stammenden
Aberwitzes; es beruhte vielmehr auf einem Wahnsystem, das
nach Begründungen verlangt und sie sich aus vielen trüben
Quellen zusammengetragen hatte. Erst die theoretischen Gewißheiten haben Hitler die kategorische Härte gegeben, auf die
er sich »eiskalt«, wie er zu sagen pflegte, so viel zugute hielt,
und mitunter wirkt er geradezu wie der Musterfall des intellektuellen Außenseiters, der staunend vor den Büchern steht und
noch dem Traktatenschund, den er zusammengelesen und sich
zusammengeklittert hat, einen schülerhaften Respekt dadurch
bezeugt, daß er ihn ganz wörtlich nimmt.

Das ist denn auch, unter dem Gesichtspunkt historischer Erfahrung, die nicht widerrufbare Zäsur, die Hitler bedeutet: Alles
Gedachte ist möglich, die Gedanken stehen unter Vollstrek-
kungsverdacht. »Hegel, Darwin, Nietzsche«, hat Gottfried
Benn 1943 in einer Skizze »Zum Thema Geschichte«, überwältigt von eben dieser Einsicht, geschrieben, »sie wurden die tat-
sächliche Todesursache von vielen Millionen. Gedanken töten,
Worte sind verbrecherischer als irgendein Mord.« Die Umkeh-
rung dieser Einsicht, etwa in dem Satz Adornos: »Praxis ist Mo-
tor von Theorie, wird nicht von ihr empfohlen«, ist nur der treu-
herzig sich gebende Versuch, den Gedanken in eine Unversehrtheit zurückzuretten, die er verlor. Tendenziell ist er inzwischen
soviel wie die Tat.

Daß sie diese, wenn auch nicht allein, so doch auf unvergeßliche Weise durch Hitler in die Welt gekommene Erfahrung des
entsicherten Gedankens zurückweisen, macht die Terroristen
von heute paradoxerweise zu seinen »Kindern«. Es gibt ein Pres-
sefoto aus der frühen Phase der studentischen Protestbewegung,
aufgenommen auf dem Gelände des Frankfurter Instituts für So-
zialforschung. Es zeigt Theodor W. Adorno, umgeben von auf-

143

gebrachten Studenten und martialisch vorrückenden Polizisten, ratlos: ein melancholisch irritierter Gelehrter in der nie für möglich gehaltenen Erfahrung des in Aktion umspringenden Gedankens. »Ich habe doch nur ein theoretisches Denkmodell aufgestellt«, sagte er später; »wie konnte ich ahnen, daß Leute es mit Molotow-Cocktails verwirklichen wollen?« Er hätte ahnen, es sogar wissen müssen, daß die intellektuelle Sphäre nicht mehr der unschuldige Tummelplatz exzentrischer Launen ist; daß Worte sich materialisieren, Richtsprüche Delinquenten machen und Ideengebäude eines Tages über dem, der sie errichtet, zusammenschlagen können. Die Freiheit des Gedankens war eine Vorstellung, die eng an jene bürgerliche Welt, ihr System der inneren Widerstände und einmontierten Selbstverbote geknüpft war, deren Ende er so apodiktisch beschwor. Man kann diese Welt nicht der Vergangenheit überantworten und gleichzeitig einige der Vorrechte, die nur in dem von ihr geschaffenen kulturellen Zusammenhang möglich waren, wie ein Relikt bewahren wollen. Fritz Kortner hat einmal im privaten Kreis eine Anekdote erzählt, die diese Überlegung auf ebenso einfache wie bewegende Weise anschaulich macht. Unmittelbar nach seiner Rückkehr aus der Emigration besuchte er den Schauspieler Paul Wegener, mit dem er eng befreundet gewesen war. Als Wegener zu vorgerückter Stunde einen jüdischen Witz zu erzählen begann, unterbrach er sich plötzlich, eine Entschuldigung stammelnd. Kortner, dem die integre Haltung Wegeners während der Hitlerzeit bekannt war, forderte ihn auf, fortzufahren, doch der Schauspieler wehrte ab: »Ersparen Sie es mir. In solchen Witzen steckt immer ein Element antisemitischer Belustigung. Die Nazis haben mir den Spaß sogar an dem verdorben, was harmlos scheint, aber nie mehr harmlos sein wird.« Dieser Scheu, die mit dem Bewußtsein der aufgehobenen Grenze zwischen Gedanke und Tat zu tun hat, muß sich alles Denken unterwerfen: es hat sich der Konsequenzen zu vergewissern, in die es, unvermittelter denn je, umschlagen kann, und das heißt nichts anderes, als daß es ein Element politischer und sozialer Verantwortung in sich aufnehmen muß. Einen Hinweis kann die seit einiger Zeit im technologischen Bereich in Gang gekommene Auseinandersetzung liefern, ob das Machbare auch schon das Wünschbare sei, und ob sich der aller traditionellen Vorstellung nach ungebundene Forschungsdrang auch weiterhin nach Willkür und ohne jede Rücksicht auf die gesellschaftlichen Implikationen, die seine Ergebnisse mit sich bringen, entwickeln dürfe. Die Diskussion ist nicht entschieden, und unverkennbar ist auch, wie fragwürdig, dem vertrauten Begriff des Denkens geradezu entgegengesetzt, ein solcher Anspruch mitsamt den pädagogisch-moralisierenden Einschränkungen, die er enthält, sich gerade auf dem Felde politisch-sozialer Erkenntnisarbeit ausnimmt. Thomas Mann, der zeitlebens eine fast unwiderstehliche Neigung zu jenem von der Tradition gerechtfertigten intellektuellen Spielertum empfand, hat wiederholt davon gesprochen, daß alles humanitär gebundene Engagement das Denken »fast unweigerlich in die Nähe – und nicht nur in die Nähe – der Platitüde« bringe. Aber die alle historische Erfahrung negierende Trennung von Gedanke und Realität, die Weigerung, Folgerungen mitzubedenken, mag noch ganz anderswohin führen. Daß die Gedanken frei sind, ist ja nicht eine Einsicht, die mit der aufgeräumten Bravourzeile eines Kommersliedes erschöpft wäre, sondern eine problematische, nie zur Ruhe kommende Überlegung.

Das kann nicht heißen, Denkverbote aufzurichten, Fragestellungen zu inhibieren; auch nicht, den Gedanken als versöhnlichen Prospekt vor eine in komplexe Widersprüche verwickelte Wirklichkeit zu rücken: die liberale Ordnung könnte nicht bleiben, was sie dem Begriff nach ist, wenn dergleichen verlangt würde. Es heißt nur, über den Gedanken hinaus zu denken, ihn im Bewußtsein des geschrumpften Abstands zur Realität mit mehr Wirklichkeitsstoff zu belasten; sich den Schritt nach hinten, durch die Wand, zu versagen und in die Vernunft auch ein Gran Vernünftigkeit eingehen zu lassen.

Sonst müßte man gewärtigen, daß der Gedanke überhaupt

seine verbindliche Kraft einbüßt. Eine lange Herrschaftsphase wäre dann vorüber, und man hätte wirklichen Grund, vom Ende der Aufklärung zu sprechen. Sie war, auf den Kern gebracht, eine Art Machtergreifung der Intellektuellen, und ihr Triumph bestand vor allem darin, daß selbst ihre entschiedenen Gegner sich fortan ihrem allgemeinsten Prinzip unterwarfen: daß alle Bereiche des Lebens sich vor der Instanz des Gedankens zu rechtfertigen hätten.

Ein beträchtlicher Teil der jüngeren Generation verbindet damit so gut wie nichts mehr. Das Prestige des Gedankens ist teils von den Katastrophen, die er anrichtete, teils von dem offenkundigen Unernst, durch den er sich darstellte, aber auch von den Ohnmachtserfahrungen, die er hinterließ, aufgezehrt. Die Symptome der Abkehr sind auf vielfältige Weise greifbar. Im Irrationalismus unserer Tage, den Formen der Gesprächsverweigerung, dem Protest gegen den »Fetisch Vernunft«, der neuen Theoriefeindlichkeit sowie überhaupt dem Rückzug in subkulturelle, auf bloße Selbsterfahrung zielende Bereiche: in all den Erscheinungen einer sogenannten alternativen Kultur sind sie präsent. Es ist schwer zu sagen, ob darin nur eine rasch vergängliche, von Überdruß und Resignation geprägte Mode sich anzeigt oder aber eine neue Tendenz, die vieles veränderte und schließlich auch das Nachdenken über das Verhältnis von Gedanke und Tat überflüssig machte.

Die Schuld der Gesellschaft

Anmerkung zu einem modischen Vorwurf

Zu den Gewißheiten, die sich seit einigen Jahren mit der Kraft des Gemeinplatzes breitmachen, zählt die Vorstellung, daß an den Mißlichkeiten des Daseins, an öffentlicher Übelständen wie an allen Erscheinungsformen individuellen Versagens die Gesellschaft schuld sei. Kein aufgeklärtes Bewußtsein bis hin zu den Fernsehansagerinnen vor dem Besonderen Film, das nicht vor allem darüber aufgeklärt wäre. Im »Spiegel« ist ein Gerichtsreporter seit Jahren dabei, immer neue Schuldumwälzungstheorien zu entwickeln, die Nachtprogramme sowie alle subventionierten Kultstätten des Gemeinplatzes und gewiß doch auch die Rahmenrichtlinien wissen es längst: die Gesellschaft ist an allem schuld.

Unstreitig gibt es zahlreiche Formen öffentlichen Versagens: das Unvermögen beispielsweise, die annähernde Gleichheit der Chancen herzustellen; die vielfach hervortretende Borniertheit des Gesetzgebers oder die Gefügigkeit der Institutionen gegenüber dem Druck mächtiger Interessen. Aber daß dafür (wie für alles andere auch) immer nur die Gesellschaft schuldig zu sprechen sei, ist weniger, wie es zu sein behauptet, Ergebnis neuer sozialtheoretischer Einsichten als vielmehr Ausdruck fortbestehender Blindheit in lediglich modischem Gewand. Im Grunde ist es in jenem rationalen Aufputz, den auch der Aberglaube heute braucht, die alte Spielfigur für ratlos vagabundierende Aggressionen: die »Gesellschaft« hat den Platz eingenommen, den einst Hexen, Jesuiten, Freimaurer oder Juden innehatten.

Auch die Motive für dieses exzessive Anklagebedürfnis sind vertrauter Natur. Die Verdikte stammen, allen anderslautenden Versicherungen entgegen, weniger aus dem Solidaritätsbewußtsein mit den Schwachen und Hilflosen. Vielmehr sind sie weitaus häufiger Ausdruck persönlicher Problemlagen angesichts einer zunehmend anmaßender und ruinöser ins Leben des Einzelnen eingreifenden Welt. Dahinter wird, nach Jahren der Verdrängung, wiederum jenes pessimistische Lebensgefühl sichtbar, das, allen linken Erwartungseuphorien zum Trotz, seit über einem halben Jahrhundert die wirkliche Signatur der Epoche bezeichnet: die Ahnung, daß alles ganz falsch gelaufen und mit dem Umschlag der Fortschrittsidee die große Katastrophe unaufhaltbar sei. Das Verdammungsurteil über die Gesellschaft, vage und undefiniert wie der Begriff dabei verwendet wird, ist nicht zuletzt ein Versuch, sich selber eben davon freizustellen; denn indem man der Allgemeinheit Unrecht und Schwäche vorhält, bekundet man jene Verantwortung, die man zugleich damit los wird.

Nichts anderes als diese Fluchtneigung steht, reduziert man es auf den festen Kern, hinter allen gesellschaftlichen Schuldvorwürfen. Sie trägt auch den von den gleichen Anklägern verbreiteten Soupçon gegen den Leistungsgedanken, stützt das Ressentiment gegen den Erfolg und rechnet zu den Ursachen der Aureole, von denen die vielfältigen Formen des Verweigerns umgeben sind. Eine merkwürdige Suggestion geht vom Versagen aus.

Unterstützung kommt diesem Fluchtbedürfnis durch die verbreiteten Theoreme der Linken. Ursprünglich die Sammlungsidee einer sozial unterlegenen, doch siegesgewissen Klasse, wird der Marxismus in seiner modischen Form mehr und mehr zur persönlichen Rechtfertigungsideologie von Unterlegenen, die es bleiben wollen. Allzu viele versorgt er nur noch mit apologetischen Floskeln für die eigene Ohnmacht.

Es mag kein Zufall sein, daß dies alles sich gerade in Deutschland auf so ausschweifende Weise bemerkbar macht. Denn vielleicht sind es die Söhne Adolf Eichmanns, die hier ihren Fluchtbedürfnissen nachgehen. Dieser hatte ja, wieder und wieder, behauptet, an der moralischen Katastrophe seines Lebens sei niemand anderes als die Gesellschaft schuld; er sei nur immer deren Reflex gewesen. So, wörtlich, sagt das der linke Schicksalsglaube von heute auch.

Aber das Beispiel der älteren Generation offenbart auch den Rechtfertigungscharakter, der in den sozialen Schuldtheorien so oft einschlägig ist. Schuld ist vorab eine individuelle Kategorie; Leistung, Erfolg oder Versagen sind es auch. Die Umweltbedingungen, die gesellschaftlichen Verhältnisse können das eine wie das andere erschweren oder begünstigen: sie können den persönlichen Anteil indes nicht verflüchtigen.

Dem Grundsatz nach soll man die Intervention durch die Verhältnisse dort, wo sie irritierend wirkt, dämpfen und dort, wo sie hilfreich ist, fördern; in jedem Fall jedoch dem Dasein des Einzelnen so viel an Identität sichern wie möglich. Die These von der gesellschaftlichen Verhaftung des Menschen ist in der frühen Nachkriegszeit lange erörtert und zuletzt im leicht versetzten Zusammenhang mit der Kollektivschuldthese zurückgewiesen worden. Aber die Nation hat kein Gedächtnis, und selbst dreißig Jahre sind zu lang für ihre Erinnerung.

So wird das überwunden Geglaubte unentwegt wiederbelebt: ideologische Bedürfnisse, Illusionen, Formen des Aberglaubens. Wer in den Verdikten gegen den Generaldelinquenten Gesellschaft einen Fortschritt sehen will, sollte ihn nicht auf der Ebene des Bewußtseins suchen; denn der irrationale Ansatz besteht unverändert fort. Allenfalls ließe sich sagen, die »schuldige Gesellschaft« sei nur ein Begriff und – sicherlich doch – anders als Hexen oder Juden bluten Begriffe nicht.

Preußens letzter Untergang

Gedanken über die Dauer einer historischen Episode

> *»Der Non-soli-cedo-Adler mit seinem Blitz-*
> *bündel in den Fängen, er blitzt nicht mehr.«*
>
> Theodor Fontane

Preußen hat zahlreiche Untergänge erlebt, ein jeder vernichten-
der und scheinbar endgültiger als der voraufgegangene. Doch
aus allen seinen Desastern ist es am Ende immer wieder zu zä-
hem Leben erwacht. Die Hoffnung des österreichischen Kanz-
lers Kaunitz 1755, Preußen werde »ecrasieret« werden, hat sich
erst Generationen später erfüllt und Zweifel selbst dann noch erweckt. Dreißig Jahre nach seiner definitiven Beseitigung ist es
erneut Gegenstand von Interesse, Bewunderung und Auseinandersetzung. Wunderbar am »Wunder des Hauses Brandenburg«
scheint vor allem, daß es sich so häufig in der Geschichte wiederholte.

Mirabeau hatte ihm den Verfall noch vor dem Aufstieg attestiert und den Staat Friedrichs mit einer Frucht verglichen, die
faul war, ehe sie reifte. Die Historiker sowie die Preußen selber
datieren das Ende des Staates meist auf das Jahr 1871; de facto
endete er am 20. Juli 1932 mit Papens »Preußenschlag«, de jure
Anfang 1934 mit Hitlers Gesetz zur Neuordnung des Reichs;
und dann noch einmal, allen Zweiflern Gewißheit verschaffend,
mit dem Kontrollratsgesetz Nr. 46 vom 27. Februar 1947.

Dieses Gesetz gab zwar vor, den Staat zu meinen, der nicht
mehr bestand; tatsächlich aber richtete es sich gegen eine Idee,
gegen eine Art politischen und gesellschaftlichen Ordnungsprin-
zips, dem mit dem Staat der Kristallisationspunkt entzogen werden sollte: den »Träger des Militarismus und der Reaktion in
Deutschland«. Die Formulierung machte die vor allem im al-

liierten Lager verbreitete Vorstellung sichtbar, daß der Nationalsozialismus die Erfüllung preußischen Ungeistes sei und Hitler die ganze Ahnengalerie der preußischen Kaiser und Könige
herunter seine unmittelbaren Vorfahren habe, bis hin zu »Frédé-
ric, le premier Nazi«, wie ein 1934 in Frankreich veröffentlich-
tes Pamphlet meinte, sowie, einer englischen Polemik zufolge,
»The Potsdam Führer«, den unterdessen aber alle wieder Friedrich Wilhelm I. nennen.

Zweifellos war Preußen einer der großen Sündenböcke des
Jahrhunderts, die Anklagen kamen von allen Seiten. Georg Lukács sprach im Blick auf das Hitler-Regime von der »Verpreu-
ßung der Unterwelt«, für Wolf Graf Baudissin, aus sächsischem
Uradel, waren die Konzentrationslager eine im säkularisierten
Preußentum angelegte Möglichkeit, und Churchill bezeichnete
es in Teheran, als er für die Bestrafung und Auslöschung des
schon Ausgelöschten plädierte, als den »bösen Kern«, notori-
schen Unruhestifter und Verderber der Völker. Die Bundesrepublik wiederum, deren Selbstverständnis auf zahlreichen Ab-
wehrkomplexen gegen die nationale Geschichte basiert, war
nicht zuletzt ein antipreußisch entworfener Staat, und wenn die
Republik von Weimar sich demonstrativ von Potsdam abgesetzt
hatte, so war die Bonner Republik auf sicherlich noch entschie-
denere Weise die Verneinung des einen wie des anderen.

Gewiß war Preußen immer, von Beginn an, ein merkwürdig
provozierendes Gebilde und gerade nicht, wie der Historiker
Friedrich Dahlmann geäußert hat, »nur der größte Fetzen von
Deutschland«. Es hat, in Verdammung wie Bekenntnis, durchweg extreme Parteinahmen geweckt. Georg II. von England
meinte schon 1741, daß man Preußen nur durch Vernichtung
beikommen könne, und entwickelte detaillierte Zerstückelungs-
pläne, Napoleon, 1806 wie 1813, desgleichen. Auf der anderen
Seite war man für Preußen nie, wie man für Habsburg oder das
Haus Oranien war; nie gelassen, im Gefühl gesicherten Rechts,
sondern immer erregt, immer im Affekt; etwa wie Polen für Polen sind.

151

Diese Emotionen haben verblüffenderweise alle Todesdaten überdauert, und in Abwandlung eines Wortes von Grillparzer ließe sich sagen, daß Preußen wie einer ist, der lebend hinter seiner eigenen Leiche hergeht. Bezeichnenderweise vollzieht sich die gegenwärtige Wiederentdeckung vielfach im Zeichen romantisierender Tendenzen, sei es, eher allgemein, in der Beschwörung der altpreußischen Idee, sei es, um einiges greifbarer, in mancherlei Widerstandsmythologien. Die Lust zum Frondieren komme, so kann man lesen, geradewegs aus Preußen, »unter allen Staaten der Neuzeit« sei es der »einzige, der sich immer wieder Rebellen zu Helden erwählte«. Unbekümmert um Herkünfte, Umstände und Historie wird eine knappe Linie vom Prinzen von Homburg über den Herrn von der Marwitz zum 20. Juli 1944 geführt: »Sühnend strahlt das Opfer ... der Stauffenberg und Yorck und Schulenburg«, vermerkt Edgar Salin. Andere feiern den preußischen Stil, den besonderen Typus oder die Idee von Opfer und Hingabe, die der Sandstaat am Rande Europas entwickelt hat, als unvergeßlichen Beitrag zur Zivilisation.

Dagegen Theodor Fontane, höhnend in einer seiner preußenfeindlichen Anwandlungen: »Das soll eine Weltrolle sein? Was hat Preußen der Welt geleistet? Was find ich, wenn ich nachrechne? Die großen Blauen Friedrich Wilhelms I., den eisernen Ladestock, den Zopf und jene wundervolle Moral, die der Satz erfunden hat, ›Ich habe ihn an die Krippe gebunden, warum hat er nicht gefressen?‹ «

Man wird wohl noch einiges mehr finden. Aber richtig ist, daß der preußische Beitrag zur Welt wenig anziehend wirkt, weil er gewaltsam, wie mit zusammengebissenen Zähnen und eigentlich in fast allem der Natur der Menschen oder doch ihren quietistischen Bedürfnissen abgerungen scheint. Der Prospekt aus Sümpfen, Luch und Sand mitsamt dem hochsteigenden roten Adler machte die Szenerie nicht freundlicher: selbst als seine große Zeit begann, schlug durch den hellen, ein wenig stechenden Glanz, den es verbreitete, die düstere Grundierung durch, eine unverwechselbare Atmosphäre von Hunger, Plackerei und Melancholie.

»Wünsche Euch eine bessere Zeit als wir erlebt haben«, stand auf einem Zettel, den gegen Ende des 16. Jahrhunderts ein Handwerker für die Nachwelt im Turm der Berliner Nikolaikirche hinterlegt hatte, doch der Wunsch ging auf lange Zeit ins Leere. Noch zweihundert Jahre später nennt eine Berliner Statistik in nahezu jedem siebten Fall als Todesursache den »Jammer«. Gewiß waren die Zeiten vorbei, in denen der europäische Adel ins Preußische reiste, um in den Wäldern heidnische »Pruzzen zu jagen«. Aber das Hungerleidertum und die Schwäche, die daraus folgte, ein Geruch von Entbehrung, von ewiger Drangsal und Bluterei hing dem Land unverlierbar an.

Vielleicht blieb deshalb lange unbemerkt, wie es sich allmählich, elend und verwegen zugleich, unter die Mächte zu drängen begann. Von Karlsruhe oder München, noch mehr von Wien oder Paris aus, war Preußen tiefe machtpolitische Provinz, und die eine herausragende Herrscherfigur, die es vorzuweisen hatte, der Große Kurfürst, bestätigte gerade mit seiner lebenslangen, vergeblichen Anstrengung, aus seinen verstreuten, in die Landkarte eingesprenkelten Besitztümern einen Staat zu formen und sich in die europäische Politik einzuschalten, die naturgegebene, auch dem ehrgeizigsten Willen unüberwindbare Schwäche dieses Randgebildes. Friedrich I. wiederum, phantasieärmer, aber auch umsichtiger als sein Vater, schien es geradezu darauf angelegt zu haben, kein Aufsehen zu erregen, so unauffällig, in stillen und zähen Verhandlungen, erwarb er sich das Recht, den Titel eines Königs »in« Preußen zu führen und schuf damit die entscheidende Voraussetzung für alles Kommende. Noch sein Sohn und Erbe, Friedrich Wilhelm I., wurde an den Höfen Europas, von der kultivierten, hochmütigen Adelsverwandtschaft, wie ein polternder Stallknecht belächelt. Über seiner derben Einfalt, der paternalistischen Strenge, seiner Neigung zum Fluchen, Beten, Schlagen und der wunderlichen Marotte mit den »Langen Kerls« blieb die Leistung dieses »größten inneren Königs«, der dem bis dahin kaum existenten Staat eine straffe, wirksame Struktur gab, fast verborgen: er schuf die Zentralverwaltung und die Grundlagen eines modernen, auf ein besonderes Ethos verpflichteten Beamtentums, unterwarf sich den widerspenstigen, auf angestammten Unabhängigkeiten beharrenden Landadel (»Ich ruiniere die Junkers ihre Autorität; ich komme zu meinem Zweck und stabilisiere la souveraineté wie einen rocher von bronce«), ordnete die Finanzen und stellte ein schlagkräftiges, Preußens Möglichkeiten ebenso wie Preußens politisches Gewicht zunächst weit übersteigendes Heer auf. Erst mit Friedrich II., dann aber augenblicklich und spektakulär, trat es in die Geschichte.

Zur intellektuellen Suggestion, die Preußen bis in die Gegenwart verbreitet, gehört diese eigentümlich systematisch wirkende, wie nach einem verborgenen Plan ablaufende Vorgeschichte, in der drei gänzlich verschiedene Herrscherfiguren in gleichsam »richtiger« Reihenfolge auftreten. Nicht weniger bedeutsam war aber die historische Verspätung Preußens. Erst zu Beginn des 18. Jahrhunderts zum Staat geworden, besaß es nichts Gewachsenes, keine Geschichte, kein Staatsvolk, keine naturgegebenen Grenzen. Aber daß es wie aus dem Nichts kam und Voraussetzungen wie Maximen seiner Staatlichkeit erst entwickeln mußte, hat ihm zugleich die Freiheit verschafft, sich nach modernen, auf die reine Funktionsfähigkeit gerichteten Prinzipien zu organisieren.

Preußen war eine Kunstfigur, von den Launen der Geschichte zusammengewürfelt aus höchst unterschiedlichen Teilen. Ohne jedes natürliche Integrationselement, wurde ihm in der Idee des Staates das Verklammerungsstück gegeben, das alle seine Bewohner verband, unterwarf und gleichmachte. Der Sinn für Disziplin, Unterordnung und Hingabebereitschaft hatte keinen über sich selbst hinausweisenden Gedanken, sondern war ausschließlich auf den Staat bezogen und im Staat dergestalt ethisch verankert, daß die Weigerung, dem allgemeinen Wohl zu dienen, einem Akt des Hochverrats gleichkam. Das war die berühmte preußische »Pflicht«, die Friedrich Wilhelm I. seinen Untertanen buchstäblich eingebleut hat, und die weder ihm selber noch dem Ruhm des Hauses Brandenburg zu leisten war, sondern jenem Prinzip, das er in seiner schlichten, aber anschaulichen Bildersprache wie eine andere, dritte Person als »König von Preußen« zu personifizieren pflegte, der er selber wie jedermann unterworfen war.

Die preußischen Herrscher, allen voran Friedrich II., haben durchaus ein Bewußtsein für das artifizielle Wesen dieses Staates besessen. Es machte ihn anpassungsfähig, instrumental einsetzbar und damit stärker. Wie sehr sich sein Gebiet auch durch Erbzufälle, Eroberungen oder Einbußen auf der Landkarte hin- und herschob, von Osten nach Westen, von Westen nach Osten: er verlor doch nichts von seiner Identität, ungerührt oktroyierte er sich den unterschiedlichsten Verhältnissen, Völkerschaften und Traditionen, und blieb doch immer, der er war.

Zugleich aber lag in seinem erkünstelten, hintergrundlosen Charakter die entscheidende Ursache seiner Gefährdung. Was auf der Landkarte so willkürlich zu verschieben war, ließ sich ohne Mühe auch gänzlich fortdenken, und in der Tat ist diese Sorge durch alle Wechselfälle der Geschichte das tiefe Dauertrauma Preußens gewesen. Die Klage der Königin Luise in einem Brief von 1807, »Preußen existiert nicht mehr«, ist undenkbar aus der Feder eines sächsischen, bayerischen oder badischen Fürsten. Als Friedrich II., kurze Zeit nach seinem Regierungsantritt, in Verleugnung alles dessen, was er bis dahin gesagt und geschrieben hatte, zum Krieg aufbrach, hatte er nicht so sehr das »Rendezvous mit dem Ruhm« im Sinn, das er seinen Offizieren ankündigte; vielmehr unterwarf er sich, »le premier domestique de l'Etat«, dem, was er als seine Pflicht verstand: dem Staat endlich das noch immer nicht vorhandene, existenzsichernde Gebiet zu schaffen, ihn ein für allemal so zu etablieren, daß er nicht mehr fortzudenken sei. Preußen müsse, meinte er, erobern oder untergehen.

Die Unfähigkeit, ein Bewußtsein gesicherten Daseins zu entwickeln, war die Ursache für die preußische »Fragilität«. Wie unter einem schrecklichen Zwang schien es unablässig ausgleichen zu wollen, was man heute sein Legitimitätsdefizit nennen würde. Das hat der Regierungszeit Friedrichs den dramatischen und hochtourigen Ton verliehen, und wie der erste Krieg sind auch die späteren niemals nur Eroberungsfeldzüge, sondern immer zugleich Akte innerer Herrschaftssicherung gewesen: in Kolin wie in Kunersdorf hat der König dem Lande überhaupt erst eine Erinnerung an sich selber und damit eine Geschichte gegeben. Ähnliche Absichten sind hinter jeder Entscheidung, jedem Auftritt Friedrichs bis in die gezielt eingesetzten anekdotischen Schnörkel zu spüren. Er hat zwar den Staat, in konsequenter Unterwerfung unter den Willen seines Vaters, weiter objektiviert und sein Leben, seine Vorlieben, sein ganzes Wesen dem »abscheulichen Handwerk«, wie er es nannte, geopfert; gleichzeitig aber war er die Erscheinung, in der die abstrakte, erkältende Staatsidee Preußens anschaulich wurde und einige versöhnende Farbe gewann.

Das Bewußtsein der Zerbrechlichkeit hat den preußischen Charakter im ganzen geprägt und ihm den angestrengten Zug zur Härte gegeben, das häufig Verbogene, Malträtierte oder sogar Gebrochene, das am auffälligsten an seinen beiden großen Königen zutage tritt: der eine im Grunde ein leutseliger, gutmütiger Mann, aber Sklave einer tyrannischen Idee, unter der er selber zum Tyrannen wurde; der andere ein empfindsamer Schöngeist, weich, nervös, hochherzig, dekadentes 18. Jahrhundert, ein Flötenspieler und Menschheitsbeglücker. Und dann der Bruch, der alles zu verleugnen schien. Der »Antimachiavell«, den Friedrich in jungen Jahren verfaßt hat, ist häufig als ein Dokument unverbindlicher, literatenhafter Schwärmerei gedeutet worden. In Wirklichkeit traten in der Streitschrift Überzeugungen hervor, die mit seinem innersten Wesen zu tun hatten. Doch hat er den Widerspruch zwischen humanitärem Ehrgeiz und den Zwängen der Staatsräsion nie aufgelöst: er hat der Macht seine Träume, seine Maximen und, wie er selber geäußert hat, sein Leben geopfert – und sie doch illusionslos verachtet; er hat Kriege geführt – und darunter gelitten. Man verfehlt das Wesen der Erscheinung, Friedrichs lebenslangen Konflikt mit dem, was er für seine Schuldigkeit hielt, wenn man darin nur den Ausdruck jener sentimentalen Cäsarenpose sieht, die auf Eroberungszügen die Tragik beklagt, dem Glück der Untertanen nicht auf andere, menschenfreundlichere Weise dienen zu können.

Die Bereitschaft zur Selbstverleugnung, die Neigung, alle sanfteren Bedürfnisse als Wehleidigkeit abzutun, hat schließlich typenbildend gewirkt und den Kern dessen hervorgebracht, was man den preußischen Charakter nennt. Nie zeigte er sich gelöst, nie frei, sondern immer überwach, nervös, immer auf dem Quivive, in jener »fürchterlichen Überspanntheit«, die man im gemächlichen Jena nicht ohne Befremden an Heinrich von Kleist beobachtet hatte. In einem berühmten Schema hat Hugo von Hofmannsthal Preußen und Österreich gegenübergestellt und durch Vergleichung die Konturen des einen wie des anderen herausgearbeitet: »Preußen: geschaffen, ein künstlicher Bau, von Natur armes Land, alles im Menschen und von Menschen; daher: Staatsgesinnung als Zusammenhaltendes, mehr Tugend, mehr Tüchtigkeit, disziplinierbarste Masse, grenzenlose Autorität.« Dagegen sei Österreich organisch gewachsen und reich von Natur. Der Preuße ist »unvergleichlich in der geordneten Durchführung, verwandelt alles in Funktion, drängt zu Krisen«, während der Österreicher alles ins Soziale umbiegt und den Krisen ausweicht.

In alledem war Preußen ein Produkt der Aufklärung und, nach dem Urteil des französischen Historikers Henri Brunschwig, deren »eigentliche Heimat«, wie finster es so manchem hellen Kopf von heute auch erscheinen mag. Daß es die Kraft zur Existenzbehauptung aus sich selber zog, alle metaphysischen Verbrämungen entschlossen abgeworfen hatte und gleichsam nackt und ohne irrationale Stützkonstruktion nur noch Staat an sich zu sein versuchte, überhaupt das Mechanische, kühl und sinnreich Funktionierende seines Wesens faszinierte eine Zeit, die soeben zu entdecken begann, daß die gesellschaftlichen Zustände in die Macht des Menschen gegeben und aus dem Kopf konzipierbar seien. Lamettrie's Maschinenmensch schien hier zum Maschinenstaat erweitert, und nicht ohne Grund haben zahlreiche zeitgenössische Beobachter sich korrespondierender Metaphern bedient. Hegel sprach von der »maschinistischen Hierarchie« Preußens, und Goethe brachte die Erscheinung Friedrichs auf ein Bild, das die vom König selber kalkuliert eingesetzten Wirkungen der eigenen Legende, ihren großen, betäubenden Orgelton, treffend veranschaulicht: »Von der Bewegung der Puppen«, bemerkte er, »kann man auf die verborgenen Räder, besonders auf die große alte Walze F.R. gezeichnet, mit den tausend Stiften, schließen, die diese Melodien hervorbringt.«

Zweifellos war aber Preußen das modernste Staatswesen der neu anhebenden Epoche, von überall her zog es die Philosophen und die Talente an. Es war fortschrittlich, freigeistig, unruhig, ernst, in fast allem der Gegensatz zu dem anmutigen, leichtsinnigen Geist der Epoche, aber doch das Kommende genauer darstellend, so daß viele es als den »Modellstaat« der Zukunft betrachteten.

Die religiöse Toleranzpolitik, in der sich diese Modernität vor allem anzeigte, war schon 1613 eingeleitet worden, als Johann Sigismund als erster deutscher Fürst auf seine Konfessionshoheit verzichtete. Sie wurde weitergeführt im Edikt von Potsdam, 1685, das als Antwort auf die nur drei Wochen zuvor verfügte Aufhebung des Edikts von Nantes nicht nur die besondere preußische Begabung im blitzartigen Erfassen einer Situation und ihrer Chancen sichtbar machte; vielmehr war es auch so etwas wie der Eintrittsakt Preußens in die europäische Geschichte, und der Auftritt bleibt denkwürdig: ein unbeachteter Randstaat, finster, elend und rückständig, fordert das große Frankreich im Zeichen von Glaubensfreiheit und Toleranz heraus. Um den Vorsprung zu veranschaulichen, muß man sich vergegenwärtigen, daß Frankreich die Religionsfreiheit erst 1789 ver-

kündete, England erst 1829, und bezeichnenderweise stieß sie in
Preußen zunächst auch auf heftige Widerstände, weil sie der
streng in ihrem Väterglauben verwurzelten Bevölkerung die
Duldung von Sektierertum und Ketzerei aufzunötigen schien.
Aber die preußischen Herrscher beharrten auf dem Prinzip der
Toleranz und scheuten auch vor Zwangsmitteln nicht zurück:
aus aufgeklärter Gesinnung, kühler Vernünftigkeit, vor allem
aber, weil es dem armen, tief rückständigen Land Arbeitskräfte
zuführte, Kenntnisse in den verfeinerten Formen der Landwirt-
schaft und des Gewerbes verbreiten half, Ärzte, Wissenschaftler,
Kaufleute anzog. Die Einwanderungsbewegung nahm zeitweilig
solches Ausmaß an, daß die Bevölkerung Berlins zu mehr als einem Drittel aus Konfessionsflüchtlingen bestand: aus Hollän-
dern, Franzosen, Italienern, Verfolgten aus dem Salzburgi-
schen, aus Polen und der Schweiz.

Die Kraft zur Integration, die nicht nur der Staat, sondern
bald auch seine Bewohner entwickelten, zählt zu den großen,
erinnerungswürdigen Vollbringungen preußischer Geschichte.
Um die Mitte des 18. Jahrhunderts galt Berlin als die Stadt, in
der jedermann seinen Stolz daran setzte, ohne Vorurteil zu erscheinen. Dies und die unter Friedrich weitgehend abgeschaffte
Folter, eine Justiz, die in Umrissen schon die Idee der Rechts-
staatlichkeit erkennbar machte und im Preußischen Allgemeinen
Landrecht von 1794 eine beispielhafte gesetzliche Grundlage erhielt, die Meinungsfreiheit, die Schule auf dem Dorf und die
großzügige Asylpraxis: das waren einige der Ursachen jener
»Preußenbegeisterung«, die damals, neben Frankreich, vor allem England erfaßte.

Man pries preußische »austerity«, die Wirtschaftsplanung sowie die Justizreform als vorbildlich, und zeitweilig entstanden
überall auf der Insel sogenannte »Drillgemeinschaften«, »to
learn the Prussian Exercise«. Lord Chesterfield ließ 1749 die
Grand Tour seines Sohnes in Berlin beginnen und gab ihm den
Hinweis mit: »You will see there, full as well, how states are de-
fended by arms, adorned by manners, and improved by laws.«

Es ist denn auch nicht verwunderlich, daß der Beifall, den die Revolution von 1789 in Preußen hervorrief, von der Regierung ohne Beunruhigung vermerkt wurde; Preußen war Frankreich weit voraus. Den Unterschied hat ein preußischer Minister dem Gesandten aus Paris gegenüber formuliert: die »heilsame Revolution«, die in Frankreich von unten nach oben gemacht worden sei, vollziehe sich in Preußen schrittweise von oben nach unten.

Modern im Sinne der Aufklärung war auch der Typus, den Preußen hervorgebracht oder doch postuliert hat: es war ein Menschenbild, das ganz aufs Öffentliche orientiert war und kaum Raum für individuelle Sphären, Bedürfnisse und Neigungen ließ. Pflicht, Gehorsam, Ordnungssinn, Selbstverzicht, Opfer: darin bestand das preußische Ethos. Doch wer ihm genügte, mochte tun, denken oder glauben, was ihm beliebte. »Die Seele for Gott, alles andere for mir«, formulierte der König. Der asketische, die tätige Nächstenliebe fordernde, ganz und gar nicht gefühlsweiche Pietismus, der seit Beginn des 18. Jahrhunderts mit der Berufung Speners und vor allem August Hermann Franckes das besondere, durch alle staatliche Liberalität hindurchschimmernde Bild preußischer Frömmigkeit beherrscht, hat das eine mit dem anderen, die Pflicht vor Gott mit der vor dem Staat, verbunden: Religion und politisches Ethos formten und förderten einander. Selten irgendwo wird diese charakteristische Verknüpfung anschaulicher als am Tag von Leuthen, der mit dem Choral begann, »Gib, daß ich tu mit Fleiß, was mir zu tun gebühret«, und endete mit dem Gesang: »Nun danket alle Gott.«

Es war im ganzen eine merkwürdige Verbindung von Untertänigkeit und Freiheit, wenn auch, von heute her gesehen, der Dienst- und Pflichtanspruch des Staates vorherrschend wirkt. Zu den Erstaunlichkeiten Preußens zählt, daß es ihm, trotz aller Lasten, die es den Bewohnern aufdrückte, aller Unzufriedenheiten, die es unter ihnen weckte, doch gelang, der nahezu totalen Inanspruchnahme den Charakter auferlegten Zwangs weithin zu nehmen; und zum ersten und vielleicht einzigen Mal in der Geschichte hat es, zeitweise wenigstens, eine Ahnung davon spüren lassen, daß der Herrschertraum verausgabend geleisteter, sogar als Selbststeigerung empfundener Unterordnung unter das höhere Wohl des Staates in dieser Welt möglich ist. Die Härte, der Rigorismus seiner eintönigen, immer auf Begriffe wie Pflicht und Opfer zulaufenden Grundsätze wurde sicherlich vielfach drückend empfunden; doch in dem Maße, wie seine Bewohner sich die Forderungen zu eigen und zum Bestand persönlicher Moral machten, gewannen sie auch Pathos und Größe. Das war denn auch vielleicht das eigentliche Genie Preußens: dem Gewöhnlichen einen Schimmer des Besonderen zu verleihen. Die »Riesenarbeit der Idealisierung«, die Schiller an Friedrich II. nicht vornehmen mochte, hat der König am Ende selber geleistet. Den Druck, der von seinem Regiment ausging, hat er gemildert durch den Zug ins Große, den er seinen Veranstaltungen zu geben wußte und deshalb, trotz aller mesquinen Eigenschaften, aller Menschenverachtung und -presserei, am Ende die Geschichte für sich zu gewinnen vermocht. In der Tat ist sein Beiname »der Große« nicht das Verschwörerwerk deutschnationaler Professoren. Und wenn, wie Ranke gemeint hat, »eine Art von Kultus, den man dem König widmete, alle Mängel bedeckte«, muß doch der Kultus erst seinen Gegenstand haben, man kann nicht nur einen Affen zu Pferde setzen. Noch in einem Gedicht von 1776 bat Voltaire, wenn er ins Jenseits komme, um »einen Schemel« am Throne Friedrichs.

Gewiß ist Friedrichs Ruhm undenkbar ohne die Gunst der Umstände, ohne Spielerglück und Zufall. Aber auch das gehört zu Preußen und hat seine Anziehungskraft von frühauf mitbestimmt: der Triumph gegen alle Wahrscheinlichkeit, der Sieg wider jede Berechnung, der große Mirakelton seiner Geschichte mitsamt dem Element hasardierender Hochstapelei, das erforderlich ist, damit das Wunder überhaupt erst seine Macht erweisen kann. Der alte Dubslav von Stechlin äußert bei Gelegenheit, große Zeit sei immer dann, wenn's gerade nochmal gut gegangen und das Desaster mit knapper Mühe vermieden worden sei: fürwahr, ein preußisches Wort! Doch Preußen hat nicht nur unter Friedrich zahlreiche Widersprüche vereint, eine »grelle Mischung von Barbarei und Humanität«, wie der britische Gesandte aus Berlin berichtete; vielmehr hat es, noch in den letzten Lebensjahren des Königs, wenn auch unabhängig von ihm, eine neue, gänzlich unerwartete Entwicklung genommen und in einer beispiellosen kulturellen Blüte nahezu übergangslos die zweite große Epoche seiner Geschichte begonnen.

Die einzigartige Ballung bedeutender Namen hat nur in einigen Städten des italienischen Cinquecento eine Parallele: Kant, Hamann und, der Herkunft nach, Herder, die Gillys, Vater und Sohn, Schinkel und Schadow; Clausewitz; Kleist, Arnim, Brentano und E.T.A. Hoffmann; Tieck und Novalis; die Gebrüder Schlegel, Ranke und Savigny, Schelling, Fichte, Hegel und die Humboldts: man ist versucht zu sagen, in den dreißig, vierzig Jahren jener Jahrhundertwende artikuliert sich der Weltgeist am vernehmlichsten von Preußen aus. Erheblichen Anteil daran hatte die schon von Friedrich vorangetriebene Judenemanzipation, deren widerstrebendste Gegner inzwischen die orthodoxen Juden selber waren. Sie brachte ein neues, unerhört antreibendes Element ins Spiel und gab dem lange stockigen kulturellen Leben des Landes plötzlich Salz sowie Weite und gesellige Form. In den Salons der Rahel Varnhagen oder Henriette Herz nahm jene deutsch-jüdische Symbiose erste Umrisse an, die zu den großen europäischen Kulturereignissen rechnen wird, ehe Hitler ihr ein Ende machte.

Diese Blütezeit fiel streckenweise zusammen mit der Epoche von »Preußens tiefster Erniedrigung«: der Serie von Niederlagen im Verlauf der napoleonischen Kriege, der Besetzung Berlins, dem Verlust von mehr als der Hälfte seines Staatsgebiets: es war schon wieder nahezu das Ende. Aber mit der ihm eingefleischten Zähigkeit hat Preußen nicht nur die Katastrophen von 1806/07 überwunden, sondern zugleich, wie in einem Akt trotziger Selbstbehauptung, Kräfte der Erneuerung mobilisiert. Das Reformwerk jener Jahre, das vor allem von Stein, Hardenberg, Scharnhorst, Gneisenau, Boyen, Humboldt und Grolman ins Werk gesetzt wurde, brachte die Selbstverwaltung der Städte und ein neues, an französischen Vorstellungen orientiertes Militärsystem, die Bauernbefreiung, die bürgerliche Gleichstellung der Juden, die Gewerbefreiheit sowie, mit der Gründung der Berliner Universität, die »Jahrhundertreform« des Hochschulwesens. Die häufig anzutreffende Vorstellung jedoch, daß dieses Programm die Absicht verfolgte, eine breite Stimmung für den Befreiungskrieg zu entfachen und, ausgesprochen oder nicht, eine Art politischen Reformversprechens enthielt, das später, nach dem Sieg, uneingelöst blieb, ist nichts als eine Legende. Eher trifft das Gegenteil zu. Wenn das Reformprojekt, nach großem Anlauf, weitgehend in Stillstand und Enttäuschung endete, so war das, neben den Gegensätzen unter den Reformern selber, vor allem auf die Indolenz der Öffentlichkeit zurückzuführen. Noch immer war Preußen ganz überwiegend ein Agrarstaat, es gab kein starkes, selbstbewußtes Bürgertum, das die Reformen abzustützen vermochte, und jedenfalls war der vom Lande kommende, feudale Widerstand dagegen stärker als die vereinzelt und diffus hervortretenden nationaldemokratischen Bestrebungen. Auch stammten die Pläne der Reformer zum ansehnlichen Teil aus der Zeit vor den napoleonischen Kriegen. Sie beschränkten sich auf soziale, ökonomische und kulturelle Veränderungen in der Absicht, das stehengebliebene, hinter die Zeit zurückgefallene Land, das einst das modernste Europas gewesen, von der Französischen Revolution jedoch überholt worden war, wieder auf die Höhe der Epoche zu bringen.

Das war aber auch die tiefere, von keinem Erfolg zu heilende Schwäche aller dieser Reformprojekte: daß der Staat wiederum nur in den Funktionen, seinem »maschinistischen« Element modernisiert werden sollte. Zwar gingen manche Überlegungen dahin, daß der gesellschaftliche Wandel am Ende auf die politischen Verhältnisse durchschlagen müsse. Aber das wäre eine

mittelbare Folge gewesen, niemals war es ein bewußt ange-
steuertes Ziel. Preußen blieb ohne Idee, es kam über seine
Anfänge nicht hinaus. Was im 18. Jahrhundert sein Vorzug, die
Bedingung seiner Anziehungskraft und seiner Größe gewesen
war, wurde jetzt sein Anachronismus.

Aus diesem Grunde auch hat es sich lange gesträubt, an die
Spitze der erwachenden Nationalbewegung zu treten und jene
»deutsche Sendung« zu übernehmen, die Heinrich von Treitschke und seine Schule ihm zugewiesen haben. Die Wendung zum
Polizeistaat, die »Demagogenverfolgungen« und die drakoni-
sche Zensur, die so viel Empörung erzeugt und Preußens reaktionären Verruf bewirkt haben, überhaupt der besonders schi-
kanöse Rigorismus, mit dem es seit den Karlsbader Beschlüssen
auf Ruhe und überlieferte Ordnung sah, sind schwerlich mit der
plötzlichen Sklerose eines Staates zu erklären, der sich soeben
noch in seiner Führung als vital und erneuerungsfähig gezeigt
hatte; sie richteten sich daher auch nicht allein gegen die liberalen Tendenzen, sondern ebenso sehr gegen die nationale Eini-
gungsbestrebung, deren unabtrennbarer Teil sie waren. Die von
Friedrich Wilhelm III. und vor allem von seinem Nachfolger,
Friedrich Wilhelm IV., inspirierte pietistische Erweckungsbewe-
gung der dreißiger und vierziger Jahre war ein letzter, fast verzweifelt anmutender Versuch, über den bloßen und sterilen Widerstand gegen diese Kräfte hinauszukommen und dem Zeitgeist offensiv, mit einer eigenen Idee zu begegnen. »Seltsam er-
greifend«, urteilt Sebastian Haffner, »dieser verspätete Wunsch
eines Kunststaats, sich um der Staatsräson willen eine Seele zu
geben.«

Aber für Preußen war es fast so etwas wie eine Frage auf Leben oder Untergang. Erst instinktiv, dann immer bewußter hat
es die Gefahren erfaßt, denen es sich aussetzte, wenn es sich mit
der Dynamik der nationalen, bürgerlichen Revolution verband.
Die Schroffheit und Härte, die zahlreichen Überreaktionen, zu
denen es sich gegen jenen »deutschnationalen Schwindel« verlei-
ten ließ, von dem Bismarck seit den frühen fünfziger Jahren

wiederholt gesprochen hat, deuten darauf hin, wie sehr es nach wie vor unter seinem Fragilitätskomplex litt; daß es fürchtete, die Ideen der Zeit könnten in den »Staat ohne Idee« eindringen und ihn von innen her bedrohen; und daß es spürte, dieser Probe nicht gewachsen zu sein und daran zugrunde zu gehen. »Gott wird wissen«, schrieb Bismarck in einem Brief, »wie lange Preußen bestehen soll. Aber leid ist mir's sehr, wenn es aufhört, das weiß Gott!« Und doch hat er mehr als jeder andere Politiker zu diesem Ende beigetragen, ein Treibender und Getriebener, immer wieder skeptisch innehaltend, voller düsterer Ahnungen angesichts der heraufziehenden Preußendämmerung, dann aber doch wieder den Prozeß beschleunigend, dessen Herr und Opfer er war. Geraume Zeit hatte er geglaubt, gehofft und versucht, die deutsche Nationalidee dem preußischen Staatsinteresse dienstbar zu machen, doch war ihm die Steuerungsmacht über den einmal in Gang gesetzten Prozeß bald entglitten, und während der Reichsgründung schien er nur noch darauf bedacht, Preußen vor dem zu retten, was doch am Ende sein Werk war, und es nicht einfach im Reich aufgehen zu lassen. Das verfassungspolitische Zwitterwesen, das er entwarf, drei Viertel Bundesstaat, ein Viertel Staatenbund, war der Reflex von Widersprüchen, in denen preußisches Sentiment, Einsicht in den Geschichtsverlauf und historischer Ehrgeiz vehement aufeinanderstießen.

Wilhelm I. ließ sich nicht irremachen. Der Streit darüber, ob er zum »Deutschen Kaiser« oder zum »Kaiser von Deutschland« gekrönt werden solle, war nichts anderes als eine letzte Bemühung, Preußens Untergang im Reich, und sei es nur durch eine Art Titular-Vorbehalt, zu verhindern. Aber am Vorabend von Versailles sagte er unter Tränen: »Morgen ist der unglücklichste Tag meines Lebens. Da tragen wir das preußische Königstum zu Grabe.«

In der Tat entwickelte das Reich, das so viele romantische Gefühle nationaler Zusammengehörigkeit wiederbelebte, eine Eigendynamik, die alle bismarckschen Vorsichtigkeiten überrannte. Elementare Sehnsüchte, von deren Gewalt der nüchterne, traumlose preußische Staatsgedanke sich nie hatte träumen lassen, brachen hervor. »Als Poesie gut«, hatte der kühle Friedrich Wilhelm III., in einer ironischen Randbemerkung, auf eine Denkschrift Gneisenaus von 1811 zur Levée en masse geschrieben: Poesie, die Preußen immer fremd gewesen war, war auch die Reichsidee mitsamt der Schwärmerei dafür. Sie machte die Ängste dreier Generationen wahr. Preußens Zeit war in mehr als einem Sinne abgelaufen.

Es hat sich, bald nach der Reichsgründung, in den preußischen Kernlanden eine konservative altpreußische Fronde gebildet. Verbittert, nicht ohne begreifliche Trauer, registrierte sie, wie in dem erfolgreichen, prosperierenden, sich groß und breit machenden Reich zugleich mit Preußen selber unterging, was es einst ausgezeichnet hatte: Nüchternheit, Strenge gegen sich selbst, das Ethos von Dienst und Pflicht. Aber auch das Reich selber berief sich auf Preußen, nicht ohne Grund schließlich; dies war die Vormacht, damals wie jetzt, es hatte die Einigung herbeigeführt und stellte das Herrscherhaus; und richtig ist sicherlich auch, daß Preußen nicht nur im Reich unter-, sondern auch prägend darin aufging. Gleichwohl hat es bald schon, mehr und mehr, als nur noch dekoratives Ausstattungselement gedient. Mit seiner bilderreichen, atemlos wirkenden, immer wieder dramatisch kippenden Geschichte, seinen großen Königen und Staatsmännern, seiner »Sendung« schließlich, sah es sich in zusehends kühneren und hohleren Analogien als die deutsche Zentral- und Patenmacht beschworen.

Von da an, spätestens, wurde der Bruch unübersehbar. Preußen war stets eine widersprüchliche Erscheinung gewesen. Nun hängten den zahlreichen bestehenden Widersprüchen immer neue sich an, bis alles ins Unidentifizierbare entschwand. Im Meinungsstreit derer, die heute das preußische Erbe für sich reklamieren, lebt die Vieldeutigkeit der Erscheinung selber fort; der bis zur Unkenntlichkeit aufgelöste Begriff löst zuletzt auch alle Widersprüche auf. So wird Preußen für eine bestimmte sozialdemokratische Tradition von Lassalle und Bebel bis zu Otto Braun und Julius Leber in Anspruch genommen; doch ebenso für die Yorcks, die Tresckows und die Schulenburgs, die am 20. Juli 1944 noch einmal für einen kurzen, dramatischen Augenblick in der Geschichte sind; Moltke gilt als Preuße, desgleichen Hindenburg sowie der militärische Typus, den George Grosz kenntlich gemacht hat; aber auch Karl Marx wird, von einem seiner Biographen, Preußen zugerechnet. Und schließlich Hitler. Die Frage lautet wohl, ob ein derartig mißdeutbarer Begriff am Ende mehr sein kann als eine Hülse, die es erlaubt, den unterschiedlichsten Vorurteilen einen pittoresken oder fatalen Traditionsvorsprung zu sichern.

Rudolf Augstein hat vor Jahren, trotz einiger verbaler Verwahrungen, die Verbindungslinie zwischen Hitler und Friedrich ausgezogen und den einen zu einem Vorläufer des anderen gemacht. Aber vom rüden Machiavellismus der Anfangsjahre Friedrichs abgesehen, gibt es keine Gemeinsamkeiten, die über dem Niveau der politischen Sonntagsschule noch auszumachen wären. Mit Ludwig XIV. oder gar den beiden Bonaparte ließe sich solche Genealogien-Spielerei beispielsweise für Frankreich auch anstellen, Ahnherr irgendeiner historischen Fatalität können viele in vielen Staatengeschichten sein – nur fehlt sie eben. Man geht der nationalsozialistischen Propaganda noch nachträglich auf den Leim, wenn man Hitler in die preußische Tradition zwängt. Sein Antisemitismus, seine Unduldsamkeit, der maßlose, selbstherrliche und launenhafte Charakter seiner Machtpraxis, die Züge von verwilderter Bohème, die ihm eigen waren, sowie schließlich all der imperiale Wahnwitz: das kam viel eher aus den Geröllhalden der Habsburger Tradition, und was immer davon später in alldeutschen Köpfen herumgespukt hat – Preußen, das immer etwas abgerissene, immer ächzend verausgabte, von Zerbrechlichkeitsängsten heimgesuchte Preußen, hat nie in Großräumen und Weltmachtvorstellungen gedacht, dergleichen war Hitlers österreichische Mitgift, und noch Bismarcks wiederholte Beschwörungen, daß das Reich »saturiert« und »die deutsche Uhr auf hundert Jahre richtig gestellt« sei, kommen aus der ständigen preußischen Besorgnis, sich zu übernehmen. Die Verbindungslinien, die hier gesucht werden, lassen sich noch am ehesten in jener abstrakten Loyalitätsidee ausfindig machen, die einem Staat eigentümlich war, in dem militärische Vorstellungen alle sozialen Verhältnisse durchdrangen. Das instrumental beschränkte Expertentum in Offizierskorps und Beamtenschaft, das für Hitlers Machtergreifung ebenso wie für die spätere Inangriffnahme seiner Welteroberungspläne so entscheidend war, ist nicht zu begreifen ohne den erblindeten preußischen Pflicht- und Gehorsamsbegriff, der alles in Disziplin, Mechanik, Zweck verwandelte und dessen Moral und Lust das bloße Funktionieren war.

Die neuerwachte Preußenneigung meidet vielfach diese jüngeren Phasen. Auffällig daran ist gerade, daß sie überwiegend auf die friderizianische Epoche zielt, allenfalls noch die klassisch-romantische Phase umfaßt, zur Bismarckzeit ein eher mühsames Interesse herstellt und der wilhelminisch-neudeutschen Karikatur des Preußischen sowie allem Späteren gegenüber ganz und gar gleichgültig bleibt; bezeichnenderweise ist auch der deutsche Widerstand von ihr nicht miterfaßt worden.

Einiges spricht dafür, daß nicht nur Äußerliches: nicht nur die dramatische Pracht und der Zinnsoldaten-Charme der friderizianischen Welt die Ursache dieser Vorliebe sind. Viel eher drückt sich darin das Verlangen nach intakter Geschichte aus, das, geht man die deutsche Entwicklung zurück, tatsächlich erst bei Friedrich und der unmittelbar folgenden Epoche innehalten kann. Alle fragwürdigen Seiten des Königs haben dem historischen Respekt nicht Abbruch tun können, in ihm hatte ein Teil des Landes einmal an der Spitze der Zivilisation gestanden, es war doch eine »Weltrolle« gewesen. Alles Nachfolgende jedenfalls war auf die eine oder andere Weise genierlich: Mühsal in kleinen Verhältnissen, schrille Großmannssucht und dann das würdelose Gekeuche einer Generation ewig Zukurzgekommener, die ihrem Platz an der Sonne nachjagten und, anders als

Friedrich, die Blicke der Welt eher in Furcht oder Verachtung auf sich zogen.

Eine Nebenrolle, nicht mehr, spielt wohl auch, daß sich vor jenem älteren Hintergrund die Trauer um neunhundert Jahre verlorener Ostgeschichte legitimer vorbringen läßt, als dies sonst möglich ist. Namen wie Küstrin und Breslau, Grüssau, Stettin oder Königsberg erhalten erst im Blick auf die friderizianische Ära ihr ganzes sentimentales Gewicht zurück, während andere noch einmal Marschtritt hörbar machen, idyllisch anmutenden Schlachtenlärm, und am Ende das Tedeum von Graun: Hohenfriedberg, Roßbach, Leuthen. Und durch den Katalog lange entschwundener und polonisierter Namen geistert mitunter wohl auch eine irreale Hoffnung, die sich am Beispiel Preußens inspiriert: ein letztes Mal wartend auf das Wunder des Hauses Brandenburg.

Stärker indessen hat die Wiederentdeckung Preußens gewiß mit der Sympathie zu tun, die allem rasch und scheinbar vorzeitig Zugrundegegangenem gehört. Das berührt um so eigentümlicher, als Preußen sicherlich doch seine Zeit gehabt hat und zuletzt sehr verausgabt und überlebt wirkte. Wer sich erinnert, wie beispielsweise Hindenburg, Blomberg, Fritsch oder Keitel die Konfrontation mit Hitler bestanden, wird, ungeachtet aller Ausnahmen, einräumen müssen, daß dem versprengten Preußen sogar gewährt wurde, was Karl Marx im Anschluß an Hegel allen bedeutenden historischen Ereignissen zugestand: die Farce, die auf die Tragödie folgt.

Immerhin, sehr viel Dauer hatte es nicht und war im ganzen, wie Napoleon gesagt hat, wirklich nur eine »Episode«. Doch könnten alle diese Motive das sich belebende Interesse nicht zureichend begründen, wenn jenes Preußen vor den Jahren der Heiligen Allianz, das Preußen der Aufklärung und der anhebenden Romantik, nicht zugleich dem Zeitbewußtsein so unverkennbar entgegenkäme. Es war ein Staat ohne aufdringliche Ideologie, ohne »Sendung«, der aber doch, in dem sehr vagen Sinne, der solchen Begriffen eigen ist, als »links« und »fortschrittlich« gelten kann; dabei überaus dynamisch und fähig, nicht weniger Energie zu entfalten als einer der sendungsbewußten Staaten seit der Französischen Revolution. Auf alten Stichen, beispielsweise Eosanders von Göthe, die eine Ansiedlung, ein kleines Schloß inmitten einer endlos sich verlierenden Sandwüste zeigen, wird noch etwas von dem zivilisatorischen Pathos spürbar, das dem Preußen jener Epoche eigen ist. Die Gleichzeitigkeit von Aufklärung und innerer Kolonisation gab ihm überdies den Impuls einer zweifachen Utopie, während der Zeitgenosse nicht einmal die eine auszumachen vermag, die seinem Tun einen übergreifenden Sinn verschaffen könnte.

Häufig wird, vor diesem Hintergrund, die stil- und typenbildende Kraft des einstigen Preußen beschworen: das Pflichtbewußtsein, die Fähigkeit, über das materielle Interesse hinauszudenken, Skepsis, innere Unabhängigkeit sowie die Bereitschaft zu asketischen Haltungen. Doch bleibt zu fragen, ob solche Anrufungen mehr als die Mangelempfindungen einer Wohlstandsgesellschaft offenbaren, die statt des Bürgers nur noch verwöhnte Sozialpetenten kennt und schon lange unfähig ist, die Idee des Gemeinsinns durch einen moralischen Gedanken zu stützen.

Auch wäre zu bedenken, daß solche Wertvorstellungen nur in Funktion eines historischen Zusammenhangs entstehen und daher zu ihrer Wiederbelebung vergleichbarer Umstände bedürfen: Alles andere bleibt, ist die Tradition einmal unterbrochen, leere Beschwörung. Die Lebensumstände innerhalb der sozialistischen Entbehrungsgesellschaft mögen denn auch eine Ursache dafür sein, daß heute im östlichen Teil Deutschlands, wenn auch abseits der offiziellen Indienstnahme, mehr Spuren preußischen Wesens aufzufinden sind als im westlichen. Gewiß lassen sich auch vereinzelte Elemente der verfassungsrechtlichen Ordnung der Bundesrepublik bis ins alte Preußen zurückführen; und wie das alte Preußen ist die Bundesrepublik eine Art Flüchtlingsstaat. Aber auch das sind nur noch Spuren, und alle Wiederentdeckungsbestrebungen können nicht darüber hinweghelfen, daß Preußen hier wie dort, in allem was es war, wirklich vergangen und eine im ganzen zwar große, aber zusehends verblassende Erinnerung ist. Er wisse nicht, hat Friedrich der Große bemerkt, »wohr mir Mein Stern Noch herum-promenieren wird«; jetzt kommt die Bahn an ihr Ende. Wenn aber weder Preußen noch die Reste seiner stilprägenden Kraft für die Gegenwart mobilisiert werden können, bleibt nur die historische Vergegenwärtigung. Sie bedarf keiner Rechtfertigung, und niemand muß sich ein Gewissen machen, der von der Geschichte nichts anderes als eine Geschichte erwartet. Anders als viele meinen, besteht die Vergangenheit überwiegend nicht aus Trümmern, auf denen Botschaften an die Nachwelt verzeichnet sind; mitunter sind es einfach nur Trümmer.

Architekt einer Übergangsepoche

Karl Friedrich Schinkel

> *»(Er besitzt) eine Beziehung auf ein höhe*
> *res untergegangenes Dasein, . . . zu dessen*
> *voller Erkenntnis er – vor der Freude und*
> *Reproduktionslust des Spiegelfragments die*
> *ser verlorenen Herrlichkeit in der Kunst –*
> *nicht gelangen kann.«*
> Clemens von Brentano über Schinkel

Karl Friedrich Schinkel war der erste Künstler von europäischem Rang, den das mit Abschluß der friderizianischen Epoche entstandene Preußen hervorgebracht hat. Das spröde Staatsgebilde, durch einen beispiellosen Willensakt in den Kreis der Großmächte gelangt, hatte in der eigenen Machtentfaltung nur begünstigt, was der Steigerung seiner Kräfte diente. Es war reich an Härte und Zähigkeit, aber arm an Inspiration, Phantasie, schönem Stil; seine Kunst war das Überleben gewesen. Einige Architekten, fast durchweg von auswärts herangezogen, hatten Hauptstadt und Residenz mit vereinzeltem, unverkennbar hergeholt wirkendem Glanz versehen, auch dies eine Willensleistung. Erst an der Wende vom 18. zum 19. Jahrhundert, als der Dauerkrampf nichtendender Selbstbehauptung nachließ, wurden andere, lange zurückgehaltene Kräfte frei. Berlin erlebte seine Genie-Epoche, und Schinkel war eine ihrer herausragenden Erscheinungen.

Indessen war es nicht einfach so, daß die Schule der Entbehrung, die Preußen durchlaufen hatte, ohne alle Übergangsspannung von einem mächtigen kulturellen Impuls abgelöst worden wäre; daß nach so vielen Jahren, in denen immer nur Stärke im Unglück zu beweisen gewesen war, nun plötzlich eine Zeit grandioser Höhenflüge begann. Vielmehr stießen mehrere Zeittendenzen aufeinander. Die schwärmerische, vom hochgehenden Gefühl beflügelte Aufbruchsstimmung der einsetzenden Romantik brach sich nicht nur an der Klassik, sondern auch am Ethos der Kargheit, der Selbstentäußerung, das die zurückliegenden Jahre erzeugt hatten. Was man preußische Romantik nennt, ist im Grunde ein Konfliktphänomen: die Umsetzung von Epochenwidersprüchen in Kunst.

Wie nur noch Heinrich von Kleist, wenn auch verschlossener, unexaltierter, hat Karl Friedrich Schinkel diese Widersprüche in seiner Person evident und zugleich fruchtbar gemacht. Sein Leben ist eine einzige, weder vom Erfolg noch vom wachsenden Ruhm gemilderte Anstrengung, den Bruch auszuhalten und am Ende vielleicht zu versöhnen: zwischen Selbstbescheidung und romantischem Überschwang, Norm und exzentrischer Subjektivität, formaler Strenge und der Neigung zum Phantastischen, Märchenhaften. Schon seine frühe Entscheidung, Beamter zu werden und sich in der korrekten Wahrnehmung täglicher Pflichten, in Behördenkram und Dienstquerelen zu verbrauchen, deutet auf einen Zug seines Wesens; daneben blieb er der »enthusiastische Weltverschönerer«, als den Bettina von Arnim ihn bezeichnet hat. Was ihm vorschwebte, war, das Ideenmaterial der Vergangenheit in einer Zeit des sich ankündigenden Stilzerfalls noch einmal zu einer umfassenden Kunstidee zu binden, die nicht nur den Ansprüchen staatlicher und gesellschaftlicher Repräsentation, sondern auch denen des bürgerlichen Wohnens sowie schließlich den Bedürfnissen des heraufkommenden Industriezeitalters genügte.

Dabei half ihm seine einzigartige Vielseitigkeit. Er war nicht nur Architekt, Maler, Bühnendekorateur und Bildhauer, sondern entwarf Möbel, Gesimse und Porzellane sowie Vorlagen für Tapezierer, Tuchweber und Stubenmaler; »Schinkelrahmen« und »Schinkelkronen« wurden zu Gattungsbegriffen. Seine Kenntnis des Handwerks, der Materialbedingungen und Bautechniken verband er mit einer ingeniösen Experimentierlust. Im Reichtum seiner Begabung ist er nur den Renaissancekünstlern vergleichbar, auch wenn die Vergangenheit ihn am Ende, anders als jene, weniger inspiriert als belastet hat.

173

Trotz aller universellen, ins Große weisenden Züge war er ein Mann ohne Prätention. Seine hohe gesellschaftliche Stellung, die auf ausgedehnten Reisen gewonnene Weltläufigkeit, sein freundschaftlicher Umgang mit Goethe, Wilhelm v. Humboldt und E.T.A. Hoffmann, mit Rauch, Carl Friedrich Zelter und vielen anderen, sowie die Huldigungen, die ihm in Paris und London zuteil wurden: das alles hat sein gleichmäßig einfaches, bis zur Selbstverleugnung unauffälliges Wesen nicht berührt. Von jenem pathetischen Künstlertypus, den die Romantik – sei es in der Figur des genialischen Außenseiters, sei es, ins Pompöse stilisiert, in der des Künstlerfürsten – hervorgebracht hat, besaß er nichts: immer im knappen blauen Überrock und in sorgfältig weißer Wäsche, war er dessen bürgerliches Gegenstück, »ein Mann von merkwürdigster Bescheidenheit«, wie es einmal heißt. Sein hochgespanntes Pflichtbewußtsein griff auf alles über, was er unternahm. Er war liebenswürdig im öffentlichen Auftreten, pedantisch in seinen Dienstgeschäften und hausväterisch im biedermeierlichen Lebenszuschnitt, wo vom Familienfrühstück unter Lindenbäumen, von Himbeersirup, Kuchen und Riechfläschchen die Rede ist.

Auch in der privaten Korrespondenz entzieht sich die Person ins Konventionelle, fast Bläßliche, am deutlichsten tritt noch ein Ton immer besorgten Ernstes hervor, so wenn er seine Frau zur Sparsamkeit anhält oder den Gruß an die Kinder mit einer pädagogischen Mahnung für den Sohn verbindet: »Karln hoffe ich als einen gelehrten und tüchtigen Menschen wiederzufinden; sag ihm, daß ich fest darauf rechne.« Nicht weniger umrißlos bleibt die Figur in den umfangreichen Reisetagebüchern, die, bei aller Anschaulichkeit, eher den Charakter gewissenhafter Rechenschaftsberichte haben. Bei einem Aufenthalt in Bern vermerkt er geniert, daß ihm ein Bad »mit einem Frauenzimmer« angeboten worden sei und ist empört, als das »in allerlei Schweizertracht ausgeputzte Gesindel« während des Bades »den ›Jungfernkranz‹ aus dem ›Freischütz‹ (zu) singen und sonst sich sehr laut (zu) machen« beginnt. Es nimmt denn auch nicht wun-

der, daß manche Zeitgenossen sich an dieser Verbindung aus
philiströser Untadeligkeit, arglosem Ernst und Gemütsvernunft
stießen. Achim v. Arnim sprach ironisch von »Engelslarven wie
Schinkel«, die »mit Genien die Leerheit der Lebensarchitektur«
zu verbergen suchten, während Brentano ihn, mit einer Art ge-
rührter Herablassung, »ein edles Herz, eine eigentlich einsame
Seele« nannte.

»Mit einem solchen Charakter«, hat einer der engeren Freunde Schinkels nicht ohne einen Unterton der Verwunderung bemerkt, »war seltnerweise ein Kunstgenie von . . . tiefer und all-
gemeiner Anlage verbunden.« Und in der Tat mag man sich fragen, wie soviel kleinbürgerliche Gravität mit der hochgradigen
künstlerischen Reizbarkeit einhergehen konnte, von der dieses
Lebenswerk zeugt. Wenn die banale Sentenz, daß Genie soviel
wie Fleiß sei, je eines Belegs bedürfte, so lieferte ihn diese Biographie. Zeitlebens arbeitete Schinkel, wie immer wieder bezeugt wird, bis an die Grenze seiner Kräfte, buchstäblich bis zur
Erschöpfung. Man kann diesen Hang zur Selbstverausgabung,
von Anlage und Charakter abgesehen, auf den familiären Hintergrund zurückführen, die Herkunft aus einem strengen Neuruppiner Pfarrhaus, das generationenlang nicht nur Prediger,
sondern, in den weiblichen Vorfahren, gleich auch noch zahlreiche Predigersfrauen gestellt hatte, und Schinkel selber hielt
denn auch, ganz in der pietistisch gefärbten Tradition seines
Herkommens, »Phlegma« für nichts anderes als einen »sündhaf-
ten Zustand«.

Aber mehr noch, vor allem Schinkels eigenes Eingeständnis,
spricht dafür, daß seine Arbeitsunrast zum Vermächtnis Friedrich Gillys zählte. Der geniale Baumeister, den der Jüngere »wie
ein höheres Wesen« bestaunte und dessen öffentlich ausgestell-
ter Entwurf für ein Denkmal Friedrichs des Großen den erst
Sechzehnjährigen zu dem spontanen, gegen alle vormundschaft-
lichen Widerstände eigensinnig durchgesetzten Entschluß gebracht hatte, das Gymnasium zu verlassen und Architekt zu
werden, hat dessen Charakter und Vorstellungswelt so entschei-

dend geprägt wie kein anderer Lehrer, und Gottfried Schadow hat Schinkel denn auch platterdings eine »Naturwiederholung« Gillys genannt. Von ihm, der aufs nachhaltigste von den geometrischen Abstraktionen der französischen Revolutionsarchitektur beeinflußt war, erwarb Schinkel nicht nur ein Gefühl für architektonisches Pathos und monumentale Würde; er mäßigte auch, indem er den Jüngeren sogleich an praktische Aufgaben heranführte, dessen Neigung zum Phantastischen, romantisch Exaltierten; vor allem aber, so schrieb Schinkel in einer autobiographischen Skizze von 1825, habe Gilly ihn »eine gewisse rastlose Thätigkeit« gelehrt, die ihm dann zur »Natur geworden« sei.

Der Anstoß kam aber nicht nur von dem bewunderten Lehrer selbst, sondern auch von den Umständen. Kurz bevor Gilly im Spätsommer 1800, nur achtundzwanzig Jahre alt, starb, übertrug er seinem fast zehn Jahre jüngeren Schüler die Ausführung der von ihm begonnenen, freilich meist kleineren Arbeiten. Schwerer als der Schock über den persönlichen Verlust wog für Schinkel aber offenbar die Befürchtung, nach nur zwei Jahren abrupt beendeter Ausbildung den hohen, auf ihn gerichteten Erwartungen nicht gerecht werden zu können. Gillys testamentarische Verfügung hat ihn, in all seinem Ernst, eher belastet als das Gefühl der eigenen Unzulänglichkeiten beschwichtigt, und hier ist wohl auch der hauptsächliche Antrieb für seine fast pathologische »Arbeitswut« zu suchen. Während er auf dem Pfingstberg bei Potsdam einen Pavillon errichtete und für märkische Herrensitze Wirtschaftsgebäude und Nebenhäuser baute, entwarf er gleichzeitig Mausoleen, Palais, Rundbogenhallen: immer besorgt, sich jeder künstlerischen oder technischen Forderung gewachsen zu zeigen. Aus der gleichen Zeit stammen die ersten Gemälde, eine Vielzahl kunstgewerblicher Entwürfe sowie Bühnendekorationen, die, nach zeitgenössischem Urteil, »alles in diesem Fache Dagewesene« übertrafen, und es ist denn auch nicht allein seine Vielseitigkeit, die immer aufs neue erstaunen macht, sondern ebenso sehr die plötzliche, fast entwicklungslos sich offenbarende Meisterschaft aller dieser Arbeiten. Zuletzt geht auch der unverkennbar autodidaktische Zug seines Wesens auf die Erfahrung jener Jahre zurück, seine einzelgängerische Distanz zu allen Schulen und Richtungen; denn dem strengeren Begriff nach bedeutet das Autodidaktische keineswegs eine naive, von dilettantenhaften Spuren nie ganz befreite Kunstfertigkeit, sondern nichts anderes als den aus hohem Selbstgefühl herrührenden Willen, frei von aller akademischen Beengtheit, zusammen mit dem eigenen Weg auch ein eigenes Ziel zu bestimmen.

Der Vielseitigkeit Schinkels in den Mitteln entsprach die Mannigfaltigkeit seiner Ausdrucksweisen, und mit Ausnahme von Barock und Rokoko, deren spielerische, scheinbar regellose Sinnlichkeit ihm nie anders als verderbt erschien, hat er nach und nach, mit verblüffender Mühelosigkeit, das gesamte Formenrepertoire der Vergangenheit rezipiert. Das war seine Stärke und Schwäche zugleich: wie es seiner weichen, empfänglichen Natur entsprach, überstieg seine rezeptive Fähigkeit die Kraft, das Kunstwissen den Kunstwillen, und hätten nicht Gillys Selbstbewußtsein und dessen eroberndes Temperament ihn geprägt, wäre er denkbarerweise über das gelehrte Exerzitium gewesener Stile kaum hinausgekommen. Noch weitere zehn Jahre oder länger, mehr als die erste Hälfte seines Lebens, hat er aber immerhin benötigt, die widersprüchlichen Einflüsse zu beherrschen und zu einem unverwechselbar eigenen Stil fortzubilden.

Die frühe Befreiung von Friedrich Gilly und dessen körperlichem, kompaktem Klassizismus kann man deshalb als das Vermächtnis Gillys selbst ansehen. Jedenfalls überwogen anfangs, nicht zuletzt unter dem Eindruck des romantischen Nationalismus, dessen engerem Kreis Schinkel angehörte, mittelalterlichgotische Stilvorstellungen. Auf seiner ersten, über anderthalb Jahre dauernden Italienreise, zu der er im Frühjahr 1803 aufbrach, ließ er denn auch, obwohl von Venedig über Padua kommend, das Vicenza Palladios am Wege liegen und bezeichnete die antiken Tempel und Bauwerke im Süden des Landes, vor allem in Sizilien, als eine »für uns kalte und bedeutungslose Architektur«, an der ihn bezeichnenderweise nur deren malerische Einbettung in die Natur beeindruckte: »Nichts Neues«, schrieb er geringschätzig. Seine Bewunderung dagegen gehörte den Domen von Mailand, Florenz, Orvieto oder Monreale, diesen »höheren Mustern« der Gotik, den Palästen Venedigs und Genuas, sowie überhaupt den Bauwerken, deren Stil er, nach dem Begriff der Epoche, »sarazenisch« nannte: einer Verbindung aus orientalischen, romanischen, normannischen und gotischen Elementen, als deren Begründer man arabische Architekten ansah. Einzig die Lage vieler dieser Bauwerke, inmitten irgendeines düsteren Borgo oder auf verwinkelten Plätzen mit all ihrem weltlichen, frivolen Treiben irritierte sein Romantikergemüt. Den Mailänder Dom versetzte er auf einer Zeichnung in eine Ideallandschaft, hoch auf eine bewaldete Felsklippe über einer Stadt am Meer.

Auch die Gemälde, die Hunderte von Aquarellen und Zeichnungen, die er auf den Stationen seiner Reise angefertigt hat, weisen sowohl in der Wahl der Motive: der häufig aus dem Dunkel einer Schlucht, eines Waldstücks, eines Gewölbes kommenden oder in deren Dunkel sich verlierenden Perspektive, als auch in der weichen, tonigen Ausführung auf die romantische Grundstimmung hin, die ihn früh erfaßt und dann zeitlebens beherrscht hat: noch seine späten Architekturzeichnungen hat er nicht selten mit einigem schmückenden Grünbestand versehen und damit aus ihrer städtischen Umgebung in zumindest angedeutete Traumbezirke versetzt. Daneben aber gibt es, schon aus den frühen Jahren, schattenlose Landschafts- oder Stadtpanoramen, deren dünne, hart ausgezogene Linien »wie Metallsaiten« gespannt sind.

Im Jahre 1810 wurde Schinkel zum Oberbau-Assessor, einer Art Hofarchitekt oder Gutachter für alle geplanten staatlichen Hochbauten, ernannt, doch gab es, infolge der napoleonischen Kriegswirren, zunächst »wenig Gelegenheit fürs praktische Baugeschäft«. In den zurückliegenden Jahren hatte er sich vor allem

als Landschaftsmaler einen Namen gemacht, aber auch mit sogenannten Dioramen Aufsehen erregt, die er im Auftrag eines
einfallsreichen Theatermalers anfertigte und öffentlich ausstell-
te: riesenhaften Rundprospekten im Format von annähernd fünf
mal zehn Metern, auf denen Stadtansichten, historische Ereignisse oder beispielsweise die Sieben Weltwunder zu sehen waren. Jetzt nutzte er sein dekoratives Talent für die Ausschmük-
kung Berlins zur Rückkehr der siegreichen Truppen; er organisierte Hofbälle, richtete für die Mitglieder der Königlichen Familie Wohnungen ein, er entwarf Triumphsäulen, Siegesbrun-
nen, Denkmäler und, auf Anregung des Königs, den Orden des
Eisernen Kreuzes. Solange Bauaufträge ausblieben oder allenfalls Dorfkirchen, Schulen oder Kasernen instandzusetzen waren, beschäftigte er sich überdies als Bühnenbildner und schuf
im Laufe der Jahre die Dekorationen für annähernd fünfzig
Aufführungen: mal im neo-ägyptischen, mal im mexikanischen,
im römischen, altdeutschen oder romantischen Stil. Scherzhaft
nannte man ihn den »Gesamtausstatter Preußens«.

Seine Architekturentwürfe aus jener Zeit entstammen noch
ganz der romantisch-gotisierenden Vorstellungswelt, doch deutet Einzelnes schon, über das rasche Rezeptionsvermögen hinaus, auf seine umformende Energie: ein Rippenwerk etwa, das,
über schlanken Säulen sich öffnend, ein streng stilisiertes
Blätterornament trägt und das Gewölbe, hoch im verschwim-
menden Halbdunkel, zur romantischen Idee des Waldes
schließt: solche und andere Beispiele deuten darauf, daß er nicht
einfach als Vorläufer der Neogotik zu begreifen ist, sondern aus
dem Geist der Gotik selber, ihrem spirituellen Gedanken, eine
Architektur der Romantik zu entwickeln versuchte.

Schinkels anhaltende Vorliebe für gotische Stilvorbilder ist
zweifellos vor allem im Persönlichen begründet, seinem ernsten,
tiefen Protestantismus, dem Anflug von Pietät und Neuruppiner
Pfarrhausfrömmigkeit, die über der Erscheinung liegt. Aber
auch Einflüsse von Zeit und Umgebung spielten hinein. Wie
man weiß, ist die Idee der Wiederbelebung des Mittelalters in

Preußen weitaus intensiver aufgegriffen worden als anderswo und hat dem von Berlin ausgehenden romantischen Impuls die besondere Farbe metaphysischer Bedürftigkeit gegeben. Zu den Ursachen zählt sicherlich, daß der eigentlich geschichtslose, nicht viel länger als hundert Jahre existierende blanke Vernunftstaat darin nachzuholen suchte, was ihm an mittelalterlicher Tradition und damit kultureller Anciennität fehlte.

Die in Schinkels frühen Jahren so auffällige Fixierung und Anverwandlung gotischer Elemente hat aber nicht zuletzt auch damit zu tun, daß es sich bei jenen Arbeiten durchweg um Entwürfe für Sakralbauten handelte: ein Mausoleum für die verstorbene Königin Luise, den Neubau der abgebrannten Petrikirche sowie eine Kathedrale als Denkmal für die Befreiungskriege. Schinkel selber jedenfalls hat in der Begründung für den Mausoleumsentwurf bemerkt, es sei seine »Hauptidee« gewesen, »die freundliche und heitere Ansicht des Todes zu geben, welche das Christentum oder die wahre Religion den ihr Ergebenen gewährt . . ., eine Ansicht, die ganz im Gegensatz steht zu der harten Schicksalsreligion des Heidentums. Die Architektur des Heidentums ist daher in dieser Hinsicht ganz bedeutungslos für uns: wir müssen uns das für diesen Zweck Bedeutsame selbst erschaffen . . . (Dazu) gibt uns das Mittelalter einen Fingerzeig.« Und in der Denkschrift für den Entwurf der Petrikirche taucht zum erstenmal, zunächst nur als theoretische Einsicht formuliert, jene Stilvorstellung auf, der er in den folgenden Jahren, hartnäckig und »unter Schmerzen«, nachsetzte: der Wunschtraum einer Vermählung der beiden großen Architekturkonzepte der Vergangenheit, von Mittelalter und Antike, der spirituellen mit der körperlichen Bauidee »zu einer Synthese der Kunst«.

Tiefer als es Schinkel selbst bewußt gewesen sein mag, blieb er noch in der sich ankündigenden Öffnung zur klassischen Architektur seiner romantischen Ausgangsposition verhaftet. Denn die Empfänglichkeit für das Historische, die Bereitschaft, auch die gegensätzlichsten Überlieferungen, jede für sich und aus eigenem Anspruch als »unmittelbar zu Gott« gelten zu lassen, war

selbst romantischen Ursprungs. Schinkel mag zu jener Zeit eine
erste Ahnung davon überfallen haben, daß das erwachende Geschichtsbewußtsein zwar Kenntnis und Geist bereichern, die
Kunst jedoch elementar bedrohen müsse. Die gotischen Dome
und Denkmäler jedenfalls, die er noch auf Jahre hin, immer wieder von seinen romantischen Anfängen eingeholt, nicht nur auf
zahlreichen Gemälden emphatisch ins Gegenlicht stellte, sondern auch als Architekt entwarf, die Pfeilerkonstruktionen und
Spitzbögen, Dachreiter, Fensterrosen und Fialen, die er wie aus
einem Märchen-Mittelalter übereinandertürmte, haben die
eklektizistische Laune und Gefahr, in der er sich befand, überdeutlich gemacht. In der Wohnung, die er bald nach seinem
Eintritt in den Staatsdienst in der Dorotheenstadt bezogen hatte, »sehr grau elegant . . ., mit lauter sanften Farben«, wie Arnim
an Brentano schrieb, aber auch später, in der Bauakademie,
hängte er mit Vorliebe Gegenstücke auf, die beispielsweise den
Einzug eines Fürsten mit kostümiertem Gefolge in eine mittelal-
terliche Stadt sowie, gegenüber, eine griechische Volksver-
sammlung auf einer Akropolis zeigten: Beschwörungen seiner
Utopie, die, wie er wohl wußte, nicht im bloßen Nebeneinan-
der, sondern nur in einem Akt gegenseitiger Durchdringung
und Steigerung überlieferter Baugedanken verwirklicht werden
konnte. Dies aber, schrieb er noch wenige Jahre vor seinem Tod
in einem Brief an den Fürsten Pückler-Muskau, »liegt bis jetzt
als ein weites, mit Nacht bedecktes und verhülltes Feld vor uns
da«.

Wiederholt hat man es als die Tragödie Schinkels bezeichnet,
daß die große Mehrzahl seiner Bauentwürfe nicht ausgeführt
wurde, und einer seiner engen Freunde hat bemerkt: »Schinkel
macht Zeichnungen zu Monumenten, welche das Ministerium
hernach in den Winkeln herumwirft, – ich bewundere sein Leben und seine Unverdrossenheit.« Sparsamkeit, Unschlüssigkeit
und behördliche Indifferenz, vor allem aber der schlichte, von
strengen Formvorstellungen geprägte Sinn Friedrich Wilhelms
III., haben Schinkels Überschwang immer wieder eingedämmt

und, neben vielen großartigen Projekten wie dem Entwurf für die Königliche Bibliothek, auch verhindert, daß er gotisierende Ungetüme, nicht ohne Willkür, in eine nach anderen, besonneneren Grundsätzen gewachsene Umgebung stellte. Charakteristisch für diesen Zusammenhang ist die Geschichte des Denkmals auf dem Kreuzberg, das die bescheidene, gußeiserne Verwirklichung der riesigen nationalen Ruhmeskathedrale war, die Schinkel nach den Befreiungskriegen auf königliche Ordre hin entwarf und am Leipziger Platz errichten wollte. »Muß ihm Zaum anlegen«, soll der König in seiner mürrisch verknappten Sprechweise über Schinkel geäußert haben, und Bettina von Arnim brachte die in Berlin verbreitete Kritik an dem, was man das »phantastische Wesen« des Architekten nannte, auf die Formel, »daß er keinen Kuhstall bauen könne, wo er seine Ideale nicht anbringen könne«.

Doch der erste Entwurf Schinkels, der schließlich zur Ausführung gelangte, ist nicht nur ein Beispiel großer Architektur, sondern auch Schinkels bekanntestes, sogar redensartlich mit seinem Namen verbundenes Bauwerk: die »Schinkelwache« Unter den Linden. Die Aufgabe, auf beengtem Raum, am Kastanienwäldchen zwischen Zeughaus und Universität, ein vergleichsweise kleines Gebäude zu errichten, das sich gleichwohl neben den beiden Großbauten aus dem 18. Jahrhundert behaupten könne, löste er durch den erinnernden Rückgriff auf Friedrich Gilly, dessen Prinzip des wuchtig geschlossenen Baukörpers er jedoch durch einen Säulenportikus und harmonisch eingefügte Schmuckelemente auflockerte und ins Anmutige modifizierte.

Noch während der Arbeiten an der Neuen Wache brannte das erst fünfzehn Jahre zuvor von Langhans errichtete Schauspielhaus am Gendarmenmarkt, der »Koffer«, wie die Berliner das ungefüge Gebäude nannten, ab, und Schinkel erhielt den Auftrag, Pläne für einen Neubau anzufertigen. Trotz zahlreicher Auflagen von seiten des Königs, der die Verwendung der stehengebliebenen Umfassungsmauern und der sechs Portikussäulen, aber auch die Einrichtung eines zusätzlichen Konzertsaales sowie eines Festlokals verlangte und Schinkel mit alledem an der Verwirklichung seines Idealkonzepts hinderte, machte der fertige Bau alle Zwänge vergessen. Nur die Enge der Räume blieb problematisch, und der geistreiche Kronprinz, selbst ein begabter Architekt, urteilte: »Ein vorzüglicher Bau. Und ist auch ein Theäterchen drin.« Ungeachtet der zeitgenössischen Kritik jedoch, die, in akademischer Prinzipienstrenge, das Bauwerk verschachtelt und die Fassaden unruhig zergliedert fand, zählt es zu den Hauptwerken Schinkels und der Epoche. Obwohl niedriger als das alte Theater und überragt von den flankierenden Gontardschen Türmen, beherrschte es den vorgelagerten Platz, dank eines einfachen Kunstgriffs, ohne alle Zudringlichkeit: der verdoppelte Giebel, bei späteren Theaterbauten vielfach nachgeahmt, gab dem Gebäude nicht nur gesteigerte Würde, sondern dem Gendarmenmarkt im ganzen auch eine axiale Richtung und damit Gliederung, Struktur.

Mehr noch als alle königlichen oder bürokratischen Einsprüche jedoch hat Schinkel, wenn nicht alles täuscht, der zunehmend empfundene Druck historischer Hinterlassenschaft zu schaffen gemacht, das verwirrende Konglomerat der einst so mühelos erlernten ästhetischen Stil- und Formvorbilder aus mehr als zweieinhalbtausend Jahren. »Nichts wahrhaft Großes und Schönes aus früheren Kunstepochen soll und kann untergehen«, schrieb er und fuhr, sichtlich auf eigene Erfahrungen verweisend, fort: »Aber es häuft sich, so lange die Welt steht, diese Masse mehr und mehr an; der Einfluß dieser Erbschaft auf die Ausübung gegenwärtiger Kunst wird unsicherer und läßt Mißgriffe zu.«

Schon die ersten Skizzen zur Neuen Wache bewegten sich flüchtig-ratlos, wie in einem Irrgarten, durch den Bildungsstoff der Vergangenheit. Und wenn auch die Wandlungsfähigkeit, das kunstvolle Spiel mit wechselnden Formen zum Wesen des Romantischen zählt, hat man hier doch den Eindruck, es sei mehr Unsicherheit als souveräne Laune, mehr Zwiespalt als artifizieller Witz am Werk. Für den Bau der Friedrich Werderschen

Kirche, einige Jahre später, entwarf Schinkel sechs verschiedene Pläne in vier Stilvarianten: dorisch, korinthisch und römisch sowie gotisch in drei Alternativen.

Um so auffälliger wirkt, daß Schinkel für sein wohl bedeutendstes Werk, das Alte Museum, das ihn über alle Grenzen berühmt machte, die Bauidee offenbar im ersten Anlauf formulierte. Die Sicherheit seines Zugriffs mag nicht zuletzt darauf zurückzuführen sein, daß ihn das neuartige, den Anbruch des bürgerlichen Zeitalters signalisierende Bauverlangen zugleich befreit und inspiriert hat: die von Wilhelm von Humboldt beim König durchgesetzte Absicht nämlich, den verstreuten, durch einige unlängst erworbene Sammlungen überdies beträchtlich erweiterten königlichen Kunstbesitz in einem Gebäude zu vereinigen und der Öffentlichkeit zugänglich zu machen. Gegen alle hofrätlichen Widerstände, die an dem breiten ionischen Säulenband über der Freitreppe sowie an der dem römischen Pantheon nachempfundenen Rotunde im Zentrum des Baus Anstoß nahmen, aber auch gegen die Ungunst des von ihm selber ausgewählten Standorts, dessen schlammige Beschaffenheit eine durchgängige Pfahlgründung erforderlich machte, hat Schinkel unnachgiebig an seinem Entwurf festgehalten und damit nicht nur den Lustgarten zur damals offenen Seite hin geschlossen, sondern zugleich, mit dem das Konzept abrundenden Bau der Schloßbrücke, einen der schönsten Plätze Europas geschaffen. Selbst der später, gegen Ende des Jahrhunderts anstelle der alten Domkirche errichtete, wilhelminisch auftrumpfende große Dom hat die Ausrichtung des Platzes auf den Schinkelbau hin nicht zu stören vermocht. Richard Wagner nannte das Gebäude, hinreißungsfähig wie er war, einen »großen Gedanken«; Schinkel selber sprach, nüchterner, von seiner »besten Arbeit«.

Mit alledem ist Schinkel dennoch nicht zum »Baumeister Berlins« geworden, als der er gern bezeichnet wird. Zwar hat er jeden seiner Entwürfe, über die Grenzen seines Auftrags hinausgreifend, mit weiträumigen städtebaulichen Lösungen zu verbinden versucht. Doch die Entscheidungsschwäche des Königs, seine alleserstickende Grämlichkeit, die Scheu vor großen Ideen noch eher als vor großen Ausgaben, hat fast alle diese Absichten zunichte gemacht und das Lebenswerk Schinkels, noch vor den späteren Zerstörungen, in einem eigentümlich fragmentarischen Zustand hinterlassen. Immerhin hat der große Suggestionsradius seiner bedeutendsten Bauwerke, der Eindruck von Strenge, Weite und feierlicher Kühle, den sie verbreiteten, das Bild Berlins weit charakteristischer geprägt als die Bauten irgendeines seiner Vorgänger, von Schlüter über Knobelsdorff bis zu Langhans und Gentz, und aus Berlin, wie Fontane beglückt schrieb, »eine Stadt der Schönheit« gemacht.

Während all dieser Jahre ging seine Tätigkeit jedoch weit über solche baumeisterlichen Aufgaben hinaus. Von seinem engen, ärmlich eingerichteten Büro in der Zimmer-, Ecke Charlottenstraße aus, hatte er, inzwischen zu einem von fünf Mitgliedern der neu organisierten Ober-Baudeputation ernannt, alle Entwürfe für öffentliche Zweck- und Repräsentationsbauten in Preußen zu begutachten: für Schlösser und Militärgebäude, Kirchen-, Pfarr- und Schulhäuser sowie für städtische und Gemeindebauten; ferner Aufsicht zu führen in allen Hofbauangelegenheiten und, nach der Geschäftsverteilung der Behörde, Stellungnahmen in Vermessungsangelegenheiten, im Landbau und im Wasserwesen abzugeben. Zwischen ausgedehnten Dienstreisen, einer umfangreichen bürokratischen Korrespondenz, zwischen Eingaben, Aktenvermerken und Kostenprüfungen beharrte er aber, mit unbeirrbarer Insistenz, auf seinen kunstgewerblichen Arbeiten. Er gilt als Urheber des Zinkgusses, verwendete erstmals Eisen für Gartenmöbel und Treppengeländer, entwickelte eine neuartige Ofenkeramik und experimentierte mit der gerade erfundenen Lithographie sowie mit historischen, in Vergessenheit geratenen Techniken.

Achim von Arnim hat bemerkt, daß es nicht zuletzt das »Geschick zu Kleinigkeiten« war, das Schinkel von größeren Aufgaben abgehalten habe. Doch was immer an dieser Bemerkung zutreffen mag: sie verkannte, daß sein Interesse an den scheinbaren Nebensachen nicht zuletzt in der Idee seines Berufs begründet war. Der Architekt, so äußerte er, »ist seinem Begriffe nach der Veredler aller menschlichen Verhältnisse, er muß in seinem Wirkungskreise die gesamte schöne Kunst umfassen«. Hinzu kam aber sein Pflichtbewußtsein, die Hingabe an das übernommene Amt, die ihn häufig sogar veranlaßt hat, den Bereich seiner Aufgaben aus eigenen Stücken zu erweitern. Der Sache nach oblag ihm auch die Erhaltung der Denkmäler und historischen Bauten. Doch diese eher nomenklatorisch gemeinte Zuständigkeit füllte er aus, indem er begann, »aus dem ganzen Lande vom Rhein bis Memel ... Nachrichten über alle Gegenstände der Kunst, Archit(ektur) etc. in Berlin in einem Zentralpunkt zu sammeln, und bereisen zu lassen«, wie Rauch im August 1815 an Christian Tieck schrieb. In einem ausführlichen Schreiben entwarf Schinkel ein noch heute brauchbar wirkendes Konzept zur Denkmalspflege, kritisierte die Eigenmacht von untergeordneten Behörden, von Geistlichkeit, Magistraten und Gutsherren oder auch deren Unvermögen, »die Vertheidigung (des Ehrwürdigen) gegen die Stürmenden zu übernehmen, welche durch einen eingebildeten augenblicklichen Vortheil auf den Untergang manches herrlichen Werks hinarbeiteten«, und verband seine Forderung nach systematischer Erfassung aller Kunstwerke mit der Warnung: »Wenn jetzt nicht ganz allgemeine und durchgreifende Maßregeln angewendet werden, diesen Gang der Dinge zu hemmen, so werden wir in kurzer Zeit unheimlich, nackt und kahl, wie eine neue Colonie in einem früher nicht bewohnten Lande dastehen.«

Die merkwürdige Doppelbegabung Schinkels, die Verbindung von vielseitig künstlerischen mit bürokratischen Fähigkeiten, sein Ehrgeiz, im einen wie im anderen zu exzellieren, sich dem Anspruch der Kunst wie dem zähen Behördengang zu fügen, hat ihn frühzeitig zermürbt. Schon im Alter von noch nicht vierzig Jahren litt er unter Erschöpfungszuständen und war ein gealterter Mann. Ein Entlastungsgesuch im Sommer 1818 blieb ohne Erfolg. Drei Jahre später wiederholte er seine Bitte dringlicher und schlug vor, seine Zuständigkeit durch eine Änderung der Geschäftsverteilung auf die künstlerischen Aufgaben zu beschränken: »Meiner Ansicht nach halte ich es für pflichtwidrig, mehr scheinen zu wollen als ich bin. Die Sphäre des Artistischen, welche allein mir zusagt, hat in meiner Ansicht eine so unendliche Ausdehnung, daß ein Menschenleben viel zu kurz für sie ist. Mit Bekümmernis fühle ich, daß ich unter anderen Verhältnissen noch mehr darinnen hätte leisten können, daß ich aber innerlich zerrissen werde . . .«

Die niemals wieder so unverhohlen geäußerte Unruhe hatte sicherlich mit seinem uneingelösten Lebensvorsatz zu tun, der Suche nach dem »neuen Stil«. Aller Ruhm, den seine Bauwerke, das zunehmend befreiter gehandhabte Spiel mit dem Formenkanon der Antike ihm eingetragen hatte, beschwichtigte sie nicht. Noch weniger befriedigten ihn die verschiedentlich angestellten und verworfenen Versuche, klassische und gotische Stilelemente zu verbinden, wie etwa in dem zurückliegenden Entwurf für das Denkmal auf dem Kreuzberg, wo das später ausgeführte gotische Turmstück auf einen tempelartig verblendeten Unterbau gestellt war. »Jedes Kunstwerk«, schrieb er, »muß ein ganz neues Element bei sich haben, auch wenn es im Character eines bekannten schönen Styls gearbeitet ist; ohne dies neue Element kann es weder für den Schöpfer noch für den Beschauer ein wahres Interesse erzeugen.«

Ein erster, aus alten Befangenheiten führender Schritt gelang ihm mit der Mitte der dreißiger Jahre fertiggestellten Bauakademie. Dazwischen lagen eine neuerliche Studienreise nach Italien, die, wie er aus Rom schrieb, vieles klärte, sowie vor allem die mit seinem »Urfreund« Peter Beuth, dem Begründer des Gewerbewesens in Preußen, 1826 unternommene Reise nach England, deren tiefe, umstürzende Erfahrung die industrielle Revolution und ihre Auswirkungen war. Erschrecken resümierte er die stürmische, alle Planungen vehement überrollende Entwicklung von Städten wie Birmingham, Dudley oder Manchester, »ungeheure Baumassen von nur Werkmeistern ohne Architektur und fürs nackteste Bedürfnis allein und aus rothem Backstein aufgeführt«, dazu die »tausende von rauchenden Obelisken der Dampfmaschinen ringsum«, die gewaltigen Kulissen der Industriewerke (»mehrere Gebäudeanlagen in der Größe des Königl. Schlosses zu Berlin«, vermerkte er staunend) sowie das rauchverdunkelte, fremdartige Gewirr der Schlote und Brennöfen, deren »wunderbar ägyptisch-indische Form« ihn zugleich faszinierte: ein ebenso überwältigendes wie vulgäres Panorama. »Ein größerer Contrast ist nicht denkbar«, notierte er und zeigte sich entsetzt von »dem Schmutz, der Enge der hölenartigen Wohnungen in schwarzem rohen Bau«. Noch der ungewohnt zaghafte Strich seiner Reiseskizzen macht seine Ratlosigkeit, die Widersprüchlichkeit seiner Empfindungen sichtbar. Gleichzeitig zeugen die Blätter von der Bemühung, eine Andeutung von Ordnung in diese befremdende, jede hergebrachte Idee der Stadt über den Haufen werfende Erscheinung architekturlos wuchernder Steingebirge zu bringen, die ihm vorwegzunehmen schien, was auch dem eigenen Land bevorstand. »Man ist sehr im Zweifel«, schrieb er resümierend, »was aus diesem furchtbaren Zustand der Dinge werden soll.«

In der Bauakademie am Werderschen Markt hat Schinkel eine Antwort auf die verwirrenden Eindrücke seiner Englandreise zu geben versucht und jenseits aller engeren Anlehnung an die Stilformen der Vergangenheit eine Lösung gefunden, die zugleich seiner Maxime genügte, die großen Überlieferungen der Geschichte »auf die Bedingungen unserer neuen Weltperiode (zu) erweitern«. Der würfelförmige Bau verband die Prinzipien klassischer, auf die Antike zurückgehender Architektur mit mittelalterlichen Pfeilerstrukturen zu etwas gänzlich Neuartigem, das die großen Erinnerungen gleichwohl wie im Nachhall bewahrte. Jedes hervortretende Element war durch ein anderes gemildert und zum Ausgleich gebracht, das Körperliche durch das Konstruktive, die Strenge des roten Backsteins durch Bänder aus glasierten Ziegeln gebrochen, die ihrerseits wiederum den hochstrebenden Vertikalen Balance boten. Trotz der zahlreichen Verzierungen, vor allem der Terrakottareliefs an Türen und Fenstern sowie der durchsichtigen, fast filigranen Bekrönung, war es ein Gebäude von ergreifender Strenge und hat reiner als alle anderen Bauten Schinkels dessen theoretische Grundforderungen anschaulich gemacht:»Das Betonen der Konstruktion durch die Gliederung, offenes Zur-Schau-Stellen des Materiales, kein Bauteil ohne Zweckbestimmung; alles knapp, klar und echt.«

Schinkel hat die Bauakademie nicht nur auf die benachbarte Friedrich Werdersche Kirche und die gegenüberliegende Neue Münze von Heinrich Gentz bezogen, sondern seinen Entwurf wiederum in ein umfassendes städtebauliches Erneuerungskonzept eingefügt, das dem planlos zusammengewachsenen, brüchigen Quartier auf dem Werder, mit seinen Buden und düsteren Winkeln, großstädtische Ordnung geben sollte. Aber auch diese Vorschläge verfingen sich in königlicher Bedenkenträgerei. Die Bauakademie, 1836 fertiggestellt, blieb Schinkels letztes bedeutendes Werk. Die verbleibenden Jahre waren ausgefüllt mit gutachtlichen und beratenden Tätigkeiten, mit Dienstreisen, Behördenarbeit, Ehrungen:»Jagd und Hetze«, bemerkte er. In allen Enttäuschungen der zurückliegenden Zeit, angesichts so vieler Widerstände und vereitelter Hoffnungen, hatte er seine Erwartungen immer wieder auf den Kronprinzen gesetzt, mit dem ihn vieles verband. Im Juni 1840 übernahm Friedrich Wilhelm IV. die Regierung. Doch drei Monate später erkrankte Schinkel an einem schweren Gehirnleiden. Er starb, ohne je wieder das volle Bewußtsein erlangt zu haben, ein Jahr darauf.

So elend die näheren Umstände dieses Endes auch waren: sie scheinen nicht ohne Beziehung zu Leben und Charakter Schinkels. Nicht ganz zufällig hat sich manchem Betrachter das Bild einer zersprungenen, in der Überspannung gerissenen Saite aufgedrängt, ganz als sei Schinkel an den Gegensätzen zerbrochen, die ihn beherrschten. Tatsächlich hat er die genialen und die biederen Züge seines Wesens, romantische Emphase und Wirklichkeitssinn, nervöse Empfindsamkeit und die Dienstgesinnung des loyalen Beamten nie zu einer tauglichen Lebensformel verbinden können; und was wie Unangefochtenheit schien, die Redlichkeit im blauen Überrock, war nichts anderes als Haltung, der Wille zur Unterwerfung unter die bürgerlichen Dehors. Etwas von diesen Hintergründen hat Schinkels Jugendfreund und erster Biograph Gustav Friedrich Waagen angedeutet. »Nie habe ich eine so entschiedene, ja fast grausame Herrschaft des Geistes über den Körper beobachtet, als es bei ihm der Fall war.«

Hinzu kamen die Mißhelligkeiten von außen, vor allem der stille, zähe Dauerkonflikt mit dem königlichen Auftraggeber, dessen entmutigender Indolenz, an der so viele große Absichten gescheitert waren. Wie unverbraucht Schinkels romantische Inbrunst, sein hinter allem beherrschten Auftreten verborgenes »phantastisches Wesen« selbst am Ende seines Lebens noch war, offenbaren seine letzten Arbeiten. Zunehmend auf administrative Aufgaben eingeschränkt, von den Lästigkeiten des Behördenalltags aufgezehrt, gab er sich in den Nächten ausschweifenden Architekturträumereien hin: dem Phantasieentwurf für die Residenz eines Fürsten, einer Palastanlage für den zum König von Griechenland erhobenen Otto von Bayern auf der Akropolis von Athen sowie den Plänen für einen Sommersitz der Zarin in Orianda auf der Krim: gewaltige Projekte, die noch einmal die Stilformen der Geschichte durchspielten, griechische, römische, gotische sowie, im Entwurf für Orianda, orientalische Elemente miteinander verbanden, farbige Säulen, vergoldete Dächer und bunten Marmor einsetzten, malerische Durchblicke auf hängende Gärten oder stille Innenhöfe öffneten, einen mittelalterlichen Dom über eine antike Terrassenanlage oder eine Nachbildung des Erechteions an den bewaldeten Felsabsturz zum Meer placierten. Es war der Rückgriff auf ein Repertoire großer, wenn auch eigenwillig verformter historischer Zitate, auf den Romantizismus seiner Jugend auch, den er indes, bei aller Souveränität, nicht ohne Zeichen von Altersmüdigkeit noch einmal deklamierte. Weitab jedenfalls lag der kategorische Stilwille der Bauakademie, und wenn er zur Zeit ihrer Entstehung geäußert hatte, ein Bauwerk dürfe, um historisch zu sein, nichts abgeschlossen Historisches einfach wiederholen, sondern müsse etwas Neues schaffen, »welches im Stande ist, eine wirkliche Fortsetzung der Geschichte zuzulassen« – hier endete die Geschichte. Bezeichnenderweise haben denn auch diese späten Entwürfe, von denen keiner ausgeführt wurde, in den folgenden Jahrzehnten als problematische Vorbilder für den Historizismus in der Architektur gedient. Erst einige der großen Architekten des 20. Jahrhunderts, am bewußtesten Ludwig Mies van der Rohe, haben wieder an Schinkels eigentliches Vermächtnis: seinen strengen, den Baukörper kühl harmonisierenden Formenkatalog, seine Phrasenlosigkeit, sein rhythmisches Gefühl angeknüpft.

Die Bauten und Entwürfe aus den letzten Lebensjahren bezeugen noch einmal Schinkels gebrochenes Verhältnis zu seiner Epoche. Mitunter scheint es, als habe er befürchtet, dem Geist der anbrechenden Zeit mit der Bauakademie zu weitreichende Zugeständnisse gemacht zu haben und versucht, sie in den Entwürfen für Orianda und Athen zurückzunehmen. Jedenfalls lassen sich diese Riesenprojekte auch als eine umfassende enzyklopädische Beschwörung aller großen Vergangenheiten verstehen, eine letzte Anstrengung, den schon spürbaren Zerfall eines jahrhundertelang intakten Stilbewußtseins aufzuhalten. Der pedantische Eifer, mit dem er Möbel, Tapetenmuster, Vasen, Rahmen, Leuchter entwarf und die Innenausstattung seiner Bauten bis hin zur Farbgebung der Räume überwachte, war denn auch nicht nur eine ehrgeizige Demonstration seiner Vielseitigkeit, sondern zugleich in der Absicht begründet, diesem Prozeß durch einen möglichst breit gefaßten ästhetischen Kanon entgegenzutreten. Dem gleichen Zweck sollte das zusammen mit Peter Beuth begonnene, aber nicht vollendete Lehrbuch »Vorbilder für Fabrikanten und Handwerker« dienen, das Stilvorstellungen und Qualitätsregeln für industriell gefertigtes Kunsthandwerk definierte. Denn »die Progressen«, schrieb Schinkel 1836 in einem Brief, »sind wahrhaft schrecklich«.

So viel angestrengter Stilwille verrät indes immer auch eigene Unsicherheiten. Manche Entwürfe Schinkels lassen schon die ästhetischen Irritationen des späteren 19. Jahrhunderts ahnen, und nur die Kraft seiner Persönlichkeit, sein hochentwickelter Kunstverstand sowie sein Anverwandlungsgenie haben ihn vor dem Abgleiten in lauter erborgte Gesten bewahrt. Doch immer bleibt es Ideenkunst, die ihre Eingebungen weniger der Kraft, als einem kultivierten Bewußtsein verdankt, mehr Bildung besitzt als vitalen Ausdruckswillen. Schüler im engeren Sinne hat er daher nicht gehabt; und bei seinen Nachfolgern, bei Stüler, Strack oder Persius, geht der inspirierte Zusammenhang mit der Überlieferung schon verloren und verflacht die Architektur, allen vereinzelten Gegenbeispielen zum Trotz, in vielfach leerer und lauter Rhetorik.

Der Einfluß, den Schinkel auf die Architektur des 19. Jahrhunderts ausgeübt hat, spiegelt seine Gebrochenheit aber noch auf andere Weise wider. Denn er steht nicht nur am Anfang einer vom eigenen Aufwand erdrückten historischen Repetitions-Architektur; vielmehr geht auf ihn auch, in freilich losem Zusammenhang, die Tradition bestimmter technischer Zweckbauten zurück, jener in Ziegelstein aufgeführten Fabriken, Markthallen, Lagerhäuser, Bahnhöfe und Schulen, die auf ihre Weise das Stilprinzip der Bauakademie aufgriffen und, wie man zu recht bemerkt hat, die wohl eindrucksvollste Architekturprovinz des 19. Jahrhunderts darstellen. Ähnlich weisen viele seiner kunstgewerblichen Entwürfe eine Schlichtheit auf, die nicht selten das verdeckte Wesen des Schönen selbst zum Vorschein zu bringen scheint und den von ihm geschaffenen strengen Stil so unverwechselbar von den blitzenden Aufwendigkeiten der den Zeitgeschmack beherrschenden französischen Kunsthandwerker und Ebenisten unterscheidet. Gleichzeitig kann er aber auch als Vorläufer des später so populären »altdeutschen« Stils in der Möbelfabrikation und Raumausstattung gelten.

Er war eine Erscheinung des Übergangs. Der Anflug des Schwankens, der über ihr liegt, hatte mit seiner Offenheit nach

allen Seiten zu tun. Sein Gespür für die Bedürfnisse des neuen
Zeitalters und die Möglichkeiten industrieller Produktion war
jederzeit gesteuert durch die Achtung vor dem Überlieferten.
Eine Architektur, die aus aller Tradition absichtsvoll herausträ-
te, bewußt mit der Vergangenheit bräche, war für ihn nichts anderes als »Barbarei«. Das galt nicht nur für das Bauwerk selber,
sondern, wie er beispielhaft gezeigt hat, auch für dessen Einfü-
gung in den architektonischen Bestand der Umgebung.

Vom ohnehin fragmentarischen Lebenswerk Schinkels, der
Innenstadt Berlins, ist nur ein Torso geblieben. Schon die Ein-
griffe des späten 19. Jahrhunderts, vor allem aber die Zerstörungen durch Krieg und Nachkrieg, haben nicht mehr als einige
Bruchstücke zurückgelassen. Die Bauakademie wurde Anfang
der sechziger Jahre gesprengt. Wo einst das Packhofgebäude
stand oder das in alle Planungen Schinkels einbezogene Schloß,
erheben sich heute moderne Rasterarchitekturen. Das Alte Museum, die Friedrich Werdersche Kirche wirken, aus ihrem städtebaulichen Zusammenhang herausgelöst, wie verlassene, aus einer fremden Zeit zurückgebliebene Denkmäler. Von den
dreiundachtzig Bauten, die er errichtet hat, ist das meiste verloren. In seinen Entwürfen, den Plänen und Visionen, ist Schinkel
wirklicher als in dem, was die Wirklichkeit von ihm übrigließ.

Wunschbild eines neuen Arkadien

Ruhm und Nachruhm Palladios

*»... Palladio, nach so viel Zeit noch im-
mer als Polarstern verehrt.«*   Goethe

Palladios Ruhm ist die Geschichte seines Nachruhms. Zeitlebens
war er nicht viel mehr als ein hochgeachteter Provinzarchitekt,
und die Bauten, die er errichtete, liegen im Umkreis weniger
Dutzend Kilometer. Er entwickelte keine bestürzend neue Architektur, sondern entdeckte, auf der Suche nach den dauernd
gültigen, vom Zeitgeist unabhängigen Regeln der Baukunst, die
der Antike neu. Seine Phantasie bewegte sich auf engem Raum;
jedenfalls unterwarf er sie der einmal gefundenen Bauidee, die
er in wenigen Abwandlungen auf immer andere Weise formulierte. Als er 1580 starb, war sein Name, für die Dauer einer Generation, nur einer unter vielen, wenn auch bedeutenden Baumeistern der Epoche. Dennoch hat er den Weltstil der Architektur für annähernd drei Jahrhunderte geschaffen, und niemand
hat so zahlreiche enthusiastische Adepten und Nachahmer gefunden wie er: von Chiswick bis Moskau und Kalkutta, von Kopenhagen und Berlin bis Kapstadt und nach Virginia. Sein Einfluß auf die englische und amerikanische Architektur, so hat
man errechnet, ist größer als der aller anderen Architekten des
16. bis 19. Jahrhunderts zusammengenommen.

Die unvergleichliche Wirkung Palladios hat vor allem drei in
seinem Baustil selbst liegende Ursachen: Alle seine Entwürfe
waren Verbindungen aus einem bewundernden, durch exakte
Nachmessungen antiker Gebäude abgesicherten historischen
Bewußtsein; ferner einem untrüglichen, dem mathematischen
und musikalischen Wissen der Zeit entnommenen Proportions-

gefühl sowie einem praktischen, den Bauzweck respektierenden
Verstand. Doch in alledem bewegte er sich, ohne Regeln oder
Auflagen je spürbar werden zu lassen, mühelos und mit groß
disponierender Freiheit.

Die eigentümliche Fähigkeit, sich in der Beschränkung zu
steigern und Zwänge in Triumphe zu verwandeln, macht schon
Palladios erstes Bauwerk sichtbar, das gleichzeitig eines seiner
berühmtesten ist, obwohl es in keinem Sinne ganz als das seine
gelten kann: die Basilika von Vicenza. Die dem Stadthaus vor-
gebauten Loggien waren kurz nach ihrer Errichtung einge-
stürzt, und die Stadtoberen hatten, nach mehrjährigen Beratun-
gen mit einigen berühmten Baumeistern der Zeit, am Ende dem
von angesehenen Mitbürgern protegierten Palladio den Auftrag
erteilt, den erhalten gebliebenen Kern des Gebäudes neu zu ver-
kleiden. Palladio war zu diesem Zeitpunkt bereits vierzig Jahre
alt. Doch wer sein Leben überblickt, wird nicht einmal den späten Austritt aus der Anonymität als den erstaunlichsten Umstand
ansehen; noch merkwürdiger mutet an, daß er, fast schon am
Ende einer Epoche, deren große, überwältigende Entdeckung
die Persönlichkeit war, und die mit einer Fülle scharf umrisse-
ner, ins Unverwechselbare gesteigerter Physiognomien zugleich
die biographische Neugier entwickelt hatte und an Lebensbe-
schreibungen, den Schilderungen dessen, was der Einzelne in
seiner Kraft, seinem Stolz, seinem Genie zu erreichen fähig sei,
ein leidenschaftliches Interesse nahm, dennoch als Mensch ein
nahezu Unbekannter blieb. Zwar existiert, von einem Altersge-
nossen Palladios verfaßt, eine Biographie des Architekten, doch
treten die individuellen Züge darin gänzlich hinter der Beschreibung des Werks und den Vorstellungen, die ihm zugrunde lagen, zurück. Über Palladios Jugend, seine Lehrmeister, Freunde, Arbeitgeber, ist so gut wie nichts bekannt. Man weiß, daß er
1508 in Padua geboren wurde, Andrea della Gondola hieß und
als Sohn eines Steinmetzen das Handwerk seines Vaters erlernte. Noch im Jahre 1542 wird er auf einer Urkunde als »lapicida«
bezeichnet.

Goethe, der »den« Palladio, wie er zu sagen pflegte, zusammen mit Raffael wie keinen anderen Künstler der neueren Zeit bewunderte, hat in einem Gespräch geäußert, »um Epoche zu machen« sei es notwendig, »daß man eine große Erbschaft tue«.

Palladios Erbschaft kam von Giangiorgio Trissino, einem einflußreichen Humanisten, der, wie es dem universalen Ehrgeiz der Epoche entsprach, zugleich Diplomat, Dichter, Philosoph, Sprachwissenschaftler sowie Übersetzer war und sich, gegen Ende der dreißiger Jahre des Jahrhunderts, zur Förderung der Künstler und der Wissenschaften, in der Nähe von Vicenza eine Akademie errichtete. Während der Bauarbeiten entdeckte er unter den Handwerkern den jungen Steinmetzen, erkannte sein Talent und veranlaßte ihn, seinen Beruf zu wechseln: »Als Trissino bemerkte«, heißt es in der erwähnten Biographie von Giuseppe Gualdo, »daß Palladio begabt war und große Neigungen zur Mathematik hatte, beschloß er, um seinen Geist zu bilden, ihn in den Vitruv einzuführen, und nahm ihn dreimal zu längeren Reisen nach Rom mit.« Nach Abschluß der Studien erhob er seinen Schüler gleichsam in den humanistisch gebildeten Stand, indem er ihm, in Anspielung auf Pallas Athene, die Halbschwester des Apoll, den Namen Palladio verlieh; den gleichen Namen hatte er in seinem bekanntesten Werk, dem nach klassischen Regeln abgefaßten Heldenepos »Italia liberata«, einem kunstverständigen, unheilverhütenden Engel gegeben.

Der Verkleidungsbau für die Basilika von Vicenza zeigt Palladio noch vergleichsweise abhängig. Unverkennbar nehmen die neuen Loggien Motive auf, die schon bei anderen Architekten der Zeit anzutreffen sind: Sansovinos Neue Bibliothek von Venedig ist darin ebenso gegenwärtig wie Serlios Idee der von schmalen Seitenöffnungen flankierten Bogenfenster. Aber seine eigentümliche Fähigkeit, in der Entlehnung über alle bloße Nachahmung weit hinauszugelangen, sich von Vorbildern oder Regeln nicht erdrücken, sondern geradezu zum eigenen Ausdruck verhelfen zu lassen, wird schon an dieser frühen Arbeit sichtbar, die, ohne jede Betonung der Mitte, nur ein gleichbleibendes Achsenmotiv wiederholt und dennoch jede Eintönigkeit durch die Vielfalt der Abstufungen und Zuordnungen vermeidet. Mit großem Selbstbewußtsein hat Palladio später erklärt, daß die Basilika »zu den schönsten und edelsten Bauwerken seit der Antike gerechnet werden« dürfe, und die Geschichte hat ihn darin bestätigt: Canaletto beispielsweise, aber auch andere Maler, erhoben das Gebäude in den Rang eines nusealen Monuments, indem sie es, zusammen mit anderen Palladio-Bauten, auf Phantasieveduten, sogenannten »Capriccios«, zur idealen Stadtlandschaft vereinigten. Palladios einzigartige Gabe, fremde Einflüsse mit eigenen Ideen zu verschmelzen, hat Goethe in berühmten Sätzen beschrieben: »Wie er das untereinander gearbeitet hat, wie er durch die Gegenwart seiner Werke imponiert und vergessen macht, daß er nur überredet! Es ist wirklich etwas Göttliches in seinen Anlagen, völlig wie die Force des großen Dichters, der aus Wahrheit und Lüge ein Drittes bildet, dessen erborgtes Dasein uns bezaubert.«

Aber den Ruhm Palladios haben nicht die feierlichen Großbauten, nicht die Stadtpaläste in Vicenza oder die Kirchen Il Redentore und San Giorgio Maggiore in Venedig begründet; seine Weltwirkung geht fast ausschließlich auf die Villen zurück, die er im Veneto, dem Venedig vorgelagerten Festland, errichtet hat, und von denen noch neunzehn erhalten sind. Sie sind das Ergebnis einer in der Kunstgeschichte seltenen Koinzidenz: des Zusammentreffens eines neuen Baubedürfnisses mit dessen idealem Interpreten.

Zu Beginn des 16. Jahrhundert, als die Machtstellung Venedigs zu schwinden begann und die »cose del mare«, die Herrschaft und der Handel über die Meere, zusehends zurückgingen, suchten die großen Familien der Stadt, deren politischer und kaufmännischer Instinkt ihnen so lange zu fabulösen Reichtümern verholfen hatte, den Niedergang aufzufangen. Einfallsreich und anpassungsfähig, wie sie trotz aller arroganten Härte immer gewesen waren, begannen sie mit dem Aufbau von Manufakturen für Luxusgüter innerhalb der »Biberstadt« selbst, sowie vor allem mit der Entwicklung einer modernen, auf ausgedehnten Landgütern betriebenen Agrikultur innerhalb der Terraferma, dem Gebiet zwischen Verona, Padua und Treviso. Für die Bedürfnisse der kultivierten, welterfahrenen Händler, die nun aufs Land übersiedelten, bot die Architektur der Zeit keine angemessenen Vorlagen. Die Landhäuser im Veneto waren meist ohne die Mitwirkung von Architekten aufgeführte Bauten, anspruchslos, zweckmäßig, und doch von der niemals fehlgehenden, aus unvordenklicher Zeit stammenden Traditionen einer ihrer selbst nicht bewußten Kultur geprägt. Die toskanischen oder römischen »Villen« wiederum waren überwiegend herrschaftliche oder philosophische Zufluchtsorte, an abgelegener Stelle in die Landschaft gesetzt, um dem Lärm und Getriebe der Stadt zu entkommen, und daher oft von Kunstgärten sowie hohen Mauern umgeben, die nicht nur die Welt, sondern selbst die Natur noch auszusperren schienen.

Der Villentypus, der von der neuen Schicht venezianischer Grundbesitzer verlangt wurde, sollte dagegen Dauerwohnsitz sein, sich in die Landschaft, auf bebaute Felder, Obstplantagen oder Stallungen öffnen und gleichzeitig das urbane, von klassischer Bildung geprägte Lebensgefühl der Besitzer kenntlich machen, kurz, ökonomischer Nutzbau, Lebensmittelpunkt und Repräsentationssitz zugleich sein.

Der Architekt, der dafür eine Art Formel oder klassischen Kanon schuf, war Palladio. Sein pragmatischer Sinn verband sich auf das natürlichste mit den an der Antike geschulten Vorstellungen, und nie überwog das eine auf Kosten des anderen. Im Gegensatz zur herkömmlichen Anhäufungsarchitektur, die in mehr oder minder pittoresker Willkür die Gebäudekomplexe eines Landguts zueinanderstellte, verband er Herrensitz, Gesindehäuser, Wirtschaftsräume und Stallungen zu einem architektonischen Gesamtkonzept, und dieses innere Gleichgewicht von Schönheit und Bestimmung hat die mathematisch errechneten Proportionen erst zum Leben erweckt. Nie stößt man auf bloße Gesten oder leere Großartigkeiten, alles bleibt der »utilità« unterworfen, überschaubaren menschlichen Zwecken, und nichts anderes ist zuletzt auch der Grund dafür, daß der spätere Palladianismus nicht zum Baustil des Absolutismus werden konnte, dessen prahlerische, machtprunkende Maße oft jeden anderen Baugedanken erdrückten.

Die gleiche Balance kennzeichnet auch die sogenannte hierarchische Struktur der Villen Palladios, das heißt die Zuordnung abhängiger Bauteile zu einem durch Säulen, Dreiecksgiebel, Bekrönungen oder herrschaftliche Treppenanlagen festlich gesteigerten Haupttrakt. Ebenso sind die reichlich verwendeten hellenistischen Zitate niemals bloße Versatzstücke, wie es denn überhaupt nie um Kopie und pedantische Nachahmung geht; vielmehr handelt es sich durchweg um die aus der Bauidee entwickelte, aber gänzlich freie Übersetzung antiker Prinzipien, so daß Palladios Villen von den Zeitgenossen als durchaus »modern« empfunden, nicht selten sogar ihrer »skandalösen Freiheiten« wegen kritisiert wurden und bis auf die Gegenwart einem Lebensgefühl so authentisch Ausdruck geben, daß man alle Entlehnungen vergißt und jeder Gedanke an Eklektizistenwerk verstummt.

Die Rückgriffe Palladios auf die Antike sind denn auch nicht nur aus dem Bewußtsein wiedererweckter historischer Kontinuität zu verstehen; er selber sah sich viel eher auf der Suche nach der Urformel, dem verlorengegangenen, von den Stilablagerungen der Geschichte überdeckten oder einfach in Vergessenheit geratenen Elementargedanken allen Bauens. Seiner Verehrung für den römischen Baumeister Vitruv, »maestro e guida«, wie er ihn zu nennen pflegte, dem Verfasser des ersten Handbuchs der Architektur, lag die Überzeugung zugrunde, daß niemand so wie er dem Geheimnis des idealen Bauwerks nahe gewesen sei. In seinen eigenen »Quattro libri dell'architettura«, die teils Rechenschaft über sein Lebenswerk, teils theoretisches Lehrbuch sind, hat er in einem Kapitel »Über die Mißbräuche in der Architektur« bemerkt, daß aller Stilwandel, alle neuen Bauvorstellungen zwar durch das menschliche Bedürfnis nach Abwechslung gerechtfertigt seien, daß sie aber niemals gegen die allezeit gültigen Regeln der Kunst oder die Gebote der Vernunft verstoßen dürften.

Dennoch war Palladio ohne allen dogmatischen Starrsinn. Er glaubte vielmehr, der Rang eines Architekten offenbare sich geradezu in seinem Vermögen, die Regel zu beachten und gleichzeitig vergessen zu lassen. Die Villen, die er im Veneto errichtet hat, wirken wie Demonstrationen dieser Überzeugung. Denn obwohl sie den Eindruck großen Einfallsreichtums hervorrufen, sind sie sämtlich aus einem einzigen geometrischen Grundschema entwickelt: einem Saal in der Mittelachse und einer wechselnden Anzahl streng symmetrisch angeordneter kleinerer Räume zu beiden Seiten. Dieser Unterwerfung unter eine Idee, dem Verzicht auf alle zudringliche Architekten-Originalität, verdanken die Bauten Palladios ihre vollendete, niemals spannungslose, wenn auch nur unbewußt spürbare Harmonie.

Die Verbindung von antikem Ernst und venezianischem Zauber hat diesen Villen aber auch den ungemein sprechenden Charakter gegeben, und nicht zu Unrecht hat man Palladio den »poeta architetto« genannt. Die eigentümliche Eloquenz seiner Bauten wird nicht zuletzt hervorgerufen oder doch verstärkt durch jenes bewußt eingesetzte Zusammenspiel von Licht und Schatten, das manche sogar von einem »Kolorismus« Palladios sprechen läßt, und jedenfalls hat er mit jeder seiner Villen unwiderstehliche Vereinigungen von rationaler Strenge und sensuellen Wirkungen erzielt, dies alles noch gesteigert durch die virtuos nachlässige Placierung der Gebäude in eine Landschaft, die in der Verbindung von Gewachsenem und Gebautem erst ihren idealen Ausdruck zu erlangen scheint. Obwohl in nahezu jeder Beschreibung seiner Villen der Begriff »serenità« auftaucht, was soviel heißt wie Klarheit, Grazie, Heiterkeit oder Würde, liegt über ihnen doch eine romantische Stimmung, das kurz aufleuchtende Wunschbild jenes neuen Arkadien, von dem auch gilt, daß keiner es je gesehen hat und doch jeder kennt. In den Mignon-Liedern hat Goethe nicht nur die Sehnsucht nach diesem idealen Land beschworen, sondern in dem Haus, dessen Dach auf Säulen ruht, auch, wie man nachgewiesen hat, das Bild des idealen Bauwerks: der Villa Rotonda.

Eigentümlicherweise stellt dieses Gebäude, das gleichzeitig Palladios berühmtester Entwurf ist, auch die entschiedenste Ausnahme vom Typus des repräsentativen Gutshauses dar. Schon die Lage auf einem Hügel außerhalb von Vicenza macht die Rotonda weit eher zu einer Retraite philosophischer Beschaulichkeit, einem Belvedere, dessen Hauptzweck der nach allen Seiten hin offene Blick in die Landschaft ist, »in das große Theater der bezaubernden Hügel ringsumher«, wie Palladio schrieb. In der Tat hatte er bei diesem Entwurf keinen Erwägungen der Zweckmäßigkeit und ökonomischen Nutzung zu folgen und ein Stück idealer Architektur schaffen können. Die suggestive Symmetrie der Villa, ihre Verbindung aus intellektuellem Kalkül und freilich grandios hochgetriebenem menschlichem Maß hat derart überwältigend auf die Zeit der beginnenden Aufklärung gewirkt, daß der Entwurf bald so häufig nachgebaut, abgewandelt oder doch als Inspirationsansatz benutzt wurde, wie außer dem Pantheon in Rom kein anderes Gebäude der Architekturgeschichte.

Es war der englische Architekt Inigo Jones, der wenige Jahrzehnte nach Palladios Tod zum Begründer und Wegbereiter des Palladianismus wurde. Nach ausgedehnten Studienreisen durch Italien, brach er brüsk mit dem lange ermüdeten gotisierenden Manierismus der elisabethanischen Epoche und entwickelte, unterstützt von einem Kreis schwärmerischer Förderer, eine neue, an Palladio orientierte Architektur, »to introduce the temple beauties in a private building«. Nicht nur die großen Stadtpaläste wie Banqueting und Somerset House in London oder die ländlichen Adelssitze wie Stourhead griffen Palladios Vermächtnis auf; vielmehr setzte sich der Palladianismus bis in den bürgerlichen Baustil fort. In Bath errichtete John Wood erstmals jene Reihenhäuser mit Säulenvorbau, die Palladios Säulenspaliere vortäuschten und später, vor allem in London, das Bild ganzer

Stadtviertel geprägt haben. Auch die noch heute überall in England anzutreffenden, weit ausschwingenden Crescents bewahren die Erinnerung an ein Motiv, wie Palladio es in den zum Halbrund vorgezogenen Seitenflügeln beispielsweise der Villa Badoer verwendet hat. Die bald hinzutretende, das neue Bauideal aufklärerisch absichernde Vorstellung ging dahin, daß auch die Architektur dem Menschheitsgesetz zur moralischen und ästhetischen Vervollkommnung unterworfen sei und diese Bauten die Idee der »moral beauty« vollendet sichtbar machten. Die von Inigo Jones edierte Übersetzung von Palladios »Vier Büchern über die Architektur« gewann binnen kurzem den Rang eines Lehr- und Regelbuches, und seit der Mitte des 17. Jahrhunderts führte die »Grand Tour«, die rituelle Bildungsreise wohlhabender Engländer durch Europa, regelmäßig über Vicenza.

Zahlreiche Theorien haben die überwältigende Resonanz Palladios in England sowie bald auch in Nordeuropa zu begründen versucht und wechselweise im Protestantismus, im Rationalismus oder in den spezifischen Herrschaftsstrukturen die Ursachen dafür ausfindig gemacht. Aber bedeutsamer war offenbar, daß Palladios Auftraggeber die gleichen Vorstellungen und Bedürfnisse hatten wie die englische Gentry jener Zeit: ökonomisch dem Land verbunden, besaß sie gleichzeitig städtische Geschmackskultur sowie eine hochentwickelte klassische Bildung – dies alles noch gestützt durch den naheliegenden und folglich auch nicht selten angestellten Vergleich zwischen der Weltrolle des eigenen Landes und der des meerbeherrschenden Venedigs. Hinzu kam, daß diese nach strengen mathematischen Regeln konzipierte, zugleich jedoch unerhört wandlungsfähige Architektur sich wie keine andere zu literarischer Vermittlung eignete: Bramantes, Michelangelos oder Berninis Bauten ließen sich allenfalls wie Einzeldenkmäler beschreiben; die »Quattro libri« Palladios dagegen machten, mitsamt den beigefügten Holzschnitten, Gesetze und Wesen einer allgemein zugänglichen Architektur anschaulich, die überdies der Peripherie Europas eine

Möglichkeit eröffnete, den vom humanistischen Zeitgeist beschworenen Anschluß an die Antike zu gewinnen.

Aus solchen Hinweisen lassen sich, zum Teil jedenfalls, weit eher als aus vagen Protestantismus- oder Herrschaftstheorien Einsichten dafür holen, daß der Palladianismus sich von England aus über ganz Nordeuropa, bis hin nach Petersburg, und bald auch, im Zeichen des sogenannten »Greek revival«, über große Teile des amerikanischen Kontinents ausbreitete, wo er zum verbindlichen Vorbild des sogenannten Kolonialstils wurde. In den romanischen Ländern dagegen fand er weit geringeren Widerhall: Frankreich beispielsweise verfügte nicht nur über eine ungebrochene eigene antike Tradition; vielmehr war seine Aristokratie auch höfisch, nach Paris oder Versailles orientiert und zog sich nur zu Muße oder Vergnügen aufs Land zurück. Überall dort aber, wo es einen mit klassischer Bildung vertrauten Landadel im engeren Sinne gab oder die englische Aristokratie Vorbildcharakter besaß, hat der Palladianismus seine mehr oder minder kräftigen Spuren hinterlassen, auch wenn der Name seines Begründers darüber nahezu vergessen wurde. Man sprach vielmehr kurzerhand von »maisons anglaises«.

Auch in Deutschland finden sich zahlreiche Zeugnisse dieses Einflusses, obwohl Aneignung und Auseinandersetzung hier sehr viel stockender und überwiegend auf dem Umweg über England verliefen. Erst mehr als hundert Jahre nach dem Tod Palladios erschienen in Nürnberg unter dem Titel »Die Baumeisterin Pallas oder der in Teutschland erstandene Palladius« die ersten beiden der »Vier Bücher«, eine vollständige Ausgabe des Werkes fehlt bis heute. Die meisten Baumeister des 18. und frühen 19. Jahrhunderts holten ihre Anregungen denn auch weniger aus Vicenza oder dem Veneto, sondern eher aus Rom, Sizilien und Paris, und niemals jedenfalls gab es diese überschwengliche, in die Breite wirkende Nachfolge wie in England, Holland oder den skandinavischen Ländern. Die beiden wohl berühmtesten Baumeister der Epoche, Karl Friedrich Schinkel und Leo von Klenze, ließen sich nicht auf eine Stilvorstellung festlegen, sondern rezipierten, ganz nach Gutdünken und Bauauftrag, beispielsweise die Antike, die Gotik, die Renaissance oder die französische Revolutionsarchitektur. Immerhin verweist eine Vielzahl von Einzelbauten auf Palladio. Zum Beispiel übernehmen der Pflügersche Gasthof in Potsdam ebenso wie das Rathaus der Stadt, das nach einem nie verwirklichten, nur aus den »Vier Büchern« bekannten Entwurf Palladios gebaut wurde, Vorstellungen des Vicentiner Baumeisters; Schinkels Schauspielhaus orientierte sich an der Rotonda, seine Neue Wache an der Villa Pisani in Bagnolo. In der Nähe von Dessau baute Friedrich Wilhelm von Erdmannsdorff, nach einer Reise ins Veneto, mit dem Schloß Wörlitz das Beispiel eines vollendet übersetzten Palladianismus, in München zeugen Leo von Klenzes Glyptothek oder Karl von Fischers Nationaltheater sowie vor allem das Prinz-Carl-Palais vom Einfluß Palladios. Ein ausgreifender, das Stadtbild prägender bürgerlicher Palladianismus existierte dagegen, trotz dieser und vieler weiterer Einzelbeispiele, nur in Berlin sowie vor allem in Hamburg und Altona, wo der dänische Architekt Christian Frederik Hansen um 1800 zahlreiche Villen für das wohlhabende Patriziat der Stadt im Stil Palladios errichtete.

In England entfremdete sich der Palladianismus im ausgehenden 18. Jahrhundert zusehends von allen strengeren Vorstellungen. Die »Villa« weitete sich zum schloßartigen Gebäude, und dieses wiederum fiel zum architektonischen Ausstattungstück im »Englischen Garten« zurück, der weder Nutzgelände noch Kunstgarten war, sondern die kunstvoll unternommene Nachbildung idealer Natur. An die Stelle des praktischen, auf Leben und Tätigkeit bezogenen Gedankens, von dem diese Architektur ihren Ausgang genommen hatte, rückte nun Pittoreskes: die Bildidee einer Landschaftsvedute, die den nicht endenden arkadischen Traum immer aufs neue zu inszenieren versuchte.

Ein Erinnerungsrest davon blieb über alle Umdeutungen und Ausweitungen hinweg bewahrt, die der Palladianismus im 19. Jahrhundert erfuhr, auch wenn es bald nicht viel mehr als die leeren Formeln waren, die, unterschiedslos und häufig ins Riesenhafte getrieben, auf Banken, Bibliotheken, Firmensitze oder behördliche Bauten, in einem Fall sogar auf ein Wasserwerk angewandt wurden. Zu weit hatte sich das Lebensgefühl der robusten, monumentalisch von sich selbst ereiferten Epoche von der lakonischen Strenge Palladios entfernt, als daß mehr denn theatralische Kulisseneffekte zustande kommen konnten.

Zum Proportionsbewußtsein Palladios gehörte, daß seine Entwürfe durchweg vom Menschen ausgingen und sich damit einem vorgegebenen Maß unterwarfen. Indessen hat Goethe fragend angemerkt, ob diese feierliche Architektur der Säulen und Giebel sich nicht zu hoch über den Alltag erhebe: Palladio habe »das große Bild was er in der Seele hatte auch dahin gebracht wo es nicht ganz paßte«. Gewiß zwangen diese Villen, in all ihrer geometrischen Kühle und Gravität, ihren Bewohnern eine gewisse zeremonielle Würde auf und konfrontierten sie unausgesetzt einem höherem Daseinsbegriff: in der Tat darauf gerichtet, den Menschen »von sich selbst eine große Idee (zu) geben«. Aber Palladio selber hat es verschiedentlich seine Absicht genannt, Schönheit mit »Behaglichkeit« zu verbinden. Selten nur wird der unüberbrückbare Abstand zweier Menschenbilder deutlicher als im Vergleich zwischen dieser Architektur und dem zeitgenössischen Bungalowstil mit seinen Kaminecken, Hausbars und all den anderen, aus jedem objektiven Begriff des Menschen von sich selbst herausfallenden Mittelstandsgemütlichkeiten.

Jenes andere Menschenbild hat Goethe offenbar auch im Sinn gehabt, als er aus Venedig schrieb, kein anderer als Palladio habe ihm, weit über das ästhetische Augenblicksglück hinaus, den Weg »zu aller Kunst und Leben geöffnet«. Das liegt lange zurück. Die Architektur der Gegenwart besitzt, wie die Zeit selber, überhaupt kein Menschenbild mehr, ihr Dilemma rührt weitgehend daher. Sie neigt dazu, ihren Mangel an Phantasie mit der längst zum Dogma erstarrten funktionalistischen Theorie, mit technologischen oder materiellen Zwängen zu rechtfertigen.

Doch daß das Zweckmäßige den großen Gedanken nicht aus-
schließt und der hohe Anspruch nicht am hohen Aufwand
hängt, alles Gebaute mit dem Sinn für das Wesen einer Lebensform, für Stil und geschichtliche Kontinuität zu tun hat, ist eine
Lehre, die Palladio wie kaum ein anderer Architekt vermitteln
kann. Der Blick auf unsere Städte, auf die öffentlichen wie privaten Bauten, offenbart, daß, nach über dreihundert Jahren,
mehr als Palladios Nachruhm zu Ende ist.

Wozu das Theater?

Zwischenruf über einen parasitären Anachronismus

Über das gegenwärtige Theater kann man nur noch im Ennui sprechen: von ungezählten enttäuschten Erwartungen, von vergeudeten Abenden und einer Welt, die offensichtlich ihre Bedeutung verloren hat. Die schrumpfenden Publikumszahlen belegen das ebenso wie die große Theaterklage, die jedes Jahr anhebt, wenn die Kritiker Bilanz machen und wiederum eine »öde Saison« registrieren: »Mehr Pleiten als erlaubt« oder »Melancholie im Theater«. Ein Rattenkönig der Mißerfolge, der Ärgernisse und der blanken Langeweile – trotz steigender, mit zusehends ungenierterem Anspruch verlangter Subventionen.

Kein Zweifel, das Theater steckt tief in der Krise. Es hat keine Autoren, kein Publikum, kein Geld, keinen Nachwuchs. Die unentwegten Intendanten- und Dramaturgenkrisen mit all der lächerlichen Wichtigtuerei in ihrem Gefolge sind noch der vernehmlichste Existenzbeweis, dessen es fähig ist. Und doch fragt niemand, ob das Theater selbst nicht längst anachronistisch ist und ein veraltetes, bizarres Monument aus einer überholten Epoche. Immerhin könnte es an bestimmte künstlerische oder gesellschaftliche Voraussetzungen gebunden sein, die nicht mehr bestehen.

Seine materiellen Voraussetzungen hat es ohnehin lange eingebüßt. Anders als im bürgerlichen Zeitalter, dessen elementare Theaterleidenschaft die Bühnen zu florierenden Unternehmungen machte, sind sie heute nur noch durch ein immenses Zuschußsystem aufrechtzuerhalten. Im Schnitt bringen sie rund ein

Viertel ihres Etats aus eigener Kraft ein, kommt ein Opernbetrieb hinzu, ist es weit weniger; das Badische Staatstheater benötigte 1970/71 für ein Budget von 14,7 nicht weniger als 12,3 Millionen Mark Subventionen. Nahezu 500 Millionen steuert die öffentliche Hand jährlich dem theatralischen Betrieb in der Bundesrepublik bei – gewiß nicht zuviel, wenn er den Geist der Epoche, ihre Probleme, Bedürfnisse und Hoffnungen artikulierte.

Statt dessen aber sind die Theater die in aller Welt beneideten Denkmäler einer Scheinkultur und im ganzen sicherlich nicht der Ort, an dem die Gesellschaft gleichsam mit sich selbst bekannt würde; sie sind viel eher und zunächst eine Stätte ziviler Repräsentation und unverzichtbar für die kommunale Komplettierung wie Rathaus, Kirche und Universität. Eine Stadt kommt in Deutschland schwerlich auf ihren Begriff, solange sie kein Theater besitzt, und ein gut Teil der erwähnten 500 Millionen dient dazu, ehrgeizigen Bürgermeistern oder Stadträten eine eindrucksvolle Kulturkulisse für die eigenen Auftritte zu verschaffen.

Noch auffälliger wird die Entfremdung im gestörten Verhältnis des Theaters zu seinem Publikum. Von den ohnehin nur rund neun Prozent der Bevölkerung, die als Theaterbesucher gelten, ging in den zurückliegenden fünf Jahren jeder zehnte verloren; anhänglich blieb vor allem das ältere bürgerliche Publikum, teils aus unverwüstlicher Neigung, teils aus Statusgründen, und Friedrich Luft meinte zu Recht, im Theater fühle man sich meist wie auf einem Veteranentreffen. Stirnrunzelnd, mit apathischer Geduld, verfolgt es die Spielpläne und das fremdartige Geschehen auf der Bühne. Sein Applaus ist eine Regung bürgerlicher Höflichkeit und hebt die stille Resistenz nicht auf, die es übt. Eine Umfrage in Frankfurt ergab, daß nur ein Prozent des Publikums die Werke einheimischer Zeitgenossen, wie Grass, Handke oder Hochhuth, sehen will.

Die Misere seiner verlorenen sozialen Funktion hat das Theater auf doppelte Weise zu verheimlichen versucht. Es gibt sich

eminent jung und gegenwartsbewußt, auch wenn seine Jugend-
lichkeit etwas vom forcierten, neurotischen Schwung alternder
Mätressen hat, die unsere Pietät eher als unsere Sinne in Anspruch nehmen.

Das hat fatale Folgen: Vornehmlich geht es auf unseren Bühnen laut zu, unentwegt treten Massen an die Rampe, richten
zornige Gebärden gegen einen imaginären Gegner oder traben
schnaubend im Kreis, ehe sie, höhnisch auflachend, innehalten:
Hoho, der Klassenfeind! Natürlich ist man auch respektlos und
treibt seine Clownerien mit den Klassikern, Shakespeare findet
unterm Weihnachtsbaum mit Songs von Marlene Dietrich statt,
der »Titus Andronicus« wird, unter Assistenz eines margarine-
spuckenden Joseph Beuys, mit Goethes »Iphigenie« verschnit-
ten, und aus dem Kapitalistenhimmel Harpagons prasseln Taler-
stücke und Leichen: so billig sind Jugend und Gegenwartsbe-
wußtsein zu haben.

Daneben wird die abhanden gekomme Funktion des Theaters aber auch durch zunehmende Moralisierung der Bühne ver-
tuscht. Das Vergnügen ist verpönt, die Moral führt kalten Krieg
gegen das Publikum. Wer könnte heute noch eine Vorstellung
verlassen, ohne allerlei einfältige Kalenderweisheiten als Weg-
zehrung zu erhalten: »Krieg ist schlimm!«, »Geld regiert die
Welt!«, »Der kleine Mann zahlt immer!« oder knapp, in der
Sentenz eines Stücks von Wolfgang Bauer: »Die Wölt ist nämlich unhamlich schiach!«

Es sind Erkenntnisse, die den gegenwärtigen Theatermachern
mit überwältigender Wucht aufgegangen sein müssen; denn sie
pfropfen solche Simplismen in unermüdlichem Repetitions-
zwang jedwedem Stückeschreiber jeder Zeit auf: »Wallenstein«
wird auf diese Weise zur dröhnenden Antikriegsfanfare, »Tas-
so« zur Polemik gegen Goethes feudale Anpassungsneigungen,
Molière zum Kritiker des Kapitalismus: Man hat den Klassikern
nicht umsonst den Marx, den Marcuse und den Mitscherlich
voraus.

Wer einen Begriff von der intellektuellen Armut und anmaßenden Blödigkeit gewinnen will, die sich da dem theatralischen Material nähern, prüfe beispielsweise den Schlüssel, den die Bearbeiter der Textaufführung des Wagnerschen »Ringes« im Programmheft der Münchner Kammerspiele veröffentlicht haben; oder versuche die Parallele zu begreifen, die Wilfried Minks und Peter Palitzsch in Tankred Dorsts »Toller« zwischen dem Einmarsch der Regierungstruppen ins Räte-München und dem Einmarsch der Sowjetunion in die CSSR konstruiert haben.

Genaugenommen dekuvriert das Theater mit diesen Praktiken nicht nur die Krise, die es verbergen will; es offenbart damit auch seine Publikumsverachtung. Zwar ist es längst die Regel geworden, dem Widerstreben der Öffentlichkeit beleidigt zu begegnen und dem Verdummungsbemühen von Fernsehen und »Bild-Zeitung« in die Schuhe zu schieben, was eigenes Unvermögen ist. Tatsächlich aber scheint es, als erfasse das Publikum genauer, daß die plakative, auf eine einzige agitatorische Dimension reduzierte Praxis ein Theater für unmündige Menschen ist, in dem das Parkett als dummer August dient, dem willkürliche Interpretationen autoritär verordnet werden.

Wolfgang Wiens meinte gelegentlich, es komme nicht darauf an, besseres Theater zu machen, sondern »richtiges«. Doch was immer das europäische Theater gewesen ist: es hat nie dazu gedient, Klein-Leute-Weisheit in Parolenform zu propagieren. Es hatte mit dem Recht antagonistischer Positionen zu tun, mit unausweichlichen Konflikten, und seine Kritik entstammte einem gebrochenen Weltverständnis. Wer schlechthin alles vom Klassenegoismus determiniert sieht, den Pessimismus verwirft und Tragik als faschistoide Kategorie begreift, für den endet die Möglichkeit dessen, was Theater bisher war. Denn es hatte niemals »richtige« Überzeugungen zu bieten, keine schlichte Moral und zog keine Fahnen auf – es sei denn als Studienratsdrama oder Passionsspiel.

Es ist denn auch nicht auszuschließen, daß die Erscheinungen, von denen die Rede ist, den Beginn einer neuen Epoche des Theaters andeuten; doch müßte es dann auch neue, eigene Formen entwickeln, die über die subalterne Verunstaltung der traditionellen Bühnenliteratur hinausreichen. In der Tat hat sich Peter Weiss dem Modell von Oberammergau mehr und mehr angenähert, und man kann vor der Konsequenz, mit der er nicht zuletzt das eigene Talent desavouiert, menschlich nur Respekt äußern.

Andere Versuche, den unterbrochenen Zusammenhang zwischen Theater und Gesellschaft wiederherzustellen, zielen auf die Eroberung neuer Publikumsschichten. Doch weil das Theater in der bestehenden Form seinem Wesen nach eine bürgerliche Institution ist, sind alle Anstalten gescheitert, die Jugend oder die Arbeiterschaft dafür zu gewinnen; die einen verwies der antibürgerliche Generationsaffekt auf theaterfremde Wege, die anderen blieben stets indolent gegenüber der bürgerlichen Kultur. Die Volksbühnenidee war ebenso ein Fehlschlag wie die Ruhrfestspiele oder Weskers »Centre 42«, das mit Unterstützung der englischen Gewerkschaften Arbeiterfestspiele in allen größeren Industriestädten organisierte und in gewaltigem Katzenjammer endete. Die Arbeiter, die einst schon »Die lustige Witwe« den »Webern« vorgezogen hatten, verzichten noch immer nicht auf den »Zigeunerbaron« zugunsten eines Popanz aus Lusitanien oder sonstwoher. In Hildesheim plante der Intendant vor einiger Zeit Sondervorstellungen für Arbeiter und Angestellte. Aus 23, teilweise großen Betrieben meldeten sich 163 Interessenten, von 28 Betriebsratsvorsitzenden machten sechs von dem Angebot Gebrauch.

Vor diesem Hintergrund gewinnt die Problematik der Subventionen einen neuen, schärferen Akzent. Denn es geht nicht um die Pfennigfuchserfrage, ob der Aufwand den Verhältnissen entspricht, auch nicht um die Subventionsgerechtigkeit, die beispielsweise den Schriftsteller fragen läßt, ob man seine Texte erst hersagen, singen oder inszenieren müsse, um in den Genuß regelmäßiger, nicht unerheblicher Bezüge zu gelangen. Vielmehr zielt die Überlegung darauf, ob die Gesellschaft eine Institution stützen soll, die ihr weitgehend entfremdet ist und diese

Fremdheit in eine besondere aufklärerische Sendung umstilisiert. Auch ist die Vermutung ja nicht unbegründet, daß die Subventionen der Entfremdung Vorschub leisten und gerade das hervorrufen, was Peter Brook das »tödliche Theater« genannt hat. In seiner vorhandenen Form spiegelt es jedenfalls weder die Gesellschaft noch ihr Problembewußtsein auf angemessene Weise wider und spielt, außer einer parasitären, keine Rolle mehr.

Es ist das Relikt einer vergangenen Epoche. Aber mit dem Ende der bürgerlichen Ära, das die fortschrittlichen Theaterleute so lärmend proklamieren, ist auch das des bürgerlichen Theaters gekommen. Man muß Abschied nehmen.

Das ist, für sicherlich nicht wenige, so schmerzlich wie andere Abschiede auch: der von der Beletage, von den Klassenschranken, der ehelichen Treue oder vom Dienstpersonal. Doch führt kein Weg daran vorbei. Die Bühnen hatten einst fast den gesamten Unterhaltungsstoff für die Welt in der Hand. Inzwischen sind ihnen längst, von Film, Fernsehen und ungezählten anderen Einrichtungen eines weitverzweigten kulturellen Service-Systems, zahlreiche Konkurrenten entstanden, die ihre einstigen Funktionen weitgehend übernommen haben. Die Krise des Theaters ist der Ausdruck dieses Sachverhalts.

Immerhin besteht ein begründetes Bedürfnis, die unvergeßliche Leistung des historischen Theaters zu bewahren. Wer diesem Bedürfnis gerecht werden will, muß vom musealen Charakter der Institution und ihres Materials ausgehen. Unter den Möglichkeiten, die sich für ein neues, zeitgerechteres Theatersystem anbieten, ließe sich wohl am überzeugendsten für eine Art Nationaltheater plädieren, das, hochsubventioniert, im Stil eines Museums die Theaterliteratur unverfälscht zur Anschauung brächte und dem Besucher einige Gewähr dafür böte, unter dem Titel »Faust« nicht eine Polemik gegen den § 218 des Strafgesetzbuches oder als Kleistsche »Penthesilea« kein Oratorium über Women's Lib vorgesetzt zu bekommen.

Der leidigen Standortfrage, der ein Land ohne Hauptstadt sich gegenübersieht, ließe sich durch drei oder vier über das

Bundesgebiet verteilte Häuser begegnen, und so irritierend der Gedanke zunächst erscheinen mag, es lohnte, über seine Vorzüge nachzudenken. Auch ist er keineswegs ohne Vorbild: Im Berliner Ensemble am Schiffbauerdamm, das das Erbe Bertolt Brechts verwaltet, ist dieser museale Typus des Theaters erstmals verwirklicht worden.

Daneben sollte sich in aller Breite und Vielfalt, die es aufzubringen vermag, ein wirklich modernes Theater entwickeln. Es sollte, wie ungewohnt ihm das vorkommen mag, das Interesse des Publikums zu gewinnen versuchen, nicht bloß die öffentlichen Etats. In Recklinghausen wurde vor Jahren verlangt, das Theater solle eher eine Werkstatt als ein Museum sein. Die situationsgerechte Lösung verlangt das Museum wie die Werkstatt. Ohnehin werden die theatralischen Bemühungen Peter Handkes und anderer jüngerer Dramatiker vorwiegend auf Experimentierbühnen aufgeführt, und auch hier ist wiederum die Konsequenz von Peter Weiss zu rühmen, der die Aufführung seines »Viet-Nam-Diskurses« in den Schauspielhäusern als Notbehelf betrachtete und das Stück eher auf öffentlichen Plätzen oder in Fabrikhallen gespielt sehen wollte; er, wohlgemerkt, nicht das Publikum.

Was ginge tatsächlich verloren, wenn das Theater in seiner bestehenden Form endete? Gewiß nicht die Kultur, als deren Sachwalter es sich aufführt; und gewiß auch litte das öffentliche Bewußtsein keinen Schaden, weil das Theater nichts dazu beiträgt. Max Frisch jedenfalls fand die Vorstellung vom plötzlichen Ende des Theaters »belebend«.

Vieles würde auch überdauern: nicht Weniges darunter, was sich durch Leistung ausweise und seine Legitimation nicht aus der puren Publikumsverhöhnung herleitete. Was tatsächlich endete, wäre die Unerträglichkeit oder, wie die modische Vokabel lautet, Obszönität eines Systems, das es erlaubt, daß in piekfeinen Stadttheatern ein piekfeines Publikum sich von piek-progressiven Theaterleuten subventioniert en canaille behandeln oder zum Narren halten läßt.

Zweifellos müßte die Abschaffung des subventionierten Theaters mit Abwehrreaktionen rechnen. Vereint erschienen die Nutznießer des Systems zum Protest: Honoratioren, Praeceptoren der Nation, Gesellschaftsumkrempler, sie alle Hand in Hand. Doch hätte der Plan auch mit dem Widerstand zu rechnen, der aus der tiefverwurzelten deutschen Neigung zum Theater stammt.

Denn als eine vorwiegend kultische Kunstübung, die das Publikum wie zum Gottesdienst versammelt und die selten gewordenen Wonnen der Massenüberwältigung verschafft, hat es in diesem Lande, selbst in seinen desolatesten Erscheinungen, immer noch freigebigere Mäzene gefunden als beispielsweise der ans individuelle Bewußtsein appellierende Roman; und der Dichter, vornehmlich der Dramatiker, galt hier immer mehr als der Schriftsteller, Wildenbruch mehr als Fontane, Brecht mehr als Thomas Mann. Die Unangefochtenheit des Theaters beruht nicht zuletzt darauf, daß es seiner Natur nach gerade nichts mit dem Fortschritt im Bewußtsein zu tun hat, daß es Erhebung viel eher als Aufklärung, magische viel eher als rationale Erfahrungen bietet und seelische Ausnahmezustände ermöglicht: Es ist der Idee nach die Trennung von Kunst und Realität, Kunst und gesellschaftlicher Wirklichkeit, der Triumph des Scheins über den Alltag.

Niemand hat diesen Charakter des Theaters so erfaßt, gesteigert und ausgebeutet wie Richard Wagner. Theater ist durch ihn in Deutschland immer »Bühnenweihfestspiel«, und selbst wo es sich heute plebejisch aufführt, holt es seine heimliche Wirkung gleichsam aus dem Schauder des Sakrilegs. Insofern partizipieren noch immer alle an der Idee des alten Theaters; für die einen ein Objekt verklärender Erinnerung, ist es den anderen nützlich als Gegenstand der Zerstörung; aber irgendwann wird die Erinnerung erlöschen und nichts Zerstörbares mehr sein. Denkbar, daß dann selbst das museale Theater keine Aussicht mehr besitzt. Theater muß nicht sein.

Unzeitgemäßer Held seiner Zeit

Winston Churchill

»Never give in! Never, never, never, never!«
Winston Churchill, 1941

Welche Macht der Zufall besitzt und wie leicht ein Mensch die
eigene Größe verfehlen kann, wird so eindrucksvoll, so bis an
die Grenze nahezu des Absurden, an kaum einem anderen Ak-
teur der Geschichte deutlich. Als Winston Churchill Anfang
1965 starb, galt er als eine der überragenden Erscheinungen des
Jahrhunderts. Wie in einer späten Huldigung an seinen theatralischen, barock ausladenden Gestus, der so oft als befremdend
empfunden worden war, feierte England ihn als den größten
Staatsmann der eigenen Geschichte, »sure of his majestic place
in history«, wie die »Times« schrieb, eine Kolossalgestalt, »one
of the great captains of all time«, halb mythisch schon zu Lebzeiten: »What panache!« – Welche Großartigkeit!, äußerte einer
seiner politischen Gegner überwältigt.

Das kaum Begreifliche ist, daß Winston Churchill sich diesen
gewaltigen Ruhm in drei oder allenfalls vier Jahren erworben
hat, im fünften war er bereits von einer Nation, die ihn stets mit
einem Rest von Widerstreben bewundert hat, verabschiedet. In
den vierzig vorausgegangenen Jahren hat er ihre politische Unterstützung nie erringen können, von allem historischen Rang
zu schweigen. Gewiß war er populär. Aber es war die Populari-
tät eines lärmumwitterten Außenseiters, der übertriebenen Gefallen daran fand, von sich reden zu machen. Vom Mißtrauen
begleitet, stand er die längste Zeit im Ruf eines rücksichtslos
ehrgeizigen, unkontrollierten, am Ende schließlich gescheiterten

Politikers: eine große Begabung, aber unerfüllt geblieben; nur aufs Besondere verweisend, nicht das Besondere selber. Auch ist wohl kein Zweifel, daß eine nicht unerhebliche Anzahl politischer Konkurrenten die von Churchill bekleideten Ämter im ganzen ebenso hätte ausfüllen können. Seine immer etwas überspannt wirkende Energie wäre vom einen oder anderen vermutlich durch größere Kontinuität, seine Unrast durch solides Gleichmaß wettgemacht worden. Bis 1940. Bis dahin wäre die Geschichte nicht anders verlaufen ohne ihn; er hatte einigen Ereignissen nur eine etwas grelle Farbe gegeben. Aber 1940 änderte alles. In diesem Jahr und dem darauffolgenden, so hat Sebastian Haffner in einer meisterlichen Studie über Winston Churchill geschrieben, schmilze dessen Biographie »in die Weltgeschichte ein; man kann die eine nicht ohne die andere erzählen. Man nehme Churchill aus der Geschichte dieser Entscheidungsjahre heraus – und es ist nicht mehr dieselbe Geschichte.«

In der Tat ist Churchills Bedeutung nur vom Zweiten Weltkrieg und der zu Recht legendär gewordenen Konfrontation mit Hitler her zu begreifen. Mit einem bis zum letzten Augenblick ausgehaltenen Verzögerungseffekt hat dieses Ereignis den schon an der Schwelle des Alters stehenden Mann in die Geschichte gehoben – wie dieses Leben denn im Rückblick überhaupt den Anschein erweckt, als sei es nicht ohne inszenatorische Phantasie entwickelt.

Schon der Beginn deutete darauf hin. Mit einem effektvollen, wie kalkuliert wirkenden Coup hatte der Fünfundzwanzigjährige, ein Urneffe des großen »Malbrouk«, der Sohn des ehemaligen Schatzkanzlers Lord Randolph Churchill und einer Amerikanerin, um die Jahrhundertwende die öffentliche Bühne betreten: ein junger Kavallerieoffizier, der sich durch einige vorlaute schriftstellerische Versuche sowie durch ein paar ungenaue, in jedem Fall von Tollkühnheit zeugende Gerüchte annonciert hatte und dann, in einer Stunde nationaler Niedergeschlagenheit, als angesichts des kläglich verlaufenden Burenkriegs alle Welt auf eine Wende oder wenigstens einen Akt kühner Selbstbehauptung wartete, plötzlich seinen Auftritt machte. Es war im Grunde nur ein alltägliches Abenteuer, was er vorzuweisen hatte: er war in Gefangenschaft geraten und auf waghalsige Weise entkommen. Aber es war jene Art flamboyanter Unternehmung, die, sind die Umstände danach, wie mit einem Schlage die öffentliche Phantasie okkupiert. Damals schrieb die »Daily Mail« über ihn: »Angesichts der Schnelligkeit, mit der er vorwärtsdrängt, wird ihm mit dreißig Jahren kaum noch das Parlament genügen und mit vierzig nicht einmal mehr England.«

Wenige Jahre später war er tatsächlich Abgeordneter, kurz darauf Minister, und eine Episode jener Zeit kennzeichnet seinen selbstbewußten, vom frühen Erfolg beflügelten Ehrgeiz: Ein Besucher hat berichtet, er habe den jungen Politiker überrascht, wie er versonnen auf die Napoleon-Büste starrte, die auf seinem Schreibtisch stand, und ihn schließlich, in die Wirklichkeit zurückkehrend, ironisch sagen hören: »Langsam, Winston, langsam!« Jedenfalls tat eine außerordentliche Zukunft sich vor ihm auf.

Doch hat Churchill diese Ausgangsposition in den folgenden Jahren Schritt für Schritt ruiniert. Niemand kann sagen, daß sein Scheitern aus der Laune unglücklicher Umstände oder der Ranküne skrupelloser Gegenspieler resultierte – jenen romantischen Malheurs der Genies, die vom allezeit übermächtigen Mittelmaß so häufig zu Fall gebracht werden. Vielmehr waren die Ursachen der immer wieder verspielten Chancen nur in ihm selber zu suchen. Der Schriftsteller Goronwy Rees hat ihn, im Blick auf die Jahre bis zu Beginn des Zweiten Weltkriegs, »angesichts seiner ungewöhnlichen geistigen und charakterlichen Fähigkeiten, einen geradezu sensationellen Versager« genannt.

Die erste jener zahlreichen Provokationen, durch die er seine Aussichten verdarb, stand sogleich am Beginn seiner Laufbahn und wurde durch die beiläufige Arroganz seines Verhaltens noch gesteigert. Drei Jahre nach seiner Wahl zum konservativen Abgeordneten, im Mai 1904, erhob er sich eines Tages ohne Ankündigung, ohne große Umstände im Parlament, spazierte ge-

mächlich von der Seite der bornierten, in Schwäche und Selbst-
gefälligkeit erstarrten Regierungspartei hinüber zu den Bänken
der aufstrebenden Liberalen und nahm neben Lloyd George
Platz. Zwar avancierte er auf Grund dieses Parteiwechsels augenblicklich vom Hinterbänkler zum Ministeramtsanwärter,
aber die Konservativen haben ihm den Akt der Untreue bis zuletzt nicht verziehen; zu unbekümmert, zu anstößig war die
Freiheit, mit der er sich zu seinem Ehrgeiz bekannte. Sein
Rechtfertigungsversuch, er habe nicht der Partei untreu werden,
sondern vielmehr sich selber treu bleiben wollen, schien vielen
gerade den Verdacht zu bestätigen, den er damit abwehren
wollte: daß er die eigene Person über die Grundsätze, die Kon-
nexionen und Loyalitäten stellte. Selbst als er viele Jahre später
zur Konservativen Partei zurückkehrte, blieb ein immer spürba-
rer Rest von Kränkung, den alle Erfolge und alles persönliche
Gewicht nicht tilgen konnten, und als Vorsitzender hat er sich
der seufzenden Partei nur als übermächtiger Kriegspremier auf-
zwingen können.

Auch als Liberaler blieb er in den Schlagzeilen. Zunächst eta-
blierte er sich, allem unverhüllt aristokratischen Gebaren zum
Trotz, nicht etwa auf dem gemäßigten Flügel, sondern unter
den Radikalen: Er entdeckte die soziale Frage – auch das, wie
man vermuten darf, nicht zuletzt aus karrieristischen Motiven.
»Ich würde es begrüßen«, erklärte er, »wenn der Staat alle möglichen neuartigen und abenteuerlustigen Experimente unternäh-
me. Er muß sich mit der Betreuung der Alten und Kranken und
vor allem der Kinder befassen . . . Wir werden eine Linie ziehen,
unterhalb derer niemand leben und arbeiten darf. Wir haben die
Absicht, ein Auffangnetz über dem Abgrund aufzuspannen . . .
Das Volk beschwert sich nie ohne wirklich ernsten Grund. Die
Sache des Liberalismus ist die Sache der vergessenen Millionen.«
Doch spielte in solchen herausfordernd formulierten Ankündi-
gungen wohl auch die Absicht eine Rolle, seine einstigen Partei-
freunde sowie seine Standesgenossen zu reizen, ein Element
großherziger Menschlichkeit steckte sicherlich auch darin, und

schließlich schien ihm die soziale Frage wie keir anderes Thema jene radikalen Einsätze möglich zu machen, die seinem ungestümen, oft überdreht wirkenden Willen zum Engagement am genauesten entsprachen. Zusammen mit Lloyd George nahm er ein großes soziales Reformprogramm in Angriff, das die Verhältnisse des alten Manchester-England umwandelte, er führte den Achtstundentag ein, Mindestlöhne, Schiedsgerichte und brachte das gewaltige Gesetzgebungswerk der Sozialversicherung durch das Parlament. Im Jahre 1910 zum Innenminister ernannt, reformierte er den britischen Strafvollzug und begann kurz darauf, wiederum mit Lloyd George, die erst nach mehrjährigem Kampf und drei erbitterten Parlamentswahlen erfolgreich beendete Auseinandersetzung um die Entmachtung des Oberhauses.

In alledem kam vermutlich aber auch einer der Züge zum Vorschein, die ihn dem eher skeptischen Temperament seiner Landsleute, trotz aller Faszination, die von ihm ausging, von Anfang an verdächtig und nicht ganz geheuer machte: die unstete, fast besessene Hingabe an immer neue Themen, Aufgaben und Projekte, der Mangel an Phlegma, das nach dem überlieferten Verständnis des Landes ja nicht nur eine Frage des Stils, sondern auch Voraussetzung besonnenen Verhaltens ist – wie Churchill denn überhaupt, zumindest vom Kontinent her gesehen, eigentümlich unenglisch wirkt in all der derben Kraft und Fülle, die ihm eigen waren, in der naiven Freude am Unmaß, dem hemmungslosen Geltungs- und Pointenhunger, die ihm einen unverkennbar »amerikanischen« Zug verschafften: »Ich glaube, offen gesagt, daß Vulgarität ein Zeichen von Stärke ist«, schrieb er in einem frühen Brief. Wo immer die englische Lebensart als die Vorherrschaft der Norm über das Ungestüm, der Konvention über das Temperament, des Gleichmuts über den Affekt definiert wurde, mußte er höchst fremdartig wirken, ein »Reklamemacher«, wie die Fürstin Pless über den jungen Handelsminister schrieb, der unglücklich sei, sofern er nicht in aller Munde ist. Noch die unentwegt und wie ein Markenzeichen in

Anspruch genommene Zigarre demonstrierte, aufgeräumterweise, den Verstoß gegen die Regel. Der rasche Ämterwechsel verstärkte den Eindruck ewig angespannter, zur Macht drängender Nervosität noch. Im Jahre 1906 wurde er Unterstaatssekretär für die Kolonien, zwei Jahre später Handelsminister, wiederum zwei Jahre später Innenminister, im Oktober 1911 Erster Lord der Admiralität, und jedem dieser Ämter vermittelte er etwas von seiner ungeheuren Intensität, seiner genialischen Energie, aber auch etwas von seiner Irrlichterei, der dreisten Lust an Aufsehen, großem Theater und Knalleffekt. Den Ruf, in den er bald zu geraten begann, verdeutlicht eine Karikatur aus dem »Punch«, die ihn an Bord eines Schiffes neben dem zeitungslesenden Premierminister Asquith zeigt; auf seine Frage, ob es zu Hause Neues gäbe, erhält Churchill die Antwort: »Wie denn, wo Sie doch hier sind!«

Es gibt eine Art Hellsicht, die der Blindheit verwandt ist: dies beschreibt das Dilemma, in das Churchill schon bald nach Beginn des Ersten Weltkriegs geriet. Er hatte gegen alle Widerstände ein neues Flottenprogramm durchgeboxt, und die Ereignisse hatten ihm recht gegeben. Jetzt erschienen ihm auch seine strategischen Vorstellungen so unwiderleglich (und waren es, im Lichte späterer Erkenntnisse, im wesentlichen wohl auch), daß er nicht nur alle Einwände rücksichtslos beiseite schob, sondern auch das Geflecht politischer Abhängigkeiten, in das er verwoben war, mehr und mehr aus dem Auge verlor. »Seine glänzenden Eigenschaften«, hat Admiral Bacon bemerkt, »wurden geradezu die Ursache seiner Mißerfolge. Sein klarer Kopf und seine lebhafte Einbildungskraft ließen ihn glauben, er sei unfehlbar. Seine außerordentliche Tatkraft führte dazu, daß er sich um jede Einzelheit kümmerte ... Als ausführender Befehlshaber an der Front hätte er sich vermutlich großen Ruhm erworben, aber zur Führung eines hohen zivilen Amtes im Kriege war er in keiner Weise geeignet.«

Sein Scheitern Mitte Mai 1915, als er im Rahmen einer Regierungsumbildung seines Postens enthoben wurde, war denn auch in wachsenden Zweifeln solcher Art sowie in Churchills sträflicher politischer Sorglosigkeit begründet. Das mißglückte Dardanellen-Unternehmen, die »Katastrophe von Gallipoli«, war, wie hoch man seine persönliche Verantwortung dafür auch immer bemessen mag, nur der äußere Anlaß des Sturzes. Bezeichnenderweise bemerkte er die Regierungskrise, deren eigentlicher Anlaß er war, nicht einmal und agierte noch hektisch ins Leere, als die Entwicklung schon über ihn hinweggegangen war. Nicht ohne Sinn für pädagogische Ironie wurde er zum »Chancellor of the Duchy of Lancaster« berufen – auf einen Posten, der, wie Lloyd George bemerkt hat, Anfängern oder verdienten Politikern bei hervorbrechender Greisenhaftigkeit verliehen werde.

Im Lichte all dieser Vorgänge ist die mitunter gestellte Frage, ob Churchill überhaupt ein geborener Politiker gewesen sei, nicht ganz so abwegig, wie es auf den ersten Blick wohl erscheint. Er selbst hat nach seiner Verabschiedung geklagt, er habe doch niemals an irgendwelchen Intrigen teilgenommen, immer habe er sich alles erkämpft: »Und trotzdem werde ich mehr gehaßt als sonst einer!« Die ungewohnte Larmoyanz der Äußerung offenbart nicht nur die schockartige Wirkung des Sturzes, sondern auch eine wirkliche Schwäche. Sein Wesen drängte immer auf frontale Beziehungen, er gab sich direkt, unverstellt, und die offene Aggressivität lag ihm weit mehr als die Tricks, die Schliche und Manövrierkünste der Routiniers des parlamentarischen Betriebs. Der spätere Premierminister Baldwin meinte einmal, Churchill könne nicht lügen, aus diesem Grunde sei er ein so schlechter Verschwörer; Baldwin sprach von einem Unvermögen. Überhaupt fehlte es Churchill an den im engeren Sinne politischen Tugenden: sein auffallender Mangel an Menschenkenntnis verführte ihn immer wieder dazu, sich mit arbeitswütigen Zeloten, oberflächlichen Zynikern oder Scharlatanen zu umgeben, die für manche Rückschläge seines Lebens die eigentliche Ursache waren. Auch mangelte es ihm an Geduld, Umsicht, Diskretion, während er überreichlich von allem besaß, was dem politischen Erfolg abträglich ist: der Neigung zur Rechthaberei, der Unvorsichtigkeit und Lust an der Provokation. Die Verbindung von hitzigen und launenhaften Zügen mit einem unbändigen Geltungswillen gab der ganzen Erscheinung etwas anstoßerregend Glücksritterhaftes, doch stellte er alle diese Schwächen auf überwältigende Weise dar, und seine Menschlichkeit sprengte jede Norm. Was immer er in Angriff nahm, so schien es, diente ihm, trotz aller rasch erworbenen fachlichen Kompetenz, vorab als Mittel exzentrischer Selbstverwirklichung. Nicht zufällig war er denn auch ohne starkes demagogisches Talent. Gewiß hat er viele große Reden gehalten, und es gibt zahlreiche Wendungen von ihm, die auf unvergeßliche Weise in der Geschichte sind. Aber das alles wirkte immer wie für die Unvergeßlichkeit ausgedacht, vorher in Form gebracht, nicht selten war es sogar auswendig gelernt und auf mögliche Einwürfe der Opposition hin durchgespielt, um die eigene Schlagfertigkeit zu präparieren. »Winston verbrachte die beste Zeit seines Lebens damit«, hat einer seiner Parlamentsgegner nicht ohne Bosheit bemerkt, »überraschende Stegreifreden vorzubereiten.« Zum großen Demagogen fehlte es ihm an Biegsamkeit, an femininer Einfühlungsgabe, und wie wirkungsvoll seine Auftritte auch waren, sie machten doch das Unvermögen eines egomanen Temperaments sichtbar, sich vom Augenblick, von den Kräften, die es freisetzte, tragen zu lassen und mit dem Publikum in eine Art mystischer Kommunikation zu treten. Sein gewählter, hochgezogener, oft feierlich wirkender Sprachgestus, der aus dieser Art sorgfältig ausgefeilter Rhetorik herrührte, ist ihm häufig entgegengehalten worden. Doch pflegte er zu erwidern, daß der pathetische Ton der legitime Ausdruck staatlicher Ordnung und die Sprache das vornehmste Mittel politischer Repräsentanz sei.

In einer Unterredung, einige Zeit vor seinem Sturz, hatte er den Premierminister Asquith kennzeichnenderweise gebeten, »seine Zukunft nicht konventionell zu sehen«, doch jetzt schien sie tatsächlich ins Gewöhnliche abzurutschen. Einige Wochen

antichambrierte er herum, sein Ehrgeiz ebenso wie sein Tätig-
keitsdrang quälten ihn um so mehr, als er im Krieg die vermutlich niemals wiederkehrende Chance sah, dem einen wie dem
anderen auf eine offenkundig uneigennützige Weise Genüge zu
tun. »Ich bin erledigt. Mit mir ist es aus!«, hatte er auf die Nach-
richt von seiner Verabschiedung hin immer wieder gemurmelt.
Wie deprimiert er war, geht aus seinem Entschluß hervor, sich
reaktivieren zu lassen und als Bataillonskommandeur nach
Frankreich zu gehen; aber es war eine sinnlose Geste, bald
nahm er seinen Abschied und kehrte ins Unterhaus zurück. Zum
größeren Teil kam seine Verzweiflung sicherlich daher, daß er
tief in den Schatten gedrückt war, selbst seine Reden erregten
kein Aufsehen, die Nachrichten von der Front erstickten alle
rhetorische Mühe. Damals entdeckte er sein Talent zur Malerei;
es schien tatsächlich aus mit ihm.

Zwei Jahre später, im Sommer 1917, kehrte er doch auf die
Szene zurück; Lloyd George, der neue Premierminister, holte
ihn, ihrer langjährigen Freundschaft eingedenk, gegen allgemeinen Widerstand wieder in die Regierung. Zwar galt immer
noch, was einer der ehemaligen Mitarbeiter Churchills gesagt
hatte: »Man konnte an keinem Tag voraussagen, wohin sein
Einfallsreichtum uns am anderen Tag bringen würde«, aber
Lloyd George glaubte sich ihm gewachsen. In seinen Kriegserin-
nerungen hat er die Frage, warum Churchill so viele erbitterte
Feinde und kaum je irgendwelche Anhänger gehabt habe, zum
Anlaß genommen, eine scharfsinnige Charakterskizze zu entwerfen. »Tagelang«, heißt es da, »erörterten wir im Kabinett
nichts anderes als Churchill, seine Gaben, seine Schwächen, seine Fehler, besonders seine Fehler. Es war dabei höchst interessant zu beobachten, wie die Mittelmäßigkeit dem Genie gegenüber jede Phase von Mißtrauen und schlotternder Angst durch-
läuft ... Niemand bestritt Churchills blendende Begabung und
seine persönliche Faszinationskraft. Auch räumten sie ein, daß
er Courage besitze und ein unermüdlicher Arbeiter sei. Warum,
so fragten sie, besaß er trotz alledem mehr Bewunderer, aber

weniger Anhänger als irgendein anderer Mann des öffentlichen Lebens in England? . . . Ihre Erklärung war: Sein Geist sei eine überaus starke Maschine, aber mit irgendeinem versteckten Fehler in ihrem Material oder ihrer Konstruktion; er hindere die Maschine daran, immer zuverlässig zu arbeiten. Woran es lag, konnten sie nicht sagen. Aber wenn der Mechanismus versagte oder falsch lief, dann machte gerade die ihm eigene Kraft die Folgen verheerend – nicht nur für ihn selbst, sondern auch für die Sache, mit der er sich befaßte und für die Männer seiner Umgebung. Das ließ sie vor ihm zurückschrecken. Sie meinten, das Metall dieses Mannes habe irgendeinen Gußfehler, es sei tragisch – aber Grund genug, seine Fähigkeiten lieber ungenutzt zu lassen. In ihren Augen leistete er keinen Beitrag zu dem gemeinsamen Ideen- und Energiekapital in der Stunde der Gefahr, vielmehr bedeutete er eine zusätzliche Gefahr, vor der man sich schützen mußte.

Ich sah die Sache anders. Für mich waren sein erfinderischer Verstand und seine unermüdliche Energie von unschätzbarem Wert; vorausgesetzt«, so fügte Lloyd George hinzu, »daß man ihn überwachte.«

Unter dieser Aufsicht hat Lloyd George, unnachgiebig in aller Intimität, Churchill während seiner fünfjährigen Regierungszeit gehalten; er war der einzige, der es je vermocht hat. Als er 1922 stürzte, schien auch Churchill wiederum am Ende. Aber noch einmal gelang es ihm, und auch jetzt wieder mit einer atemberaubenden Wendung, das Spiel neu zu organisieren: Zur Verwirrung der Öffentlichkeit verließ er, nach zwanzigjähriger Zugehörigkeit, die zerstrittene und erschöpfte Liberale Partei und kehrte zu den Konservativen, der »stupid Party« seiner Anfangsjahre, zurück. Freilich benötigte er rund zwei Jahre und die Gunst vieler Umstände, ehe er wieder im Unterhaus erschien, aber am Ende triumphierten eben doch seine Energie sowie sein naiver, unbekümmert über alle Widersprüche und eigene Kehrtwendungen hinwegsetzender Machtwille, der es nicht ertragen konnte, abseits zu stehen. Der Geruch des unseriösen, prinzipienlosen Opportunisten hing ihm von nun an unverlierbar an, und nur der mutwillig herausfordernde, große Stil, mit dem er die Zahl seiner Gegner vermehrte, gab seinen Eskapaden einen versöhnlichen, wenn auch mit häufig erheiterter Verwunderung quittierten Zug. Sein dramatisches Temperament benötigte aber auch Widerstände, um zur Übereinstimmung mit sich selbst zu kommen. »Was er sich vor allem wünscht«, notierte H. G. Wells, »ist eine Bühnenwelt voller Schurken – und er, Winston, als einziger Held mitten unter ihnen.« Er hatte Lust an Gegnerschaften und brauchte Feinde, zur Not machte er sie sich absichtsvoll selber. Niemand vermag zu sagen, wieviel an seinem Entsetzen über die revolutionären Vorgänge im Rußland von 1917, über »die dumpfen und schmutzigen Gestalten des Bolschewismus« und »diese würdeloseste Tyrannei der Geschichte«, aus solchen psychologischen Bedürfnissen stammte.

Wie in allem anderen, war er auch in seinen Feindschaften stets zum Äußersten bereit. Schon 1919, und dann noch einmal 1920, hatte er den Krieg gegen die Sowjetunion gefordert und keinen Augenblick bedacht, daß dieser Gedanke in einem von vierjähriger Kriegsanstrengung tief erschöpften Lande höchst unpopulär und wie die Kaprice eines politischen Abenteurers wirken mußte. Ähnlich war es einige Jahre später, als er, inzwischen Schatzkanzler des konservativen Kabinetts Baldwin, den Generalstreik der Gewerkschaften zur großen Abrechnung mit den Sozialisten nutzen wollte, selbst einen Bürgerkrieg hätte er damals, wenn die Zeichen nicht trügen, in Kauf genommen. Denn unter den zahlreichen Schwenkungen, die er vollzogen hatte, fand sich unterdessen auch die vom Sozialradikalen zum Reaktionär, der sich über die Politik der Preisgabe bewährter Standesprivilegien ereiferte, die Mißachtung großer Traditionen und die schnöde Anpassung an eine als Zeitgeist maskierte Gewöhnlichkeit verurteilte – bis er sich schließlich mit dem Sturz der Regierung Baldwin im Jahre 1929 erneut aus allen Ämtern und Positionen hinausmanövriert hatte.

Das Charakteristische, noch heute Verwirrende an allen diesen Wendungen ist eigentlich, daß nie eine kohärente politische Konzeption dahinter erkennbar wird, kein gemeinsamer Nenner, der die tausend Verhaltenswidersprüche einte; es war nur immer eine ehrgeizige, ungemein wandlungsfähige, in ihrem Willen starke Individualität. Sie vermittelte allen seinen Aktionen die blutvolle Tönung, den Zauber des unwiderstehlich Lebendigen – doch verhinderte sie auch, daß er je einen verläßlichen Rückhalt, eine Art Hausmacht fand: »Ich habe in der Politik meist so gehandelt, wie mir gerade zumute war«, hat er mit allem denkbaren Freimut bekannt und wie entschuldigend hinzugefügt: »Wann immer ich aus Vorsicht, Trägheit oder auf den Rat anderer hin von meiner ursprünglichen Eingebung abgewichen bin, habe ich mich vor mir selber geschämt.«

Das Mißtrauen gegenüber einem Manne, der eigentlich immer nur mit grimmiger Lust er selber war, fand während der zehn Jahre von 1930 bis 1940 seinen deutlichsten Ausdruck. Churchill selber hat diese Zeit später seine »Wüste« genannt. Denn es waren Jahre voller Spannung, Dramatik, heraufziehender Bedrohung, und wiederum sah er sich zur Untätigkeit verurteilt. Wie um sich zu betäuben, flüchtete er in eine Vielzahl von Ersatzbeschäftigungen: er war Abgeordneter, schrieb Bücher, darunter eine vierbändige Biographie seines Ahnherrn Marlborough und gleich darauf eine ebenfalls vierbändige »Geschichte der englischsprechenden Völker«; er war ein höchst erfolgreicher Kolumnist, erlernte das Maurerhandwerk und erweiterte eigenhändig seinen Landsitz, er pflanzte Gärten, züchtete seltene Tiersorten, malte – aber kein Amt, keine Wirkungsmöglichkeit: eben eine »Wüste«.

Immerhin verwendete er das Wort im Rückblick nicht ganz ohne providentiellen Unterton; er bereitete, wie er später bemerkt hat, in diesen Jahren seine Zukunft vor. Denn mit der Sache, auf die er sich jetzt mit seinem ganzen Ungestüm warf und die wiederum nur wie eine einzelgängerische Kaprice schien, sah er sich am Ende dieser zehn Jahre als ein Mann von unbeirrbarer Hellsichtigkeit und eines alle Rivalen überragenden Urteilsvermögens glanzvoll ins Recht gesetzt. Entgegen der offiziellen Politik, die, wie im Inneren gegenüber den sozial Schwächeren, nun auch in der Außenpolitik auf Befriedung, Ausgleich, auf »Appeasement« setzte, trat er als der unermüdliche Warner auf. Kein Zugeständnis gegenüber Hitler!, war die immer wieder abgewandelte Formel, die er in dem zu jener Zeit deutschfreundlichen und aller Spannungen überdrüssigen Lande mit seinem ganzen Hang zur Provokation, seinem grandiosen Mut zur Unpopularität verkündete.

Es zählt zu den Legenden, die dieses wie jedes große, groß geführte Leben umgeben, er sei ein Deutschenhasser gewesen. Tatsächlich war das nicht der Fall, und zu jeder Bemerkung, die darauf zu deuten scheint, gibt es auch den Widerspruch. Er empfand eine romantisch-royalistische Neigung für den deutschen Kaiser und hat die im Anschluß an den Ersten Weltkrieg leidenschaftlich erörterte Kriegsschuldfrage nicht ohne das Befremden dessen verfolgt, der in der Politik bestimmte unabänderbare Gesetze am Werke sieht: die Auseinandersetzung war im Konflikt der Interessen und der rivalisierenden Machtansprüche begründet, die moralischen Kategorien hatten sich als wirksames Instrument psychologischer Kriegsführung erwiesen, doch war er nicht blind genug, der eigenen Propaganda noch im Nachhinein zu erliegen und zu übersehen, daß der Krieg selber, aus Gründen gleichsam der politischen Physik, unvermeidbar gewesen war. Ludendorff betrachtete er nicht ohne Bewunderung, wie eine von ihm geschriebene Skizze des Generalquartiermeisters ausweist. Er hegte Sympathie für das konservative Temperament der Deutschen, das ihm eine Gewähr gegen den Kommunismus zu bieten schien, und liebte die Welt Habsburgs. Golo Mann hat berichtet, er habe Benesch als einen der Zerstörer der Doppelmonarchie verachtet.

Gehaßt hat er Hitler. Auch dies wohl nicht von Anfang an und gewiß nicht, weil ihm die militanten, auf irrationales Ideologienwerk eingeschworenen Bewegungen, die in den zwanziger und dreißiger Jahren lärmend den politischen Raum besetzten, gänzlich fremd gewesen wären. Nach einer Italienreise 1925 äußerte er sich tief beeindruckt über Mussolini und dessen »triumphalen Kampf gegen die bestialische Leidenschaft des Leninismus«; eine ähnliche Äußerung gibt es, wie man weiß, über den Hitler der mittleren dreißiger Jahre, und in einem satirisch gefärbten Zukunftsroman seines Freundes Harold Nicolson figuriert Churchill als Premier einer Koalitionsregierung mit dem britischen Faschistenführer Oswald Mosley.

Gleichwohl kann man schwerlich so weit gehen wie Sebastian Haffner, der sich Churchill, nach Temperament und politischer Neigung, als eine Art Wortführer des europäischen Faschismus vorstellen kann und der Auffassung ist, nicht viel mehr als die Nationalität habe Churchill daran gehindert, eben dies zu werden. Immerhin aber finden sich, soviel ist richtig, zahlreiche Elemente, die den »faschistischen« Charakter der Zwischenkriegsjahre definieren, auch bei ihm: das tiefe, panische Entsetzen über die brutale Permanenz der Revolution in Sowjetrußland sowie über mancherlei revolutionäre Symptome in vielen Weltgegenden; die romantisch-kriegerische Neigung; sodann die stark irrational getönte Schicksalsfrömmigkeit, die ihn zeitlebens erfüllte, sowie schließlich der Hang zu extremen Reaktionen. Daß er dies alles, wenn auch ungleich gebändigter, unverkrampfter, freier als die Faschisten selber in seinem eigenen Wesen vorfand, hat ihn vermutlich besser als viele seiner Zeitgenossen begreifen lassen, was da in diesen militärmäßig organisierten, von Größe und Geschichte atavistisch träumenden Sozialreligionen der Zwischenkriegsjahre heraufzog.

Vor diesem Hintergrund muß man sein Verhältnis zu Hitler sehen. Seine elementare Kriegernatur, die sich, wie er es sah, in eine schwächliche, rundum von Zauderern und »Appeasern« beherrschte Zeit hineinversetzt wähnte, witterte in Hitler augenblicklich den großen Gegner, der ihm gestatten würde, trotz aller Rückschläge, aller verspielten und vertanen Chancen, doch noch er selber zu werden. Es war diese fast instinktiv erfaßte Erwartung, die ihn seit Mitte der dreißiger Jahre in eine ungeduldige, fast schwärmerische Kampfeslaune versetzte.

Es mag denn auch offenbleiben, ob er, der Urneffe des Herzogs von Marlborourgh, den bohemischen Kleinbürger Hitler je besser begriffen hat als Neville Chamberlain, dessen Politik irrtümlicherweise auf Deutschland statt auf Hitler zielte; der, anders gesagt, auf deutscher Seite ein kalkuliertes Interesse voraussetzte anstelle des Gesinnungsfiebers eines Universalputschisten; aber unzweifelhaft ist, daß Winston Churchill in Hitler – anders, schärfer, unbeirrbarer als seine Zeitgenossen – einen Widersacher erkannte, der nicht nur Großbritannien, sondern die bestehende Weltordnung im ganzen tödlich und bis an die Grenzen ihrer Kraft herausfordern würde und so etwas wie der Urfeind schlechthin war. Aller Haß, aller Abscheu, dessen Churchill fähig war und den er so lange an disparate, mitunter auch irreal wirkende Gegner oder Kontrahenten gewendet hatte, konzentrierte sich von nun an immer ausschließlicher auf den bedrohlich emporwachsenden, geschäftig zum Krieg hinarbeitenden deutschen Diktator.

Auf diese merkwürdige Weise war er seit Mitte der dreißiger Jahre an Hitler gekettet: ohne ihn einfach nur Winston Spencer Churchill, ein hochbegabter Ansatz, ein paar turbulente Jahre, aber dann alles ruiniert durch einen unwiderstehlichen Hang zum Melodramatischen, am Ende belächelt, im Unterhaus sogar, entgegen aller Tradition, niedergezischt; eine brillante Fußnote der Geschichte, nicht viel mehr. Erst Hitler machte ihm den Weg zur Größe frei. Jeder Übergriff, jede neue Herausforderung gab dem beharrlichen Warner recht. Chamberlain hat in einer Tagebuchnotiz vom Sommer 1939 festgehalten, wie Hitlers immer unzweideutiger hervortretender Kriegswille Churchills ruiniertes Prestige wiederherstellte und die Stimmung allmählich umschlug; und in einer Weise, wie sie nur in diesem farbenreichen Leben mit seinen Sprüngen und abrupten Wendungen möglich schien, wurde er vom Querkopf großen Stils zur politischen Alternative einer unsicher gewordenen Nation. Am

3. September 1939 schließlich, am Tage der englischen Kriegserklärung, holte der Premierminister ihn ins Kabinett zurück. Churchill wurde, wie schon im Ersten Weltkrieg, Marineminister. »Winston is back«, lautete knapp und doch die großen Erwartungen ankündigend, die sich mit dieser Amtsübernahme verbanden, das Telegramm des Ministeriums an die Flotte. Ein dreiviertel Jahr später war er, der soeben noch im Ruf eines abgewirtschafteten politischen Durchgängers, eines bedeutenden Schriftstellers allenfalls und glanzvollen Redners gestanden hatte, selber Premierminister. Noch wenige Tage zuvor hatten weder der König noch Chamberlain oder eine der drei Parteien ihn in diesem Amt sehen wollen. Aber sein beharrliches Schweigen auf die Frage, ob er in einem Kabinett Halifax ein Ministeramt übernehmen wolle, die stumme Drohung, die darin steckte, sein geduldiges Warten, daß »nach ihm geschickt« werde, hatte schließlich alle Widerstände überspielt. »Ich fühlte eine tiefe Erleichterung«, hat er über seine Empfindungen im Augenblick seiner Ernennung am 10. Mai 1941 vermerkt, »endlich hatte ich die Macht über das Ganze und konnte befehlen.« Und dann, in kaum unterdrücktem Jubel: »Ich hatte das Gefühl, als schritte mir das Schicksal zur Seite und als sei mein ganzes zurückliegendes Leben nur eine Vorbereitung auf diese Stunde und diese Berufung gewesen. Ich war gewiß, ich würde nicht versagen. Infolgedessen erwartete ich, als ich um drei Uhr nachts zu Bett ging, den Morgen zwar mit Ungeduld, aber ich schlief traumlos. Ich brauchte keine tröstenden Träume.«

In der Tat war das, nach so vielen Außenseiterjahren, so viel Hohn, so viel verschmähtem Einsatzwillen, *seine* Stunde, und selten in der Geschichte haben ein Mann und eine Situation sich so überwältigend ergänzt.

Entscheidend war zunächst wohl, daß er sich erstmals vom öffentlichen Willen getragen wußte. Die Menschen hatten in ihrer großen Mehrheit Frieden gewollt, und Chamberlain hatte diesen Willen unter immer neuen Zugeständnissen in Politik umgesetzt. Mit dem Scheitern Chamberlains sollte und mußte der Mann des Krieges seine Chance haben: daß Churchill dessen Prophet gewesen war, hatte seine Landsleute so lange mit Mißtrauen gegen ihn erfüllt; jetzt wurde es die Grundlage des breiten, alle Bedenken hinwegfegenden Vertrauens, das ihn trug.

Hinzu kam, daß der Krieg gegen Hitler ihm eigentlich zum erstenmal ein übergreifendes, vom Geruch persönlicher Absichten freies Ziel verschaffte, das zugleich die divergierenden Charakterzüge zusammenzwang und zu einer mitreißenden Formel einte. Der Kampf um die Selbstbehauptung, die Freiheit seines Landes und gleichzeitig damit um die Bewahrung einer großen, alle nationalen Interessen übersteigenden Lebensform, der Einsatz für das, was Churchill die »Weltverantwortlichkeit« nannte, war endlich die »Idee«, die er so lange entbehrt und in so vielen launenhaft und ungereimt wirkenden Ausfällen gesucht hatte. Sein romantischer, für große Gedanken und generöse Ziele empfänglicher Sinn schob alle realpolitischen Erwägungen beiseite und versagte sich die Überlegung, daß England strenggenommen nicht angegriffen, von Hitler vielmehr bewundert und heimlich umworben war. Überhaupt verwandelte der Krieg Churchills vielkritisierte Schwächen unvermittelt in Vorzüge. Die Rücksichtslosigkeit im Verfolg der Ziele, den ungezügelten Tatendrang, die Freude an Drama und Exaltation sowie die aggressive Kampfeslaune, die so lange irritierend auf Nerven und Sinne seiner Umwelt gewirkt hatte: das alles machte ihn unwiderstehlich und schien jetzt, in der Düsternis dieser ersten Kriegsphase, wie ein Versprechen auf den Sieg; desgleichen Churchills Bedenkenlosigkeit. »Wenn Hitler eine Invasion der Hölle plant«, erklärte er, »werde ich mich im Parlament sogar freundlich über den Teufel äußern«: das hätte gestern noch wie ein neuerlicher Beleg seiner Skrupellosigkeit gewirkt; heute galt es als Beweis von Stärke und ungeheuerlicher Entschlossenheit.

Mit alledem wurde er, von Beginn an, zu einer Art Symbolfigur des Widerstandswillens; und die deutsche Kriegspropaganda hat ihn denn auch, noch bevor er Premierminister wurde, zu ihrem wütendsten Haßobjekt gemacht. Gewiß wäre England auch ohne ihn zur Selbstverteidigung entschlossen gewesen, das Durchhaltevermögen des Landes, seine stoischen Kräfte in der Niederlage waren immer groß. Was Churchill der Auseinandersetzung außer seiner rastlosen Energie hinzugab, war der zum Äußersten entschlossene Ernst, den Krieg als eine Frage von Leben oder Tod zu führen sowie der mitreißende, grandiose Schicksalston, den er anzuschlagen wußte. »Was ist unser Ziel?«, fragte er mit seiner eigentümlich bellenden Stimme in einer seiner ersten Reden als Premierminister; »Ich kann das nur mit einem Wort beantworten: Sieg! Sieg um jeden Preis! Sieg trotz aller Schrecken, so lang und so hart der Weg dahin auch sein mag! Ohne Sieg gibt es kein Weiterleben!« Und nach Dünkirchen schloß er seine Rede mit den berühmten Sätzen: »Wir werden nicht nachlassen und nicht wankend werden! Wir werden bis zum Ende durchhalten! Wir werden in Frankreich kämpfen, auf den Meeren und den Ozeanen! Wir werden mit wachsender Zuversicht und Stärke in der Luft kämpfen, wir werden unsere Insel verteidigen, koste es, was es wolle! Wir werden am Strand kämpfen, auf den Landeplätzen, auf den Feldern und Straßen, wir werden auf den Hügeln kämpfen! Wir werden uns niemals ergeben!« Schon bald darauf, im Gefühl wachsenden Selbstbewußtseins, höhnte er zum Festland hinüber: »Wir warten auf die lange angekündigte Invasion. Die Fische auch!« Niemand hätte so wie er dem Lande die Inspiration der großen Stunde vermitteln können, das Bewußtsein, im Angesicht der Geschichte zu handeln; er machte noch die Verzweiflung zu einem großartigen Gefühl: so in der berühmten Blut-, Schweiß- und Tränen-Rede vom 13. Mai 1940; desgleichen einige Wochen später, als er ausrief: »Verhalten wir uns so, daß die Menschen selbst nach tausend Jahren, die das britische Empire noch bestehen mag, sagen werden: Dies war seine größte Stunde!« Es war die Stunde Churchills.

Er schwankte nie, wie einsam England sich angesichts des an

allen Fronten triumphierenden Hitler, der ihm im Bündnis mit Stalin überdies einen gewaltigen eurasischen Block des Totalitarismus entgegensetzte, auch immer fühlen mochte. Gewiß konnte der deutsche Diktator, der unersättliche, vielfach wortbrüchige, verächtlich inferiore Hitler ihn keiner Anfechtung aussetzen. Aber Churchill hat sicherlich schon bald erkannt, daß der bedingungslose, um buchstäblich jeden Preis gesuchte Sieg England entscheidend schwächen würde. Schon etzt ging, was er dem Lande über alle geschwundene Kraft hinaus abverlangte, weit über dessen Möglichkeiten; aber er wollte es, noch einmal, »als militärische und moralische Zentralmacht leuchten« lassen. Der Preis jenes Sieges, den er wollte, war nichts anderes als das Empire selber.

Er hat diesen Sieg dennoch mit Leidenschaft erstrebt und alle Kompromißmöglichkeiten immer verworfen Zwar hoffte er, der tragischen Konsequenz zu entgehen, die er heranrücken sah, und hat einiges an politischer Phantasie, seine Intelligenz und Energie an diese Aufgabe gewandt. Aber am Ende war sein Siegeswille stärker als jede andere Erwägung. Die in der Tat »unnatürliche Koalition« zwischen Briten, Amerikanern und Sowjetrussen, die vor allem sein Werk war, hat er nicht zuletzt aus diesem Grunde zusammengebracht.

Dennoch ist er, wie man weiß, mit seinem Vorhaben gescheitert; über das Empire hinaus, dessen Zeit vermutlich ohnehin zu Ende ging, hat er einen Teil der Lebenskraft Englands an diesen Sieg gegeben. Wenn de Gaulle, dem solche Eingeständnisse schwer wurden, im Rückblick gesagt hat, im großen Drama des Krieges sei Churchill der Größte gewesen, so bezog er das, mehr noch als auf alles andere, auf diese imponierende Bereitschaft, um des Sieges willen alles »perfide« Interesse hintanzustellen und selbst den Abschied seines Landes von der Geschichte dafür in Kauf zu nehmen.

Denn natürlich hätte Churchill das Spiel mit größerer Vorsicht, enger kalkuliertem Interesse betreiben können, etwa indem er die Kräfte der drei anderen Mächte gegeneinandergeführt, verschlissen und für das Empire soviel Substanz wie möglich zu retten versucht hätte. Doch hätte diese Politik nicht nur seinem rückhaltlosen, immer aufs Ganze gehenden Wesen widersprochen, sondern auch dem visionären Zug, der seine Überlegungen zusehends prägte. Bald nach Beginn des Krieges hatte er ansatzweise schon den Gedanken entwickelt, die erstrebte Waffenbrüderschaft mit den USA zu einer Wiedervereinigung der englischsprechenden Völker zu nutzen und diesen dann die Vorherrschaft über den Erdball zu sichern. Er hat diesen Plan, in einem charakteristisch tollkühnen Verfahren, schmieden und gleichzeitig einer äußersten Belastungsprobe aussetzen wollen, als er den amerikanischen Präsidenten Roosevelt dafür zu gewinnen suchte, zusammen mit dem Sieg über Hitler die Ausschaltung Stalins und die Beseitigung des Bolschewismus zu betreiben. Je länger der Krieg dauerte, desto entschiedener ging er davon aus, daß der eine Revolutionär nur das Spiegelbild des anderen sei und beide als der Feind alles dessen zu gelten hätten, wofür England, in Stellvertretung der zivilisierten Menschheit, diese Auseinandersetzung auf sich genommen hatte.

Auch mit diesem Konzept, das den Hintergrund seiner sogenannten Südstrategie bildete, ist Churchill bekanntlich gescheitert. Der Versuch, die USA zum »Stoß in den weichen Unterleib der Achsenmächte« zu überreden und die alliierte Großoffensive anschließend über Wien, Prag und Warschau zum Baltikum zu führen, um Ost- und Mitteleuropa vor den Expansionsbestrebungen Stalins zu bewahren, ist über einen Ansatz nicht hinausgekommen; dann haben militärische Überlegungen, Churchills Schwierigkeiten, sich offen zu einer Strategie gegen den einen seiner großen Bündnispartner zu bekennen, sowie Roosevelts Arglosigkeit die Wende herbeigeführt. Auf der Konferenz von Teheran, Ende 1943, machte der amerikanische Präsident mit Stalin gemeinsame Sache; sie verwarfen Churchills überdies von eigenen Widersprüchen verwirrtes Konzept. Der Entschluß zur Invasion Frankreichs bedeutete zugleich die Erweiterung des sowjetischen Einflußbereichs nach Westen sowie die Teilung Europas. Der Augenblick, den Churchill neben dem Schicksal einhergeschritten war, war unwiderruflich vorüber.

Es hatte offenbar damit zu tun, daß nun erstmals auch die Kräfte nachließen. Was die Euphorien der gewaltigen Aufgabe, das Organisieren, Kämpfen, Zusammenbringen, was die pathetische Atemlosigkeit der vergangenen drei Jahre verborgen hatte, wurde jetzt sichtbar: daß Churchill, als er endlich zum Zuge kam, schon ein alter Mann gewesen war. Aller Triumph, den er auskostete, konnte nicht verbergen, daß das Ende des Krieges ihn unglücklich machte, und dies nicht nur, weil er machtpolitisch verloren worden war. Er hatte immer den Kampf geliebt, allenfalls auch die Niederlage, weil sie reiche Möglichkeiten zu großen, erbitterten Gesten bot, doch nicht den Sieg, der zweideutige, schwer durchschaubare Gefahren barg und immer auch das Ende aller Konfrontation bewirkte.

Jedenfalls haben die Beobachter jener Jahre übereinstimmend die plötzlich einsetzende Reduktion bemerkt. Zwar war die Tatkraft des nahezu Siebzigjährigen noch immer ungewöhnlich, aber häufig wirkte er unkonzentriert, umständlich und als agiere er ohne Schwerpunkt. Nicht selten war er grundlos gereizt oder verfiel in pessimistische Apathien, aus denen er sich in ein betäubendes Aktionswirrwarr rettete. Unentwegt entwickelte er Pläne, die er nach kurzen hektischen Ansätzen fallen ließ, dazwischen stößt man auf Entscheidungen oder Szenen, die einige fatale Schatten auf die im ganzen so generöse Erscheinung werfen, darunter beispielsweise die Maßnahmen gegen das widerspenstige Athen oder die Unterschrift unter das Dokument über die Austreibung der Deutschen, dessen Folgen er später, vor allem im Verlauf der Potsdamer Konferenz, vergeblich zu mildern versuchte.

Noch einmal kam ihm das »Schicksal« entgegen, doch er bemerkte es nicht. Im Mai 1945 hatte er das Koalitionskabinett aufgelöst, »tränenüberströmt«, wie es im Bericht eines Augenzeugen heißt, hinter dem vertrauten, grünbespannten Tisch stehend und die Geschichte beschwörend: »The light of history will shine on all your helmets!« Nicht einmal zwei Monate später wählte England ihn ab. Es war ein Akt emotionsloser, politischer Nüchternheit und, wie alle Entscheidungen aus purer Zweckmäßigkeit, nicht ohne schnöden Zug; der große Kriegsmann hatte, was erwartet worden war, getan, der Krieg war aus, er sollte gehen. Lord Moran, der Leibarzt Churchills, hat berichtet, wie schon Monate zuvor der Kräfteverfall eingesetzt hatte, hinzu kamen Gedächtnisschwund, Konzentrationsmangel, häufige Absencen. Churchill selber dagegen sah in der Wählerentscheidung nicht die Chance des großen, fast tragischen Abgangs, sondern nur die Bitternis der Niederlage; und kaum hatte er den tiefen Schock verwunden, begann er, den Wiedergewinn der Macht zu organisieren. Nebenher schrieb er ein sechsbändiges Werk über den Zweiten Weltkrieg, auch das wieder, wie Arthur Balfour die Arbeit über den Ersten Weltkrieg genannt hat, eine Art »Autobiographie Winstons in Gestalt einer Geschichte des Universums«. Sein schriftstellerisches Oeuvre umfaßte am Ende fünfunddreißig Bände, unter denen die Biographie seines Ahnherrn Marlborough nicht nur als Beispiel großer, anschaulicher Sprachgewalt, sondern auch als Werk professioneller Geschichtsschreibung hervorragt. 1953 erhielt er den Nobelpreis für Literatur. Und als könne er nicht enden, setzte er in einigen aufsehenerregenden Reden, so in Fulton, in Zürich oder Straßburg, sein legendäres Prestige ein, um die Vereinigung Europas sowie die Vision von einst, den Zusammenschluß der englischsprechenden Welt, voranzutreiben.

Unter Aufbietung aller Kräfte gelang es ihm schließlich, im Oktober 1951, doch noch einmal Premierminister zu werden. Es war indes nicht viel mehr als die trotzige Geste eines Mannes, der nach allem, was das Schicksal ihm gewährt hatte, auch dies noch wollte: selber den Zeitpunkt bestimmen, an dem er abtreten würde. Zu Lord Moran sagte er wenige Tage nach der Wahl verzweifelt: »Ich bin so verdummt. Ich habe keine Beziehung mehr zu meinem Leben.«

Er war nun ein Greis, im Sommer 1949 hatte er einen ersten

Schlaganfall erlitten, vier Jahre später einen weiteren, der ihn halbseitig gelähmt und zeitweilig der Sprache beraubt hatte. Kaum war er imstande, wieder ein paar Worte hervorzubringen, sprach er von politischen Geschäften. In London aber machte immer unüberhörbarer das Wort vom »Halbtagspremier« die Runde. Nach langem Zögern, gedrängt von seinen Freunden, immer wieder sich anklammernd an dieses Amt, das er so lange gewollt, fast noch verfehlt, schließlich erkämpft, verloren und wiedergewonnen hatte, trat er Anfang April 1955 endlich zurück. Die englische Presse streikte gerade, so daß sein Abgang fast echolos blieb.

Eigenem Eingeständnis zufolge, hat er lange Jahre unter dem Gedanken gelitten, in einer Zeit geboren zu sein, die es nicht mehr erlaube, unsterblich zu werden; nun war er es doch geworden. Immerhin wirkt seine Größe auf den ersten Blick merkwürdig hintergrundlos: in ihm verkörpert sich aufs Ganze gesehen, kein der Epoche eigentümlicher Gedanke. Weit stärker ausgebildet waren die anachronistischen Züge seines Wesens: »Ich lebe gern in der Vergangenheit«, bekannte er. Die Zeichen von Umbruch und Veränderung um sich her nahm er gleichgültig oder abwehrend zur Kenntnis, den Kräften und Bestrebungen der Zeit: von den Mitspracheforderungen der Arbeiterschaft bis zu den Emanzipationsprozessen in Europa oder der Dritten Welt, gewann er kein Verständnis ab. Auch hielt er zeitlebens, mit dem Starrsinn des viktorianisch geprägten Offiziers von Bangalore, an Begriff und Unversehrtheit des »Britischen Empire« fest und hat im »Commonwealth« im Grunde nichts anderes als Verrat und Anarchie zu sehen vermocht.

Solche unübersehbaren Schwächen mindern vielleicht seinen Rang, fügen ihm aber sicherlich auch etwas hinzu. Denn ihn trug nichts; keine Zeittendenz, als deren Wortführer er auftreten, keine übermächtige Zukunftsidee, die seinen Irrtümern Weihe oder doch Indemnität verschaffen konnte. Er war einfach der Repräsentant des zu allen Zeiten vorhandenen Willens, der Gewalt zu widerstehen, dem Erpresser nicht kleinbeizugeben, auch auf scheinbar verlorenem Posten die Herausforderung anzunehmen.

Das hat seiner Erscheinung den unverwechselbar symbolischen Charakter gegeben: »ein Held von Corneille«, wie Heinrich Mann 1943 mit churchillianischem Pathos formulierte, »in der Maske des Zeitalters«. Seine offenkundigen Schwächen haben dem Empfinden der Größe merkwürdigerweise noch vorgearbeitet. Es fiele nicht sonderlich schwer, sein Bild ganz aus der Skala schwarzer Farben heraus zu entwerfen. Die Unbeugsamkeit, mit der er immer nur er selber war, hat ihn zwar leicht angreifbar gemacht: ein Mann voller Ehrgeiz, Rücksichtslosigkeit, Haß, Sentimentalität; aber eben auch voller Wärme, Tapferkeit, Hingabe, Großmut, Männlichkeit. Die Verbindung des einen mit dem anderen hat ihn zugleich vor aller faden Schulbuch-Erhabenheit bewahrt.

Nach seinem Rücktritt lebte er noch zehn Jahre. Er verbrachte sie, geplagt von Altersbeschwerden, bei Kartenspiel, leichter Lektüre und stockend geführten Gesprächen. Er verstummte zusehends, erkannte weniger und weniger Gesichter und verlor allmählich alles Interesse, gleichgültig, worum es sich handelte. Der Rest war müdes Dahindämmern in der Sonne, dann und wann auch der Marasmus auf den High-Society-Yachten des Mittelmeers. Er überlebte Freunde und Gegner, aber die einen wie die anderen bedeuteten ihm nun nicht mehr viel. Mitunter, wenn er aus seinen apathischen Zuständen erwachte, sprach er, im Gedanken an die berühmte Formel, auf die er als Politiker so lange gewartet hatte, von der Hoffnung, daß bald nach ihm geschickt werde.

Noch einmal:
Abschied von der Geschichte

Polemische Überlegungen zur Entfremdung von
Geschichtswissenschaft und Öffentlichkeit

»Ein Mensch ohne Geschichte ist wie ein
Gesicht ohne Augen.«   Polybios

Wenn Bücher ihre Schicksale haben, so haben ihre Titel sie mitunter auch. Im Jahre 1946, inmitten des zertrümmerten, schuld-
bedrückten und ratlosen Nachkriegsdeutschland, veröffentlichte
Alfred Weber eine Schrift, die zu den bedeutenden Zeugnissen
der moralischen Besinnungsliteratur jener Zeit rechnet. Schon
während der Endphase des Krieges geschrieben, suchte sie aus
der Erfahrung des Hitler-Regimes Folgerungen zu ziehen und
die allgemeine Erschütterung für einen Impuls grundsätzlicher
Neuorientierung fruchtbar zu machen. Sie trug den Titel »Abschied von der bisherigen Geschichte«, wurde diskutiert, viel berufen – und vergessen.

Bewahrt jedoch und ins Arsenal geschichtskritischer Stan-
dardformeln übernommen wurde der Titel des schmalen Ban-
des, wenn auch mit einer kennzeichnenden Abwandlung. Als
Verfasser des »Abschieds von der Geschichte« sieht Alfred Weber sich noch heute gelegentlich in Anspruch genommen.

Offenkundig ignoriert diese Veränderung die These des Buches und erweitert sie ins Prinzipielle. Aber die Frage ist, ob die
Verfälschung nicht gerade eine Wahrheit ans Licht gebracht
hat; ob nicht Geschichte oder doch die zur Geschichte gerin-
nende Politik weithin noch immer betrieben wird, als habe es die
monströse Erfahrung des Hitler-Reiches, die Alfred Weber als
Endphase eines jahrhundertelangen Irrwegs beschrieben hat,
nicht gegeben; während das, was man »Abschied von der Ge-

schichte« nennen kann, zumindest in diesem Land, tatsächlich stattgefunden hat.

Dieser »Abschied« war zunächst vom Blick auf das Dritte Reich selber inspiriert: mit ihm, dem grauenvoll zu Ende gegangenen, wollte ein verbreitetes Empfinden die ganze eigene Geschichte vergessen. Eine Rolle spielten dabei zunächst gewiß die im ganzen zwar gutgemeinten, aber grobschlächtig, naiv und auch nicht ganz ohne Spuren von Selbstgerechtigkeit unternommenen geschichtspädagogischen Bemühungen der Siegermächte. Darin sah Deutschland sich als die ewig renitente, im Daueraufstand gegen alle Normen der Gesittung und Humanität verharrende Nation dargestellt. Lange Ahnenreihen, bis zurück zu Luther oder gar Arminius dem Cherusker wurden konstruiert, um diese These zu erhärten, und bald erschien die Geschichte des Landes vielen als eine einzige Abfolge von Irrtum, Schuld, Aggressivität und moralischer Verweigerung, die im Hitler-Regime nur ihren konsequenten, eigentlich unvermeidlichen Ausdruck gefunden hatte. Für manche Menschen sei die Geschichte »just one damned thing after another«, hat Arnold Toynbee einmal, wenn auch in anderem Zusammenhang, gesagt; den Deutschen jener Jahre schien sie das auf ganz buchstäbliche Weise zu sein. Und so war es nicht eigentlich ein Abschied von der Geschichte, was damals stattfand, sondern ein halb aus Überdruß, halb aus dem Bedürfnis nach Selbstverleugnung unternommener Versuch, überhaupt aus der Geschichte auszutreten und gleichsam nur noch, wie Leberecht Hühnchen, den eigenen Garten zu bestellen.

Wie immer bei solchen allgemeinen Stimmungsumschwüngen waren die Symptome überall greifbar, auch im scheinbar Äußerlichen. Die Vergangenheit, ihre Zeugnisse, Traditionen und Maßstäbe wurden vielfach aus keinem anderen Grunde verworfen als weil sie Vergangenheit waren. Max Rychner hat vor Jahren einmal vom »deutschen Hang zum Wegwerfen und Erbverschleudern« gesprochen, in dem sich ein »moralüberspanntes und trotzdem geistig verantwortungsloses« Verhalten offenbare:

das wurde nun zu einer Erfahrung auf nahezu allen Ebenen. Die zweite, in den Nachkriegsjahren vollbrachte Zerstörung der deutschen Städte war dafür ebenso kennzeichnend wie die sogenannte »Kahlschlag«-Literatur, deren Vertreter alle Tradition leugneten und literarisch die »Stunde Null« proklamierten. Auch die nach 1945 vorgenommene Umbenennung von Straßen und Plätzen gehört hierher, die mitunter nicht einmal Erinnerungen schonte, die auch einer kritischen Überprüfung ihres historischen Bezugspunktes hätten standhalten können. In Berlin beispielsweise wurde der Belle-Alliance-Platz nach Franz Mehring, ein Teil des Lützow-Ufers nach einem inzwischen vergessenen Finanzsenator umbenannt. Lauter Abschiede jedenfalls und Traditionsbrüche: verbissen, übereifrig und getrieben vom Bedürfnis nach radikaler Selbstverleugnung.

Die Geschichtswissenschaft, deren Gegenstand naturgemäß im Mittelpunkt des mächtig hervorbrechenden Absageverlangens stand, blieb begreiflicherweise davon nicht ausgenommen. Auf Jahre hin schien sie nahezu verstummt und wie paralysiert durch den verbreiteten »antihistorischen Affekt«, von dem Theodor Schieder gesprochen hat. Was neben der meist ins allgemeine ausgreifenden Beklemmungsprosa jener Zeit an historischen Arbeiten vor allem zur jüngeren Geschichte erschien, stammte bezeichnenderweise, von wenigen Ausnahmen abgesehen, aus der Feder von Emigranten sowie vor allem von englischen und amerikanischen Historikern.

Inzwischen sind dreißig Jahre vergangen, doch man spricht, ungeachtet einer Fülle von historischen Publikationen, noch immer von einer »Krise der Geschichte«. In der Tat ist diese Krise unleugbar. Nur hat sich ihr Bild charakteristisch verändert. Denn all die Verdrängungsbedürfnisse der Nachkriegsära, die Nullpunktgelüste und Abschiedsneigungen sind lange dahin; desgleichen die Jahre eines dimensionslosen Gegenwartskults, die ihnen folgten, sowie auch der kurze und hektische, im Zeichen überwiegend linker Utopien stehende Versuch, die Zukunft in Besitz zu nehmen; er ist inzwischen in Enttäuschung und teilweise militante Resignation umgeschlagen. Seit die Zukunft mehr und mehr an suggestiver Kraft eingebüßt hat und ihre Schrecken größer anmuten als ihre Verheißungen, scheint es, als wendeten die Menschen ihr Gesicht wieder nach rückwärts, der Vergangenheit zu. Die nostalgischen Wellen, deren Zeugen wir sind: die vielfältigen Bemühungen, die Reste überkommener Bausubstanz zu erhalten; die Besinnung auf regionale Traditionen, in denen ein Stück geschichtlich legitimierter Identität greifbar wird, sowie schließlich auch die Erfolge historischer Ausstellungen oder popularisierender Geschichtswerke über Germanen, Phönizier, Römer und Staufer – das alles ist vielleicht noch nicht das sich offenbarende Geschichtsbewußtsein selbst; aber sicherlich sind es unübersehbare Hinweise auf die Bereitschaft, es zurückzuerwerben und zumindest den Versuch anzustellen, historische Orientierungspunkte wiederzufinden.

Es sind Versuche einer von der Geschichtswissenschaft im Stich gelassenen Öffentlichkeit. Während die Fachhistoriker noch mit Wolfgang Mommsen von einem Rückgang des »schlicht antiquarischen Geschichtsinteresses« sprechen und die historische Indolenz der Öffentlichkeit beklagen, hat sich der Umschlag längst vollzogen. Noch nie in der Geschichte der Bundesrepublik hat es ein derartig breites, ganz elementares Interesse an der Vergangenheit gegeben. Es beschränkt sich nicht nur auf die ältere oder doch länger zurückliegende Geschichte; vielmehr umfaßt es auch und gerade das, was wir »Zeitgeschichte« nennen. Dafür sprechen inzwischen nicht mehr nur die Erfolge populär vereinfachender, den Eklatcharakter jener Jahre in Rechnung stellende Arbeiten, sondern auch die Auflagen historisch anspruchsvoller Darstellungen. Desgleichen kann man auf die sprunghaft gewachsene, vielfach engagiert sich meldende Anteilnahme an Fernsehserien, Filmen oder Diskussionsveranstaltungen zur jüngeren Vergangenheit verweisen. Das eine wie das andere aber macht auf ein offenbar schon geraume Zeit empfundenes Defizit aufmerksam: das Unvermögen der Historiker über mehr als dreißig Jahre hinweg, Gedanke und Gefühl der Öffentlichkeit für das, was damals geschehen ist, wirksam zu mobilisieren. Der mit Vorliebe gegen alle Formen optischer Darbietung gerichtete Einwand, hier werde erst durch ein Medium, mit dem die Geschichtsschreibung unter keinen Umständen Schritt halten könne, das Interesse geweckt, verfängt nicht. Ein Interesse, das geweckt werden kann, ist auch vorhanden. Die Mittel, es zu aktivieren, gibt es immer. Auch das Wort ist eines. Man muß es nur zu gebrauchen wissen. Vor allem muß man es gebrauchen wollen.

Nicht die Öffentlichkeit verharrt folglich störrisch beim »Abschied von der Geschichte«. Vielmehr hat die Geschichtswissenschaft die deutsche Öffentlichkeit aus ihrer Vorstellung verabschiedet und gibt sich selbstvergessen ihren akademischen Lüsten und Glasperlenspielen hin. Sie weiß nicht, daß sie ein Publikum hat und läßt dessen Erwartungen immer wieder ins Leere laufen. Dem engen Zirkel der Fachleute zugewendet, in ihre entrückten Nachdenklichkeiten vertieft, hegt sie einen heimlichen, wenn auch bemüht wirkenden Stolz für exklusive Auflagen und hält sich einiges auf den Staub der Bibliotheken zugute.

Die Neigung, sich der Öffentlichkeit zu entziehen, offenbart sich vor allem auf zweifache Weise. Die eine Gruppe der Historiker retiriert ins Spezialistentum und entwickelt eine Obsession für das zunehmend enger formulierte Thema. Gewiß wäre es unsinnig, den Wert der thematisch begrenzten Monographie, der einsichtsvermittelnden Detailuntersuchung zu bestreiten, es gibt von Bracher, Hillgruber, Jäckel, Nolte und anderen Spezialstudien von hohem, erkenntnisförderndem Rang. Hinzu kommt, daß angesichts der besonderen Situation nach dem Untergang des Dritten Reiches viel an geduldiger Einzelarbeit geleistet werden mußte, ehe für größere Arbeiten das Fundament bereitet war.

Aber dies ist eines; etwas ganz anderes jedoch ist jene Flut von Schriften mit bizarr überzogener Fragestellung, die sich mitunter wie die Produkte einer ebenso verlegenen wie phantasielosen Titelhuberei ausnehmen. Sie haben nichts zu tun mit der Erkundung der weißen Fläche im Geschichtsbild, sondern dehnen diese, durch thematische Verfehlung, eher noch weiter aus. Jacob Burckhardt hat gelegentlich über die Autoren solcher Mikrowissenschaft gesagt, sie wüßten nicht, wie lange ein Menschenleben dauere und wieviel Zeit ein Leser an dergleichen wenden könne. Strenggenommen gar keine. Man solle bei der Abfassung einer Monographie, mahnte er, stets den »Agricola« des Tacitus in Reichweite haben und sich einschärfen: je weitläufiger, desto vergänglicher. Ein englischer Historiker, so hat er warnend hinzugefügt, habe sich bei der selbstversunkenen Erforschung der schottischen Predigten des 17. und 18. Jahrhunderts eine Gehirnlähmung geholt.

Jedenfalls liegt in der Beschränkung aufs Kleinmeisterliche, die sich in der derzeitigen Zeitgeschichtsschreibung so großtut, einer der Gründe für die Entfremdung zwischen Geschichte und Öffentlichkeit. Eine ausufernde Studie über die Seeckt-Krise, über »Theorie und Praxis des sittlichen Lebens im Dritten Reich« oder die Soziologie der SA im Emsland wird denjenigen nicht erreichen, dem der historische Zusammenhang alles dessen unbekannt ist; das heißt, daß die Detailstudie erst als Vorarbeit für umfangreichere, einen größeren Zeitabschnitt erfassende Darstellungen ins Recht gesetzt wird.

Aber diese Darstellungen bleiben aus. Über das NS-Regime beispielsweise ist bis heute strenggenommen keine umfassende Arbeit erschienen, die auch nur einen Teil der zahllosen Einzeluntersuchungen sachverständig verarbeitete. Der französische Historiker Fustel de Coulanges äußerte um 1880 vor seinen Hörern an der Sorbonne: »Nehmen Sie an, hundert Fachleute teilten unter sich die Vergangenheit Frankreichs auf, so daß jeder einen besonderen Abschnitt erhält. Glauben Sie wirklich, daß dabei am Ende eine Geschichte Frankreichs herauskommt? Ich bezweifle das sehr. Es wird dem Leser zumindest der Zusammenhang der Ereignisse fehlen. Aber auch dieser Zusammenhang ist eine geschichtliche Wahrheit.«

Das ist auch der Grund dafür, warum zum Beispiel die große

Hitler-Biographie Alan Bullocks mehr zum Geschichtsverständnis der deutschen Öffentlichkeit beigetragen hat als alle die Hunderte von Einzeldarstellungen, die Jahr für Jahr erscheinen. Zwar haben viele von ihnen Bullocks Werk streckenweise überholt und auch dessen später leicht revidierte Hauptthese, daß der entscheidende Antrieb für die Laufbahn des Diktators der Hunger nach Macht gewesen sei, außer Kurs gesetzt. Aber eine überaus wichtige Einsicht vermittelt dieses Werk noch immer, und das vielleicht gerade des einen oder anderen seiner Mängel wegen. Bullock hat es schon in den späten vierziger Jahren, bei vergleichsweise dürftiger Quellenlage, zu schreiben begonnen, und kein Zweifel ist möglich, daß der Autor sich des Risikos, das er einging, nicht bewußt gewesen wäre.

Daß er es dennoch auf sich nahm, hatte mit seinem Sinn für das Bedürfnis der Zeitgenossen nach einer zusammenhängenden Deutung der Ereignisse zu tun, in dem zugleich das Bewußtsein des Historikers für seine Verantwortung lebendig ist. Wer nach den Motiven für die Blickverengung der deutschen Geschichtswissenschaft fragt, wird allenthalben auf eine tiefeingewurzelte Scheu vor gerade diesem Wagnis stoßen. Rechtfertigend heißt es, man bedürfe noch weiterer Forschungen und Quellenfunde, ehe die größeren Darstellungen geschrieben werden könnten. Aber alle wissen, daß das Gegenteil richtig ist. Denn keine Epoche der Geschichte ist so breit dokumentiert wie die Zeit des Dritten Reiches oder selbst die der Weimarer Republik, und das Problem der Historiker besteht schon lange nicht mehr im Mangel, sondern in der nahezu unüberschaubaren Fülle des Materials. Waldemar Besson hat schon Ende der sechziger Jahre dazu aufgefordert, die Phase der Stoffbeschaffung endlich zu beenden und mit dem Versuch großer, interpretierender Zusammenfassungen zu beginnen. Die Forderung ist nicht aufgegriffen worden. Nach wie vor schaffen die Historiker Materialien zutage, die das Bild jener Zeit nicht spürbar verändern, sondern geradezu darauf angelegt scheinen, den Fisch im Wasser zu ersäufen.

Man muß wohl, will man den Ursachen für den herrschenden Kult des Bruchstücks auf den Grund kommen, einen Blick auf den Universitätsbetrieb werfen. Die Ausbildung der deutschen Historiker erfolgt noch immer ausschließlich nach Gesichtspunkten der wissenschaftlichen Akribie. Dagegen ist im Grunde nichts einzuwenden. Aber täuscht man sich wirklich in der Annahme, daß viele der Kleindetailabhandlungen, wie sie vor allem die Promotionspraxis beherrschen, nur in Auftrag gegeben werden, um Zubringerdienste für die nachfolgenden Detailabhandlungen der Professoren zu leisten? Jedenfalls wird in dieser Art von universitärem Dienstleistungsbetrieb, der vielfach noch immer besteht, von frühauf alles erstickt, was den wirklichen Historiker ausmacht: Überblick, Assoziationsvermögen, der Sinn für Zusammenhänge, Urteilskraft, sowie schließlich auch die schriftstellerische Qualität; statt dessen wird eine Enge und Fußnotenseligkeit vermittelt, die ihre absurde Pedanterie zum selbstlosen Dienst an der Wissenschaft stilisiert.

Das Unvermögen, Zusammenhänge zu erfassen, hat inzwischen auch den Schulunterricht erreicht, jedenfalls sofern die Geschichte als Unterrichtsfach nicht überhaupt beseitigt und beispielsweise, wie in Berlin, durch die sogenannte Politische Weltkunde ersetzt ist oder im Rahmen der Oberstufenreform überhaupt abgewählt werden kann. Es ist nicht mehr als ein pädagogischer Gemeinplatz, daß der fehlende Überblick das Geschichtsverständnis überaus erschwert. Erst vor dem Panorama einer ganzen Epoche entwickelt sich der Sinn fürs Detail und das Interesse daran. Im heute vielfach betriebenen, sogenannten problemorientierten Geschichtsunterricht, der sich nur noch einzelne »relevante« Aspekte aus dem Gesamtbild herausgreift und hintergrundlos durch die Zeiten verfolgt, ist die Verhinderung geschichtlichen Verstehens geradezu institutionalisiert worden. Hinzu kommt, daß dies alles meist im Zeichen einer der Emanzipations- und Entlarvungstheorien erfolgt, wie sie die ideologische Mode derzeit anbietet, und die den freilich unstreitigen Vorzug haben, die Antwort meist schon in der Fragestellung

mitzuliefern. Ihre Wortführer behaupten, die Schüler zureichen-
der auf die Probleme und Entscheidungslagen vorzubereiten,
denen sie sich gegenübersehen werden. Doch indem man die
Geschichte auf das gegenwärtig richtig und wichtig Erscheinen-
de einengt, fixiert man zugleich das Bild der Zukunft, während
diese selber alle Offenheit einbüßt und zur bloßen Projektion
gegenwärtiger Bewußtseinszustände erstarrt. Am Ende wird
dann Geschichte nur noch instrumental zur Indoktrination für
vordergründige politische Zwecke benutzt – oder aber einfach
verdrängt.

Diese Methode spiegelt, wenn auch vielfach gebrochen, einen
Richtungsstreit wider, der seit geraumer Zeit entbrannt ist. Ungeachtet aller geschichtstheoretischen Kontroversen im Verlauf
der Vergangenheit, hat es selten eine so heftige und anhaltende
Auseinandersetzung über die tauglichste historische Methode
gegeben wie in unserer Zeit. Doch so wichtig diese Frage ist,
drängt sich nicht selten der Eindruck auf, hier stünden sich zwei
Widersacher in der am Ende doch gemeinsamen Absicht gegenüber, immer aufs neue, mit ständig sich wiederholenden Argu-
menten, die Überlegenheit der eigenen Theorie zu begründen,
um dem Beweis in der Praxis zu entkommen. Jedenfalls bleiben
die Werke, die doch die eigentlich überzeugenden Belege für
den Vorzug der einen oder anderen Auffassung wären, angesichts der homerischen Leidenschaft, mit der die Streitenden
einander gegenüberstehen, ungeschrieben. Unnötig zu sagen,
daß der Gegenstand der Meinungsverschiedenheit, in dem sich
die Vertreter der traditionellen und der sozialgeschichtlichen
Richtung gegenüberstehen, selbst dem historisch interessierten
Publikum unendlich fern ist. Der Verdacht meldet sich daher
auch, dieser ganze Methodenstreit sei, neben dem Rückzug ins
Spezialistentum, hier wie dort vor allem als Methode interessant, sich den Ansprüchen und Bedürfnissen der Öffentlichkeit
zu entziehen.

Zweifellos zutreffend ist, daß soziale Erscheinungen, wirtschaftliche Faktoren, strukturelle Daten, nicht zuletzt mit dem

Beginn der Industriellen Revolution, zunehmend an Bedeutung gewonnen haben – wie in der Realität, so auch im Verständnis dessen, was Geschichte ist. Und unstreitig hat auch die Verlängerung sozialgeschichtlicher Fragestellungen in die weitere Vergangenheit hinein der Erkenntnis voraufgegangener Epochen neue Zugänge eröffnet. Aber, so muß man auch sagen, diese Aspekte revolutionieren die Geschichtsschreibung nicht; sie liefern ihr nur zusätzliches, reicheres Material. Gleichzeitig erweitern sie die historische Darstellung und erschweren sie damit. Sie sind eine zusätzliche Herausforderung an den Historiker, nicht mehr und nicht weniger.

Keine neuartige Herausforderung im übrigen. Materielle Interessen und soziale Phänomene sind von aller jüngeren Geschichtsschreibung als antreibendes Element erkannt und berücksichtigt worden, man kann für Deutschland die Namen Lamprecht, Schmoller oder Hintze nennen, für Amerika Charles Beard und die Schule der New History, für Frankreich bis auf Hippolyte Taine zurückgehen – doch haben die Historiker meist diese »Trivialität als Trivialität« betrachtet und sie nicht »zur umwälzenden Entdeckung« aufgespreizt, wie Ernst Nolte zutreffend bemerkt hat. Räumt man indessen dieser Betrachtungsweise im Zeichen der »Gesellschaftsgeschichte« den Vorrang vor allen übrigen ein, verschärft und verengt man sie noch durch konsequent strukturanalytische Ansätze und verbindet die Darstellung gar mit dem »Interesse an emanzipatorischen Entwicklungsprozessen, an der Durchleuchtung der Widerstände gegen sie und an der Vermehrung ihrer Durchsetzungschancen«, wie man beispielsweise, in programmatischem Tonfall, bei Hans-Ulrich Wehler lesen kann, so geht man ihrer offensichtlichen Vorzüge leicht verlustig.

Vor allem gerät die unverzichtbare Vielfalt historischer Perspektiven aus dem Blick. Auch der Einsicht werden Schranken gesetzt. Ein Phänomen wie der Nationalsozialismus beispielsweise oder gar die Figur Hitlers können gesellschaftshistorisch allein sicherlich nicht ausreichend begreiflich gemacht werden.

Gewiß, die Weltwirtschaftskrise, das Dilemma des demokratischen Parteiensystems, die soziale Dynamik der SA oder die Prozesse sozialer Umschichtung: das alles und anderes mehr liegt allzu deutlich zutage, als daß es für Aufstieg und Machteroberungsprozeß Hitlers außer Betracht bleiben könnte. Die Rassenpolitik des Regimes jedoch mit ihrer Endlösungsmanie, sein radikaler Kriegs- und Katastrophenwille oder seine späte Untergangseuphorie: durchweg Elemente, die ebenso zum Verständnis des ganzen, sogar zu dessen innerstem Wesen gehören, bleiben bei diesem methodischen Ansatz unerklärbar. Sicherlich ist die Geschichte nicht eine einzige Abfolge von Haupt- und Staatsaktionen, oder, fachlich ausgedrückt, sie erschöpft sich nicht in der engeren politischen Geschichte; auch läßt sie sich nicht als das offene Manövrier- und Aktionsfeld sogenannter großer Männer verstehen, die als freischwebende Willensenergien den Weltenlauf auf Bahnen stoßen, die Willkür oder Wahnwitz ihnen soufflieren.

Aber das darf man nicht, wie häufig, bis zur radikalen Entpersonalisierung historischer Vorgänge treiben. Denn nach wie vor, allen wohlbegründeten Theorien zum Trotz, interessiert den Menschen nichts so sehr wie der Mensch. Bezeichnenderweise gewinnt der Geschichtsverlauf in den scharf nachgezeichneten Strukturanalysen häufig einen unverkennbar konstruierten Charakter. Die Widersprüchlichkeiten, die jeder Entwicklung innewohnen, die Zufälle, Unberechenbarkeiten, kurz: die Freiheit im Verhalten kommt dabei abhanden, und was immer geschieht, scheint einem verborgenen Gesetz zu gehorchen. In begriffliche Zusammenhänge gezwängt, wirken die Ereignisse eigentümlich determiniert, und mitunter stellt sich der Eindruck her, der alte Schicksalsbegriff tauche hier in rationalistischem Aufputz wieder auf.

Das ist denn auch das eigentliche Dilemma der sozialgeschichtlichen Methode: ihre Vertreter wissen fast durchweg nichts vom Menschen, von denen, die man groß nennen mag sowenig wie von den kleinen. Es steht, geht man der Sache auf den Grund, eine ganz und gar absurde Anthropologie hinter dieser Auffassung. Sie reduziert den Menschen zum Bündel mechanischer Reflexe auf das jeweils erkannte materielle Interesse. Doch bedarf es keiner großen psychologischen Einsicht, um zu erkennen, daß die Menschen sich nur selten am unmittelbaren, krassen Vorteil orientieren. Denn oft erkennen sie ihr Interesse nicht, oft handeln sie auch geradezu dagegen: aus Angst, Liebe, Haß, Hingabebereitschaft oder aus Gründen sei es der Moral, sei es der Perversion von Moral. Immer sind ihre Motive verschlungen, widersprüchlich, oft rätselhaft, wäre es anders, benötigte man keine Psychologie, sondern nur eine Art Reaktionsphysik. Das Unvermögen der konsequent betriebenen Sozialgeschichte, die komplexe Natur des Menschen zu erkennen, bewirkt eine geisterhafte Leere in nahezu allen ihren Arbeiten. »Man spielt hier den Hamlet ohne den Prinzen von Dänemark«, hat Golo Mann einmal geäußert – und es machte gerade Erfolg und Wirkung mancher, unter streng fachlichem Aspekt vielleicht problematischen Auseinandersetzung mit der Hitlerzeit aus, daß man hier den Prinzen wieder auf die Bühne und vor die Zuschauer stellte, und Ophelia, die Königin, Rosenkranz, Güldenstern und den Geist des ermordeten Vaters auch.

Bezeichnenderweise gilt die äußerste Geringschätzung der sozialgeschichtlichen Schule der sogenannten Ereignisgeschichte, der erzählenden Darstellung historischer Zusammenhänge. Alle wahrhaft moderne Geschichtsbetrachtung, so lautet die Begründung, ziele vor allem auf Analyse und Kritik. Und tatsächlich sind die Hervorbringungen zahlreicher Sozialhistoriker oft weniger Geschichtsschreibung als kritische Gutachten zur Geschichte und, über diesen Umweg, zugleich zur gesellschaftlichen Situation der Gegenwart. Aber die Frage ist, ob sich dahinter nicht ein grandioses Mißverständnis verbirgt; ob nicht eine historische Betrachtungsweise, die den Radius ihres Interesses auf wirtschaftliche und soziale Aspekte verengt, die Verhältnisse in der ökonomisch dominierten Bundesrepublik genauer spiegelt als ihr selber bewußt ist, so daß sie eher als Ausdruck affirmativer Tendenzen im Gewande der Kritik gelten kann und eben jenen Zustand offenbart, als dessen Widerpart sie sich aufführt.

Die moderne Geschichte habe die Aufgabe, war unlängst zu lesen, der gesamten Vergangenheit den Prozeß zu machen. Es steht ein naives Bedürfnis nach intakter, »richtiger«, nach Gegengeschichte hinter solchen Vorstellungen: es geht nicht um die Beschreibung und Analyse dessen, was nach bestem, auch kritischem Verständnis sich ereignete, sondern was sich eigentlich hätte ereignen sollen. Einen Zusammenhang verstehen zu wollen, heißt danach fast schon, den Beruf zum Historiker zu verraten. Und es ist diese Haltung, aus der die Abneigung gegen die erzählende Geschichte kommt: Wer erzählt, lasse sich immer schon halben Wegs auf die Zeit, die Menschen und die Voraussetzungen ihres Verhaltens ein, die Erzählung korrumpiere das strenge Urteil – auf diese, eingestandenermaßen zugespitzte Formel ließe sich das Motiv der radikaleren Vertreter der sozialanalytischen Schule für das Verdikt über die herkömmliche Darstellungsweise bringen.

Aber wirkliche Geschichtsschreibung ist immer erzählend, alles andere ist nur Material- und Schlepperdienst. Ranke hat einmal bewundernd eingeräumt, daß die Art, in der Walter Scott historische Romane schrieb, doch der Geschichte am ehesten gerecht werde. Gewiß bedarf das mancherlei Einschränkungen. Die Darstellung historischer Abläufe kann unterdessen auf analysierende Ausgriffe und statistische Daten nicht mehr verzichten. Aber wenn es um Verbreitung von Erkenntnissen, um Bewußtmachungsprozesse geht, wenn also Geschichtsschreibung sich an ein Publikum wenden soll, kommt es entscheidend darauf an, die Zahlen zum Leben zu erwecken und aus toten Diagrammen Funken der Einsicht zutage zu fördern. Die statistischen Kolonnen dagegen, die Zahlenhaufen, die viele Sozialhistoriker, wirr und selbstgefällig, vor dem Leser ausschütten, dokumentieren nicht mehr als einen subalternen Fleiß, der sich nicht über sein Material zu erheben vermag. Schreiben heißt immer auch Weglassen, aus dem tausendfältigen Geflecht verworrener Zusammenhänge herauszufinden und ordnend ins Gleichgewicht zu bringen, was sich zum möglichst authentischen und anschaubaren Bild zusammenfügt. Manche Leute seien verblüfft darüber, hat Mommsen im Blick auf seine Darstellungsweise bei Gelegenheit bemerkt, daß »ein Autor seine Gelehrsamkeit auch einmal in die Tasche stecken kann und nicht immer den Rock mit den Nähten auswendig trägt«.

Will man der »Krise der Geschichte«, die nach alledem ganz offenbar eine Krise der Geschichtsschreibung ist, entgegenwirken, so lohnt es sich überhaupt, einen Blick auf die große Geschichtsschreibung des 19. Jahrhunderts zu werfen. Denn sie besaß, was der heutigen in so stupendem Maße abhanden gekommen und der wohl ausschlaggebende Grund für deren Entfremdung von der Öffentlichkeit ist: humane Neugier sowie den Sinn für die literarische Dimension aller Historiographie. Man übertreibt kaum mit der Behauptung, daß die bedeutende deutsche Literatur des 19. Jahrhunderts ganz überwiegend Gelehrtenprosa ist; die Prosa vor allem von Historikern.

Der Hinweis ist nötig wegen des umlaufenden Vorurteils, daß es unmöglich sei, exakt und gleichzeitig gut zu schreiben; daß Literatur die Wissenschaft ruiniere, weil beider Kriterien höchst gegensätzlich seien. Die eine orientiere sich an der Sache, die andere an der Form; diese frage nach dem Richtigen, jene nach dem Schönen. Die Wissenschaft vermittle Informationen, die Literatur benutze diese nur.

Solche Gegensatzpaare, so zutreffend sie an sich sind, bringen aber nur die unterschiedlichen Ausgangspunkte zum Vorschein. Sie gelten in dieser abstrakten Schärfe überdies am wenigsten für die Geschichtswissenschaft, der es gerade nicht nur um die dürre Information, sondern um die Vermittlung aufschließender Erkenntnis bei einem ausgedehnten Adressatenkreis geht. Das eben ist es, was die Geschichte zur Humanwissenschaft schlechthin macht.

In der Sprachlosigkeit der Historiker aber spiegelt sich jenes

tiefe Desinteresse am Menschen, das die Arbeiten selber dokumentieren, noch einmal gegenüber der Umwelt. Der heute viel-
gehörte Satz, daß der Stil die Wissenschaft zugrunde richte, ist
zuletzt nichts anderes als das Vorurteil einer hochsubventionierten Akademikerkultur, deren Nutznießer es sich leisten können,
ihr Publikum gering zu achten und das eigene Metier in der Art
von Geheimbündlern zu betreiben. Denn was sich »Wissenschaft« nennt und hochtrabend auf angeblich entsagungsvolle
sprachliche Nüchternheit pocht, ist meist kaum etwas anderes
als nicht realisierter Stil. Der Jargon, der sich in der Sozialge-
schichtsschreibung inzwischen durchgesetzt hat, die Suada der
Codewörter, das tote Klappern unverarbeiteter Statistiken – das
alles macht die Geschichte zunehmend esoterischer und errichtet unübersteigbare Barrieren zu jenem breiten Publikum, dessen Bewußtseinserweiterung paradoxerweise zur Rechtfertigung
jener Methode herhalten muß. Die sogenannte Emanzipation
der Massen und deren Geringschätzung gehen dabei irritations-
los Hand in Hand. Am Ende steht nicht Erkenntnis, sondern
Verwirrung, und der Gegenstand ist nicht reif zum Begreifen,
sondern nur zerstört.

Der wohl bedeutendste französische Sozialhistoriker dieses
Jahrhunderts, Marc Bloch, hat in einer seiner Arbeiten davor ge-
warnt, der Geschichtsschreibung ihren »Anteil an Poesie« zu
entziehen. Die Historie könne und müsse die Empfindung ebenso sehr befriedigen wie den Verstand und alle Anstrengung darauf richten, das dürre Material, die Texte, Dokumente, Werkzeuge und Bilder, die uns überliefert sind, lebendig zu machen.
Der wahre Historiker, schrieb er, gleiche dem Menschenfresser
im Märchen: wo immer er Leben wittere, da suche er seine Beu-
te.

Schlägt man, eher beiläufig, nach Art der Bibelstecher, eine
der neueren sozialgeschichtlichen Arbeiten auf, so liest man beispielsweise über die Programmdiskussion innerhalb der deutschen Sozialdemokratischen Partei vor dem Ersten Weltkrieg:
»Der Prozeß sozialer Emanzipation des Proletariats wurde

nicht in der dialektischen Entfaltung von Produktionskräften und Produktionsverhältnissen angelegt; vielmehr wurde den technischen Produktivkräften eine Qualität immanenter Selbstorganisation unterstellt, die den Prozeß der sozialen Revolution wohl fördern, nicht aber initiieren könne.« Das ist, wiewohl es extremere Beispiele gibt, die Parodie, die sich für die Sache selber hält.

Die Sache selber aber lautet beispielsweise so – und ich wähle mit Bedacht das Beispiel eines abstrakten oder jedenfalls nicht erzählenden, nicht auf Anschauungsvermittlung gerichteten Textes aus der Geschichtsschreibung des 19. Jahrhunderts. Es ist eine Stelle aus dem achten Buch von Mommsens »Römischer Geschichte«, in der er Rang und Größe des römischen Zivilisationsgedankens in der nachaugusteischen Zeit beschreibt:

»Die Führung des Weltregiments«, heißt es da, »ist selten so lange in geordneter Folge verblieben und die festen Verwaltungsnormen, wie sie Caesar und Augustus ihren Nachfolgern vorzeichneten, haben sich im Ganzen mit merkwürdiger Festigkeit behauptet, trotz allem Wechsel der Dynastien und der Dynasten ... Das eben ist das Großartige dieser Jahrhunderte, daß das einmal angelegte Werk, die Durchführung der lateinisch-griechischen Zivilisierung in der Form der Ausbildung der städtischen Gemeindeverfassung, die allmähliche Einziehung der barbarischen oder doch fremdartigen Elemente in diesen Kreis ... diese lange Frist und diesen Frieden zu Lande und zur See gefunden hat. Das Greisenalter vermag nicht neue Gedanken und schöpferische Tätigkeit zu entwickeln, und das hat auch das römische Kaiserregiment nicht getan; aber es hat in seinem Kreise, den die, welche ihm angehörten, nicht mit Unrecht als die Welt empfanden, den Frieden und das Gedeihen der vielen vereinigten Nationen länger und vollständiger gehegt als es irgendeiner anderen Vormacht je gelungen ist. In den Akkerstädten Afrikas, in den Winzerheimstätten an der Mosel, in den blühenden Ortschaften der lykischen Gebirge und des syrischen Wüstenrandes ist die Arbeit der Kaiserzeit zu suchen und auch zu finden. Noch heute gibt es manche Landschaft des Orients wie des Okzidents, für welche die Kaiserzeit den an sich sehr bescheidenen, aber doch vorher wie nachher nie erreichten Höhepunkt des guten Regiments bezeichnet; und wenn einmal ein Engel des Herrn die Bilanz aufmachen sollte, ob das von Severus Antoninus beherrschte Gebiet damals oder heute mit größerem Verstande und mit größerer Humanität regiert worden ist, ob Gesittung und Völkerglück im Allgemeinen seitdem vorwärts- oder zurückgegangen sind, so ist es sehr zweifelhaft, ob der Spruch zu Gunsten der Gegenwart ausfallen würde.«

Aller Geschichtsschreibung, die den Namen verdient, geht es darum, dem gesamten Erkenntnismaterial einer Zeit Ordnung, Zusammenhang und Form zu geben in dem Bewußtsein, daß jedes Werk auf Öffentlichkeit zielt. Auch die Darstellung geschichtlicher Zusammenhänge hat ihre dramaturgischen Regeln; denn Dramaturgie ist nichts anderes als die Organisation des Stoffs mit dem Ziel, sich dem Leser begreiflich zu machen und ihm die intendierten Einsichten zu vermitteln. Ein Kapitel hat einen Anfang, es bedarf der Höhepunkte, die aus der kalkulierten Mischung der Elemente, der Perspektiven und der Tonlagen erwachsen; es enthält Detailstudien so gut wie überblickende Passagen, Strukturuntersuchungen, Porträts, typologische Betrachtungen oder quellenkritische Erwägungen – dies alles durch Sprache gebunden zu dem, was Stil heißt und eben nicht bildungsbürgerliche Zutat ist, sondern zu den Voraussetzungen vermittelter Erkenntnis, das heißt der Wissenschaft selber zählt. »In dem Maß, wie er Kunst hervorbringt, ist der Historiker kein Künstler, sondern vollkommener Historiker«, hat Siegfried Kracauer diesen Anspruch formuliert. Und ein Kapitel muß einen Schluß haben, dem Aktschluß eines Schauspiels vergleichbar.

Auch diese Kunst hat Theodor Mommsen wie kaum ein anderer Historiker beherrscht. Das 9. Kapitel des Dritten Buches der »Römischen Geschichte« beschließt er mit einem Porträt des Publius Scipio, des Siegers von Zama, der Spanien, Nordafrika und weite asiatische Gebiete für Rom erobert hatte, ehe er verbittert in freiwillige Verbannung ging. Es heißt da: »Sein stolzer Sinn, seine Meinung, ein anderer und besserer zu sein als die übrigen Menschen, seine sehr entschiedene Familienpolitik, die namentlich in seinem Bruder Lucius den widerwärtigen Strohmann eines Helden großzog, verletzten viele und nicht ohne Grund. Wie der echte Stolz das Herz beschirmt, so legt es die Hoffart jedem Schlag und jedem Nadelstich bloß und zerfrißt auch den ursprünglichen Hochsinn. Überall aber gehört es zur Eigentümlichkeit solcher aus echtem Gold und schimmerndem Flitter seltsam gemischter Naturen, wie Scipio eine war, daß sie des Glückes und des Glanzes der Jugend bedürfen um ihren Zauber zu üben, und daß, wenn dieser Zauber zu schwinden anfängt, unter allen am schmerzlichsten der Zauberer selbst erwacht.«

Das ist unübertrefflich. Um aber Mißverständnissen vorzubeugen, sollte hinzugefügt werden, daß es nicht um das Ansinnen geht, »wie Mommsen« zu schreiben. Niemand kann das. Gemeint ist die in alledem sich bekundende Haltung äußersten Respekts vor dem Leser. Er habe mit der Darstellung vor allem deshalb »gerungen«, hat Mommsen später bemerkt, weil er ein größeres Publikum erreichen wollte, und aus eben diesem Grunde hat er seine Freunde wiederholt gebeten, ihm stilistische Flüchtigkeiten zu notieren und Kritik an der Lesbarkeit seines Werkes zu üben. Der besseren Verständlichkeit zuliebe schreckte er sogar nicht davor zurück, von römischen »Generalen«, von »Bürgermeistern«, »Junkern«, »Parteien« oder »Kapitalisten« zu sprechen. Als ihm dies verschiedentlich vorgehalten wurde, hat er entgegnet: »Es gilt doch vor allem, die Alten lebendig zu machen, sie von dem phantastischen Kothurn, auf dem sie der Masse des Publikums erscheinen, in die reale Welt, wo gebaut und gelebt, gesägt und gehämmert, phantasiert und gezweifelt wird, zu versetzen – darum mußte der Konsul ein Bürgermeister werden undsoweiter. Es mag zuviel geschehen sein; glauben Sie nicht, daß ich eigensinnig gegen den Einwand mich opponiere.

Aber meine Intention, denke ich, ist rein und richtig; die möchte ich auch vertreten.«

Vielleicht ist es kein Zufall, daß Mommsen nicht eigentlich Historiker war, sondern Jurist, Lehrer für Römisches Recht. Täuscht die Vermutung, daß mit ihm die Rolle der Außenseiter in der modernen Geschichtsschreibung beginnt, die allein noch ein Publikum kennen und darum auch besitzen? Jedenfalls stammen nahezu alle Versuche, die Geschichte der vergangenen fünfzig, sechzig Jahre oder doch größere Phasen davon, im Zusammenhang oder unter einem übergreifenden Interpretationsansatz darzustellen, von Historikern, die dem Wissenschaftsbetrieb nicht angehören – die zwei oder drei Ausnahmen, die es auch gibt, einmal unberücksichtigt gelassen.

Weit über tausend Historiker arbeiten in der Bundesrepublik allein im Bereich der sogenannten Zeitgeschichte, und man fragt sich, was sie tun. Zwei von ihnen haben unlängst gemeinsam eine Studie über Albert Speers Straßenlaternen von 1938 verfaßt. So ist vieles. Aber findet sich keiner unter ihnen, der die darstellerische Kraft und wohl auch den Mut besitzt, um auf die Herausforderung zu reagieren, daß wir in der Gesamtdarstellung der Weimarer Republik noch immer auf die dreißig Jahre alte, gewiß bemerkenswerte Arbeit von Erich Eyck – einem Juristen übrigens – angewiesen sind, beziehungsweise auf die mit dem Jahre 1930 endende Darstellung von Arthur Rosenberg – dieser übrigens ein Althistoriker?

In München existiert, in einem pompösen, mit allem Aufwand ausgestatteten Betonbau, das Institut für Zeitgeschichte. Es verfügt über die denkbar umfangreichsten Archive und Materialien und beschäftigt rund zwanzig ausgebildete Historiker. Niemand wird die Verdienste des Instituts in Frage stellen. Es liefert Gutachten, erteilt Auskünfte und hat bedeutende Editionen veröffentlicht. Es hat uns auch über den kroatischen Ustascha-Staat, über das Reichskommissariat Niederlande oder gewisse »Einigungsbestrebungen im Kalkül der deutschen Wirtschaft und Politik von 1925 bis 1933« höchst wichtige Einzeluntersuchungen zur Verfügung gestellt. Aber keine Geschichte über den Staat Hitlers, die diesen Namen verdiente, keine der Zwischenkriegsepoche, keine des Zweiten Weltkriegs, keine der sogenannten Endlösung, und was erschienen ist, geht über eine dürre Mitteilungsprosa, in der das Oberseminar seine stilbildende Kraft demonstriert, kaum je hinaus.

Zu den Ursachen des Krisenbildes, das sich aus alledem ergibt, soll auch zählen, daß der Geschichte der übergreifende Sinnzusammenhang verlorengegangen ist. Für die Historiker des 19. Jahrhunderts war sie in der Tat noch »der Fortschritt im Bewußtsein der Freiheit« oder der Entfaltungsbereich sittlicher Kräfte. Und es ist sicherlich richtig, daß vergleichbare Vorstellungen, die dem Historiker Orientierungspunkte und Perspektiven an die Hand geben, nicht mehr bestehen. Allenfalls von Vertretern der strukturanalytischen Richtung kann man Hoffnungen hören, mit Hilfe ihrer Wissenschaft ließen sich, würde sie nur den exakten Wissenschaften weiter angenähert, instrumentale Hinweise für die Bewältigung zahlreicher Gegenwartsprobleme entwickeln. Doch schon im zweiten Jahrhundert vor Chr. hat der Historiker Polybios die gleichen Hoffnungen genährt: Er widme sich vor allem der jüngeren Geschichte, schrieb er, »da Wissenschaft und Technik in unserer Zeit einen solchen Aufschwung genommen haben, daß man alles, was, in welcher Lage auch immer, an uns herantreten mag, gleichsam methodisch bewältigen kann«. Das tiefe Mißverständnis, daß die Menschen gleichsam die Puppen der jeweiligen Strukturen und alle Probleme ausschließlich gesellschaftlicher Natur seien, sie folglich auch mit strukturellen Eingriffen gelöst werden könnten, ist hier schon mit dem ganzen Gestus wissenschaftsgläubiger Gewißheit formuliert. Die seither vergangene Geschichte hat diese Gewißheit aber immer aufs neue dementiert.

Inzwischen sind andere, verläßlicher scheinende Gewißheiten zerstört, und nicht auszuschließen ist, daß die Krise der Geschichtswissenschaft diesen Vorgang reflektiert. Das Bewußtsein der Gegenwart ist beherrscht von dem Gefühl, ungesteuerten, auch undeutbaren Prozessen ausgeliefert zu sein. Der Zusammenbruch des europäischen Staatensystems, der Aufstieg neuer Mächte, die weltweit registrierbaren kulturellen und sozialen Auflösungsprozesse, die Zerstörung der Umwelt, der Niedergang der traditionellen Religionen: das alles und vieles mehr läßt kaum noch die Frage zu, welche Kräfte da am Werke sind, woher sie kommen oder wohin sie drängen. Kein fester Standort jedenfalls ist denkbar, kein Wille, kein Gesetz erkennbar, nach dem sich das alles vollzieht; schließlich auch kein Sinn.

Die Frage ist aber, ob der Historiker solcher Gewißheiten überhaupt bedarf. Viel eher scheint zutreffend, daß das stärkere oder schwächere Bewußtsein eines Sinnes in der überschaubaren Geschichtsschreibung kaum etwas anderes bewirkt hat, als einem Werk die bestimmte Farbe hinzuzufügen, während es für sein Zustandekommen gänzlich belanglos war. Der englische Historiker Edward Gibbon oder Jacob Burckhardt schrieben aus pessimistischem Geist und erfüllt von Untergangsstimmungen, und Treitschke wiederum erfand der preußischen Geschichte kurzerhand einen »Sinn«, als er in ihr selber keinen fand: nämlich den der Einigung Deutschlands und den von Preußens Berufung zur Macht. Tatsächlich läge es für den wirklichen Historiker auch näher, sich vom Sinnverlust der Geschichte weniger entmutigen als vielmehr stimulieren und zur Suche, wenn nicht nach einem »Gesetz« oder »Sinn«, so doch nach übergreifenden Vorstellungen beflügeln zu lassen. Denn aller Beschäftigung mit der Geschichte liegt ein Bedürfnis nach Selbstverständigung zugrunde, der Anfang ist immer Unsicherheit. Viel eher ist daher zu vermuten, daß die gegenwärtige Krise nicht zuletzt damit zu tun hat, daß weitaus zu viele nur zu genau wissen, wo sie stehen: nämlich nahe beim Sozialstaat oder bei einer der couranten Ideologien – und das eine wie das andere, so muß man befürchten, enthebt sie gerade aller produktiven Unsicherheit.

Von Hochschullehrern aller Fachrichtungen kann man bewegte, wenn auch ratlose Klagen hören über die Lethargie zahlreicher Studenten, ihre falschen Anspruchshaltungen, den abhanden gekommenen Leistungswillen. Das mag vielfach nicht unzutreffend sein, doch erklärt es schwerlich die gestörte Verbindung zwischen Wissenschaft und Öffentlichkeit, zumal die Professoren selber in diesen Kontaktbruch einbezogen sind. Viel eher hat es, sucht man nach den allgemeineren Gründen, mit der gesellschaftlichen Isolierung der Universitäten zu tun, dem insularen Sonderbewußtsein, das sich in ihnen entwickelt und das, in unterschiedlichen Erscheinungsformen, einen verbreiteten Realitätsverlust zur Folge hat. Doch bevor man solche ins Weite und damit auch Ungenaue entschwindende Überlegungen anstellt, sollte man greifbare Mißstände benennen. Wenn die Überlegung richtig ist, daß man weniger von einer Krise der Geschichtswissenschaft im engeren Sinne als vielmehr von einer Krise im Ausdrucks- und Verständigungswillen der Historiker zu sprechen hat, muß man zum Beispiel auf die fatale Praxis der Kollektivreferate verweisen, wo mehrere Studenten gemeinsam eine Arbeit vorlegen, eine Praxis, durch die alle formale Anstrengung von Beginn an verhindert wird. In die gleiche Richtung wirkt das Institut des Laufbahnprofessors, die Möglichkeit der hartnäckig ersessenen Karriere. Statt über Publikationen zu Ruf und Geltung zu gelangen, konzentrieren zahlreiche junge Akademiker sich, angesichts der härter gewordenen Konkurrenzlage, schon frühzeitig auf den universitären Macht- und Positionskampf mit dem Ziel einer beamteten Stellung. Die Maxime des angelsächsischen Wissenschaftsbetriebs »Publish or perish!« ist hier ersetzt durch die Devise »Struggle or perish!«. Wer sich in seinen produktivsten Jahren einige Zeitlang für eine größere Arbeit aus dem Universitätsbetrieb zurückzieht, muß fürchten, alles zu verlieren, worauf er seine Zukunft bauen will: Beziehungen, Einfluß, Anwartschaften.

So wirken viele Ursachen zu dem Befund zusammen, den wir zu beklagen haben: der tiefen Entfremdung von Geschichtsschreibung und Öffentlichkeit. Entscheidend wird sein, ob die Historiker wieder den von Marc Bloch beschworenen »Anteil an

Poesie« entdecken, der in aller Wissenschaft auch enthalten ist, und ein Bewußtsein dafür entwickeln, an der Literatur als einer geselligen Einrichtung teilzunehmen. Solange die Öffentlichkeit im »Abschied von der Geschichte« verharrte, mochte man die Risiken einer verstummten oder doch sprachlos gewordenen Geschichtsschreibung vergleichsweise gering veranschlagen. Doch mit dem wiedererwachten historischen Interesse wächst auch die Gefahr, daß das im Stich gelassene öffentliche Bewußtsein irreführende Geschichtsbilder entwickelt. Der Blick in die jüngere Vergangenheit lehrt, daß nichts so viel Unglück, so viel Terror und Schrecken heraufbeschworen hat, wie falsches historisches Bewußtsein. Denn die Geschichte ist, wie Paul Valéry geäußert hat, »das gefährlichste Gebräu, welches das Laboratorium des menschlichen Gehirns hervorgebracht hat«, weil sie »die Menschen zu Träumern macht, sie berauscht, ihr Gedächtnis zersetzt und ihre Reaktionen überspannt«.

Die Folgen verschwiegener, verfälschter Erinnerungen sind für das Bewußtsein der Völker verheerend. Es zählt zu den Eigentümlichkeiten der Geschichte, daß die Gefahren, die aus ihrem Verlust resultieren, weitaus bedrohlicher sind als der Nutzen, den sie bestenfalls erbringen kann. Das gerade begründet jene Verantwortung, der die Historiker sich so häufig entziehen. Die Geschichte ist keine praktische Wissenschaft und kann uns in der Tat nicht klug für den Augenblick machen, das heißt Verhaltensregeln für Entscheidungslagen auf politisch-sozialem Feld verschaffen. Aus der Bemühung, die sie abverlangt, erwachsen am Ende, neben der bloßen Vergegenwärtigungslust, nur einige höchst einfache Einsichten: in Versagen und Behauptung, Interessenkämpfe und Machtbedürfnisse, in Blindheit, Widerstand und Angst der Menschen, die vor uns waren; mitunter auch in das Richtige und Falsche. Das ist nicht viel, gewiß. Aber jeder kann es erkennen; und mehr als solche simplen Einsichten sind am Ende auch nicht vonnöten, um ein Wort von Hannah Arendt abzuwandeln, damit diese Welt ein Ort bleibt, wo Menschen wohnen können.

Anmerkungen

In den folgenden Anmerkungen wurde durchweg darauf verzichtet, die Quellen oder Fundstellen der einzelnen Zitate anzugeben. Bei den in diesem Band vereinigten Arbeiten handelt es sich überwiegend um journalistische Publikationen, und ein nach strengeren Grundsätzen ausgeführter Apparat hätte einen wissenschaftlichen Anspruch fingiert, den keines der Stücke erhebt. Statt dessen wurden, wo es angängig und geboten schien, die hauptsächlich benutzten sowie einige inzwischen erschienene Veröffentlichungen genannt, die dem Interessierten zusätzliche Informationen bieten können.

Zu: **Über Richard Wagner.** *Eine biographische Skizze nach den Tagebüchern Cosimas* (S. 13)

Die Arbeit ist, in leicht gekürzter Form, am 22. April 1978 in der »Frankfurter Allgemeinen Zeitung« erschienen. Neben der erwähnten Biographie von Martin Gregor-Dellin, der auch die Tagebücher Cosimas herausgegeben hat, ist vor allem die großangelegte Darstellung Ernest Newmans zu nennen, dem allerdings ein Teil der inzwischen zugänglichen Quellen, insbesondere die erwähnten Tagebücher, nicht zur Verfügung standen (»Wagner as man and artist«, Garden City, New York, 1937). Die Aussicht, das unbegreiflicherweise nicht übersetzte Werk in einer deutschen Fassung zu erhalten, ist sicherlich inzwischen nicht größer geworden. Jenseits der nach wie vor unübertroffenen Essays von Thomas Mann verdienen vor allem die Arbeiten von Theodor W. Adorno, Hans Mayer und Peter Wapnewski Beachtung.

Zu: **Betrachtung über einen Unpolitischen.** *Thomas Mann und die Politik* (S. 38)

Vortrag vor der Historischen Gesellschaft Stuttgart am 16. Dezember 1980. Auf die Fundstellen im Gesamtwerk Thomas Manns, einschließlich der Brief- und Tagebuchbände, verweist immer da, wo es zum Verständnis angebracht scheint, eine andeutende Bemerkung im Text. Darüber hinaus sind für den hier erörterten Zusammenhang vor allem wichtig: »Thomas Mann – Heinrich Mann. Briefwechsel 1900–1949«, Frankfurt am Main, 1968, mit einer informativen Einführung von Hans Wysling. Hans Wysling, unter Mitwirkung von Marianne Fischer, ist auch der Herausgeber der Bände über Thomas Mann, die in der Reihe »Dichter über ihre Dichtungen« bei Heimeran/S. Fischer erschienen sind. Die Arbeit ordnet alle Bemerkungen des Dichters über das eigene Werk den in chronologischer Folge aufgeführten Titeln zu und erlaubt auf diese Weise einen raschen und umfassenden Überblick. Von Peter de Mendelssohns Biographie ist bislang nur der erste, bis zum Jahre 1918 reichende Band erschienen: »Der Zauberer. Das Leben des deutschen Schriftstellers Thomas Mann«, Frankfurt am Main, 1975. Aus der Vielzahl der monographischen Arbeiten sind für die hier behandelte Problematik vor allem interessant: Reinhard Baumgart, »Das Ironische und die Ironie in den Werken Thomas Manns«, München, 1964; Erich Heller, »Thomas Mann. Der ironische Deutsche«, Frankfurt am Main, 1976 (Suhrkamp Taschenbuch 243); Hans Mayer, »Thomas Mann. Zur politischen Entwicklung eines Unpolitischen«, in: »Der Repräsentant und der Märtyrer«, Frankfurt am Main, 1971 (edition suhrkamp 463); ferner auch Keith Bullivant, »Thomas Mann: Unpolitischer oder Vernunftrepublikaner?«, in: Keith Bullivant (Hrsg.), »Das literarische Leben in der Weimarer Republik«, Königstein/Ts., 1978. Das als Motto verwendete Zitat aus »Hamlet« (I,4) zitiert Thomas Mann in einem Brief vom Juli 1954 mit dem Bemerken, es sei ihm, »in der Anwendung auf mich selbst keineswegs fremd«.

Zu: **Friedrich Sieburg.** *Ein Portrait ohne Anlaß* (S. 70)

Der Aufsatz erschien in leicht gekürzter Fassung in der »Frankfurter Allgemeinen Zeitung« vom 19. Juli 1980.
Wie im Text angedeutet, stellten sich der Beschaffung der biographischen Informationen, insbesondere über die Zeit von 1939 bis 1945, unerwartete Schwierigkeiten entgegen. Dank schulde ich vor allem den Hinweisen von Frau Winnie Sieburg, Dr. Max Walter Clauss, Klaus Harpprecht, Gerhard Heller, Ernst Jünger, Dr. Karl Korn, Professor E. Krautkämper, Dr. Paul Schmidt-Carell, Henning Schlüter, Dr. Heinrich Senfft, Dr. Hans Speidel, Professor Dolf Sternberger, Hans-Georg von Studnitz, Dr. Edgar Traugott, Karl Zimmermann sowie Frau Helga Hummerich, die es mir ermöglichte, die einschlägige Korrespondenz zwischen Friedrich Sieburg und Benno Reifenberg einzusehen. An gedruckten Quellen ist vor allem das im Text mehrfach herangezogene Gespräch aufschlußreich, das Horst Bienek mit Friedrich Sieburg führte und in dem Buch »Werkstattgespräche mit Schriftstellern«, München, 1962, veröffentlichte; ferner die unter dem Titel »Schreiben ist Leben« von Karl August Horst zum 70. Geburtstag Sieburgs bei der Deutschen Verlags-Anstalt herausgegebene Schrift sowie eine im gleichen Verlag publizierte kleine Sammlung autobiographischer Textstellen.

Zu: **In Münster und anderswo.** *Zu Friedrich Reck-Malleczewens ›Bockelson‹*
(S. 96)

Ursprünglich als Vorwort zur Neuauflage von Friedrich Percyval Reck-
Malleczewens »Bockelson. Geschichte eines Massenwahns«, Stuttgart,
1968, erschienen. Reck-Malleczewen zählt zu den eindrucksvollsten und, in
Widersprüchlichkeit und Konsequenz, zugleich charakteristischsten Erscheinungen des konservativen Widerstands. Noch unmittelbarer als seine
Geschichte der Wiedertäufer von Münster gibt darüber das »Tagebuch eines
Verzweifelten« Aufschluß. Ende 1944 verhaftet, starb er am 16. Februar
1945 im Konzentrationslager Dachau. – Wichtige, vor allem für die genaue-
re historische Kenntnis der Münsterschen Vorgänge nützliche Informationen bietet Richard van Dülmen, »Das Täuferreich zu Münster 1534–1535.
Berichte und Dokumente«, dtv, Wissenschaftliche Reihe 4150, München,
1974; ferner Robert Stupperich, »Das Münsterische Täufertum. Ergebnisse
und Probleme der neueren Forschung«, Münster, 1958, sowie Karl-Heinz
Kirchhoff, »Utopia 1534/35. Entstehung und Untergang der ›Gemeinde
Christi‹, der sogenannten Wiedertäufer« in der Reihe »Geschichte original –
am Beispiel der Stadt Münster«, Heft 3, Münster, 1979. Friedrich Dürrenmatt hat das Wiedertäufer-Thema in zwei dramatischen Arbeiten aufgegriffen: seinem Erstlingsstück »Es steht geschrieben« (1947) und in den zwanzig Jahre später verfaßten »Wiedertäufern«, die das gleiche Sujet, wenn
auch auf andere Weise und mit anderem Ausgang behandeln.

Zu: **Demagoge des befriedeten Daseins.** *Ein Wort zu Herbert Marcuse*
(S. 115)

Leitartikel der »Frankfurter Allgemeinen Zeitung« vom 4. August 1979

Zu: **Die verneinte Realität.** *Überlegungen zum Romantizismus heute* (S. 118)

Erschienen als »Essay« im »Spiegel« Nr. 49/1970. Einiger Formulierungen
wegen erscheint der Hinweis angezeigt, daß der Artikel veröffentlicht wurde, bevor die Bewegung terroristische Gruppierungen entwickelte, deren
Bildung zu jenem Zeitpunkt nicht zu vermuten war.

Zu: **Gedanke und Tat.** *Über eine Metapher von Heinrich Heine* (S. 127)

Vortrag vor der Deutschen Akademie für Sprache und Dichtung in der
Beethovenhalle zu Bonn am 26. Oktober 1978. Eine gekürzte Fassung erschien im Jahrbuch der Deutschen Akademie für Sprache und Dichtung
1978, zweite Lieferung, sowie in der »Frankfurter Allgemeinen Zeitung«
vom 11. November 1978.

Zu: **Die Schuld der Gesellschaft.** *Anmerkung zu einem modischen Vorwurf* (S. 147)

Leitartikel der »Frankfurter Allgemeinen Zeitung« vom 20. Mai 1974.

Zu: **Preußens letzter Untergang.** *Gedanken über die Dauer einer historischen Episode* (S. 150)

Der Essay erschien in gekürzter Fassung am 8. Oktober 1977 in der »Frankfurter Allgemeinen Zeitung«, zu einem Zeitpunkt, als mit der Ankündigung der Berliner »Preußen-Ausstellung« die öffentliche Diskussion über das lange Zeit nur beiläufig oder, von H.-J. Schoeps beispielsweise, nicht ohne eifernde Begleittöne behandelte Thema wiederauflebte. Ein eigener Hinweis auf die einschlägige Literatur erübrigt sich angesichts der Fülle inzwischen erschienener Publikationen, die ihrerseits in aller Regel mehr oder minder ausführliche bibliographische Angaben enthalten. Nicht einen Hinweis, sondern eine Hervorhebung verdient die Darstellung von Sebastian Haffner, »Preußen ohne Legende«, Hamburg, 1978, die in ihrem stofflichen Überblick, in der Originalität der Gedanken und an stilistischer Brillanz alle übrigen Publikationen aus jüngerer Zeit hinter sich läßt. Einige Ergänzungen, die in die ursprüngliche, bislang unveröffentlichte Fassung nachträglich eingefügt wurden, sind der Arbeit Haffners zu verdanken.

Zu: **Architekt einer Übergangsepoche.** *Karl Friedrich Schinkel* (S. 172)

Von Karl Friedrich Schinkel existiert bis heute keine angemessen umfangreiche, den neueren Forschungsstand verarbeitende Biographie. Um so begrüßenswerter ist der von Werner Gabler veranstaltete Reprint der Lebensbeschreibung eines engen Freundes des Architekten: Gustav Friedrich Waagen, »Karl Friedrich Schinkel als Mensch und als Künstler«, Düsseldorf, 1980. Das gleiche gilt für die wohl nach wie vor abgewogenste Arbeit über Schinkel von August Grisebach, die, 1924 erstmals publiziert, inzwischen vom Piper Verlag neu herausgebracht wurde. Eine materialreiche, das Lebenswerk Schinkels in seine vielfältigen Tätigkeitsbereiche gliedernde Darstellung bietet Mario Zadow, »Karl Friedrich Schinkel«, Berlin, 1980. Über Schinkel als Städteplaner unterrichtet Hermann G. Pundt, »Schinkels Berlin«, Frankfurt am Main, 1981. Aus der großen Zahl der Quellenwerke seien genannt: Alfred von Wolzogen, »Aus Schinkels Nachlaß«, Berlin 1862/63, das noch immer die umfangreichste Sammlung der Schriften und Briefe Schinkels enthält. Freilich ist das Material streckenweise erheblich redigiert, so daß es nur unter Vorbehalt zitiert werden kann. Eine knappe, aber mit dem Blick für das Wesentliche getroffene Auswahl aus dem Urtext enthält der von Hans Mackowsky herausgegebene, mit einer lesenswerten

Einführung versehene Band »Karl Friedrich Schinkel. Briefe, Tagebücher, Gedanken«, Berlin, 1922. Eine nahezu vollständige Sammlung der Reiseaufzeichnungen Schinkels findet sich in »Karl Friedrich Schinkel. Reisen nach Italien. Tagebücher, Briefe, Zeichnungen, Aquarelle«, hrsg. von Gottfried Riemann, Berlin (Ost), 1979. Schließlich ist der vorzüglich bearbeitete Katalog der Ostberliner Ausstellung zum 200. Geburtstag des Künstlers zu erwähnen, der umfassendes Bildmaterial, sachkundige Hinweise und Legenden sowie im Anhang eine Anzahl kenntnisreicher Beiträge zur Schinkelforschung vereint: »Karl Friedrich Schinkel. 1781–1841. Der Katalog zur Ausstellung im Alten Museum 1980/81«. Da sich der Katalog eng an die Ausstellung hält, die DDR aber nur eine geringe Anzahl von Gemälden Schinkels besitzt, ist das malerische Werk bedauerlicherweise nur unzureichend berücksichtigt. Auf die von Schinkels Bauakademie ausgehenden Anregungen für die Architektur des 19. Jahrhunderts gibt die Arbeit von Goerd Peschken, »Technologische Ästhetik in Schinkels Architektur«, in: »Zeitschrift des Deutschen Vereins für Kunstwissenschaft«, 1968, Heft 1/2, kenntnisreiche Hinweise.
Der Beitrag erschien, mit leichten Kürzungen, am 7. März 1981 in der »Frankfurter Allgemeinen Zeitung«.

Zu: **Wunschbild eines neuen Arkadien:** *Ruhm und Nachruhm Palladios* (S. 194)

Aus der umfangreichen Literatur über Palladio können für das weiterführende Interesse hier nur einige Arbeiten genannt werden, die zugleich dem vorliegenden Versuch zugrunde lagen. Die immer noch umfassendste Bestandsaufnahme der Arbeiten des Vicentiner Architekten bietet der Bildteil des zweibändigen Werkes von Lionello Puppi, »Andrea Palladio. Das Gesamtwerk«, Stuttgart, 1977. Einen instruktiven, für das breitere Verständnis geeigneten Überblick vermittelt James S. Ackerman, »Palladio«, Harmondsworth, 1977; deutsch Stuttgart, 1980. Eine ins Fachliche reichende Darstellung enthält Rudolf Wittkower, »Palladio and Palladianism«, New York, 1979. Über den Einfluß Palladios in der Welt informiert in knappen, materialreichen Kapiteln der Katalog, der 1980 aus Anlaß der Ausstellung zum 400. Todestag des Architekten unter dem Titel »Palladio. La sua eredità nel mondo« erschienen ist; dort finden sich auch zahlreiche bibliographische Hinweise zum sogenannten Palladianismus. Den Nachweis, daß es sich bei der Villa Rotonda um das in Goethes Mignon-Liedern erwähnte Haus handelt, führen mit allem gebotenen akribischen Scharfsinn Herbert v. Eynem in »Beiträge zu Goethes Kunstauffassung«, Hamburg, 1956, sowie Hermann Meyer, »Kennst Du das Haus? Zu Goethes Begegnung mit Palladio«, abgedruckt in »Zarte Empirie«, Stuttgart, 1963.

Zu: **Wozu das Theater?** *Zwischenruf über einen parasitären Anachronismus*
(S. 207)

Der Beitrag erschien als »Essay« im »Spiegel« Nr. 52/1971. Infolgedessen sind die angegebenen Zahlen hinsichtlich der Etats, der Subventionen und der Zuschauer überholt. Doch in nahezu allen übrigen Beobachtungen wird der Leser unschwer noch immer existierende Verhältnisse wiedererkennen.

Zu: **Unzeitgemäßer Held seiner Zeit.** *Winston Churchill* (S. 215)

Obwohl die Figur Winston Churchills, in ihren Schwächen und Stärken, nie aufgehört hat, die Menschen zu faszinieren, gibt es bislang keine umfassende, dem Gegenstand angemessene Biographie. Von den in deutscher Übersetzung vorliegenden Darstellungen ist am ehesten Virginia Cowles, »Winston Churchill. Der Mann und seine Zeit«, Wien, München, Berlin, 1954, zu empfehlen. Das Werk ist in England bereits 1953 erschienen, und wenn auch Leben und Leistung Churchills zu dieser Zeit mehr oder minder zu übersehen waren, führt eine Veröffentlichung zu Lebzeiten zwangsläufig zu gewissen perspektivischen Verkürzungen. Ferner gibt es von Peter de Mendelssohn eine bedauerlicherweise unabgeschlossene, bis 1914 reichende Biographie: »Churchill. Sein Weg und seine Welt«, Freiburg i. B., 1957. Seine Kenntnis der Person hat de Mendelssohn in einigen kleineren Arbeiten verwertet, von denen insbesondere die Abhandlung über Churchill in »Die Großen der Welt«, Bd. 9, Zürich, 1970, hervorzuheben ist. Interessante Details enthält auch der Erlebnisbericht von Lord Moran, »Churchill. Der Kampf ums Überleben 1940–1964. Aus dem Tagebuch seines Leibarztes Lord Moran«, München, Zürich, 1967. Einen nachdrücklichen Hinweis verdient die biographische Würdigung von Sebastian Haffner, »Winston Churchill in Selbstzeugnissen und Bilddokumenten«, Reinbek, 1967, deren einziger Mangel ihre Kürze ist. Im übrigen aber demonstriert das Buch alle Vorzüge des Autors: intime Kenntnis des Materials, anregende Freiheit des Urteils und stilistische Überredungskraft.

Zu: **Noch einmal: Abschied von der Geschichte.** *Polemische Überlegungen zur Entfremdung von Geschichtswissenschaft und Öffentlichkeit* (S. 239)

Vortrag vor dem Kulturkreis im Bundesverband der Deutschen Industrie, gehalten am 18. November 1977; in gekürzter Form abgedruckt in der »Frankfurter Allgemeinen Zeitung« vom 10. Dezember 1977. Auf die Bemerkungen über das Institut für Zeitgeschichte hat Martin Broszat, der Leiter des Instituts, in einer Antwort in der Frankfurter Allgemeinen Zeitung am 30. Oktober 1978 Stellung genommen.

Namenregister

Abetz, Otto 81, 85
Adenauer, Konrad 89
Adorno, Theodor W. 143, 262
Arendt, Hannah 261
Arminius der Cherusker 240
Arnim, Achim von 162, 175, 181, 185
Arnim, Bettina von 173, 182
Asquith, Herbert H. Earl of 220, 222
Augstein, Rudolf 167
Augustus 254

Bab, Julius 42
Bacon, Sir Reginald 220
Bakunin, Michail Aleksandrowitsch
  25, 121
Baldwin, Stanley, Earl of Bewdley
  221, 225
Balfour, Arthur 236
Baudissin, Wolf, Graf 151
Bauer, Wolfgang 209
Bayle, Pierre 132
Beard, Charles 248
Bebel, August 167
Beethoven, Ludwig van 31, 35
Benesch, Eduard 227
Benn, Gottfried 143
Bernini, Gian Lorenzo 202
Bertram, Ernst 54
Besson, Waldemar 245
Beuth, Peter 187, 191
Beuys, Joseph 209
Bienek, Horst 92, 263
Bismarck, Otto von 15, 29, 164 f., 168
Bloch, Ernst, 111, 120
Bloch, Marc 253

Blomberg, Werner von 169
Blunck, Hans Friedrich 121
Bockelson, Jan 96, 98, 103, 106,
  108 f., 111
Bormann, Martin 106
Boveri, Margret 71
Boy-Ed, Ida 40
Boyen, Leopold Hermann Ludwig
  von 163
Bracher, Karl Dietrich 243
Brahms, Johannes 31
Bramante, eigentlich Donato
  d'Angelo 202
Braun, Otto 167
Brecht, Bertolt 61, 213 f.
Breker, Arno 85
Brentano, Clemens von 162, 172,
  175, 181
Brook, Peter 212
Brunschwig, Henri 157
Buber, Martin 142
Büchner, Georg 133 f.
Bülow, Hans von 19 f.
Bullock, Alan 245
Burckhardt, Carl Jacob 139
Burckhardt, Jacob 121, 244, 259
Burrough, Edgar Rice 121

Canaletto, eigentl. Antonio Canal 197
Carlyle, Thomas 28
Castro, Fidel 123
Caesar 254
Cervantes Saavedra, Miguel 29
Chamberlain, Neville 229 f.
Chateaubriand, François René 81, 93

Chesterfield, Philip Dormer
  Stanhope, Earl of 159
Churchill, Lord Randolph 216
Churchill, Sir Winston 151, 215–238,
  267
Clausewitz, Karl von 162
Cohn-Bendit, Daniel 125
Coulondre, Robert 80, 90
Curtius, Ernst Robert 75

Dahlmann, Friedrich 151
Danton, Georges 142
Darwin, Charles 143
Dietrich, Marlene 209
Döblin, Alfred 61
Dorst, Tankred 210
Dostojewski, Feodor Michailowitsch 45
Dürrenmatt, Friedrich 96, 264
Dutschke, Rudi 121
Dylan, Bob 125

Ebert, Friedrich 57
Eichendorff, Joseph von 55
Eichmann, Adolf 148
Eisler, Hanns 139
Eisner, Kurt 142
Engels, Friedrich 112
Enzensberger, Hans Magnus 124f.
Eosander, Johann Friedrich, Freiherr
  von, gen. Eosander von Göthe 170
Erdmannsdorff, Friedrich Wilhelm
  von 204
Eyck, Erich 257

Fabre-Luce, Alfred 119
Feuchtwanger, Lion 61
Fichte, Johann Gottlieb 162
Fischer, Karl von 204
Fontane, Theodor 150, 152, 214
Francke, August Hermann 160
Freud, Sigmund 39, 116
Friedrich I., König in Preußen 153
Friedrich II., der Große, König von
  Preußen 153–162, 167, 169, 171, 175

Friedrich Wilhelm (Der Große
  Kurfürst) Herzog in Preußen 153
Friedrich Wilhelm I., König in
  Preußen 152f., 155
Friedrich Wilhelm III., König von
  Preußen 164, 166, 181, 184
Friedrich Wilhelm IV., König von
  Preußen 164, 189
Frisch, Max 213
Fritsch, Werner, Freiherr von 169
Frundsberg, Jörg von 123
Fustel de Coulanges, Numa Denis
  244

Gaulle, Charles de 233
Gentz, Heinrich 185, 189
Georg II., König von England 151
George, Stefan 73, 90
Gibbon, Edward 259
Gilly, David 162
Gilly, Friedrich 162, 175, 177, 182
Gneisenau, August Wilhelm, Graf
  von 163, 166
Gobineau, Joseph Arthur, Graf 16, 121
Goethe, Johann Wolfgang von 22,
  29f., 39f., 45, 82, 174, 194, 196f.,
  200, 205, 209
Grass, Günter 208
Gregor-Dellin, Martin 14, 262
Griese, Friedrich 121
Grolman, Karl Wilhelm Georg
  von 163
Grosz, George 167
Gualdo, Giuseppe 196
Guevara, Che 123
Guise, Henri, Herzog von 139
Gundolf, Friedrich 73

Habermas, Jürgen 122f., 137
Haffner, Sebastian 164, 216, 228,
  265, 267
Halifax, Edward Frederick, Lord 230
Hamann, Johann Georg 162
Handke, Peter 208, 213

Hansen, Christian Frederick 204
Hardenberg, Karl August Fürst von
 163
Hauptmann, Gerhart 39, 57, 61
Hausenstein, Wilhelm 71
Hegel, Georg Friedrich Wilhelm 10,
 130, 137, 143, 158, 162, 169
Heidegger, Martin 116
Heine, Heinrich 127 ff., 264
Heller, Erich 68, 263
Herder, Johann Gottfried von 162
Herz, Henriette 162
Hillgruber, Andreas 243
Hindenburg, Paul von 169
Hintze, Otto 248
Hitler, Adolf 39, 62 f., 68, 76, 78 f.,
 105, 108 f., 137, 140–143, 150 f.,
 162, 167–169, 216, 227–229, 231,
 233 f., 248 f.
Hochhuth, Rolf 208
Hölderlin, Friedrich 137
Hoffmann, E. T. A. 162, 174
Hofmannsthal, Hugo von 157
Horst, Karl August 73, 264
Ho Schi Min 123
Humboldt, Alexander von 162
Humboldt, Wilhelm von 162 f., 174, 184

Jäckel, Eberhard 243
Jagger, Mick 124 f.
Johann Sigismund, Herzog in
 Preußen 158
Jones, Inigo 201 f.
Joplin, Janis 125
Jünger, Ernst 71, 79, 82, 263

Kant, Immanuel 10, 29, 162
Keitel, Wilhelm 169
Kleist, Heinrich von 23, 157, 162,
 173, 212
Klemperer, Klemens von 124
Klenze, Leo von 203 f.
Knobelsdorff, Georg W. von 185
Kortner, Fritz 144

Kracauer, Siegfried 255
Kunzelmann, Dieter 119

Lamettrie, Julien Offray de 158
Lamprecht, Karl 248
Langhans, Carl Ferdinand 182, 185
Langhans, Rainer 125
Lassalle, Ferdinand 167
Leary, Timothy 121
Leber, Julius 167
Lenin, Wladimir Iljitsch 121
Levi, Hermann 33
Liebknecht, Karl 74
Liszt, Franz 17
Lloyd, George David 218 f., 221,
 223 f.
Ludendorff, Erich 227
Ludwig XIV., König von Frankreich
 167
Ludwig, Klaus 100
Lüthy, Herbert 75
Luft, Friedrich 208
Luise, Königin von Preußen 155, 180
Lukács, Georg 151
Luxemburg, Rosa 74, 122

Mann, Erika 66, 89
Mann, Golo 227
Mann, Heinrich 41, 51–53, 238, 250,
 262
Mann, Thomas 13, 34, 38–69, 79,
 89, 145, 214, 262 f.
Mannheim, Karl 114
Marcuse, Herbert 111, 115–117,
 121, 124, 209, 264
Marlborough, John Churchill, Her-
 zog von 226, 229
Marx, Karl 111, 113, 116, 121, 129,
 167, 169, 209
Matthys, Jan 109
Mazarin, Jules, Herzog von Nevers 83
Medina, Paul 85
Mehring, Franz 241
Mendelssohn, Peter de 47, 263, 267

Mendelssohn-Bartholdy, Felix 35
Mendès, Catulle 33
Michelangelo 202
Mies van der Rohe, Ludwig 191
Minks, Wilfried 210
Mitscherlich, Alexander 209
Moeller van den Bruck, Arthur 121
Molière 209
Mommsen, Theodor 252, 254, 256 f.
Mommsen, Wolfgang 242
Moran, Charles, Lord 236, 267
Mosley, Oswald 228
Mozart, Wolfgang Amadeus 31
Mussolini, Benito 228

Napoleon I. 88, 129, 151, 167, 169
Napoleon III. 167
Neumann, Angelo 33
Nicolson, Harold 228
Nietzsche, Friedrich 16 f., 37, 40, 45,
    49 f., 121, 134, 143
Nolte, Ernst 243, 248
Novalis 57, 162

Otto I. von Wittelsbach,
    König von Griechenland 190

Palitzsch, Peter 210
Palladio, eigentlich Andrea della
    Gondola 177, 194–206, 266
Persius, Ludwig 192
Pless, Daisy, Fürstin 219
Poincaré, Raymond 76
Polybios 239, 258
Porges, Heinrich 33
Pückler-Muskau, Hermann, Fürst
    von 181

Rabehl, Bernd 121
Raffael 196
Ranke, Leopold von 102, 161, 251
Rauch, Christian Daniel 174
Reck-Malleczewen, Friedrich
    96–114, 264

Rees, Goronwy 217
Ribbentrop, Annelies von 81
Robespierre, Maximilien de 88
Roosevelt, Franklin D. 42, 234
Rosenberg, Arthur 257
Rossini, Gioachino Antonio 31
Rousseau, Jean-Jacques 53, 121
Rubinstein, Josef 33
Rychner, Max 240

Salin, Edgar 152
Sansovino, Jacopo, eigentl. Tatti 196
Savigny, Friedrich Carl von 162
Savio, Mario 120
Schadow, Gottfried 162, 176
Scharnhorst, Gerhard J. D. von 163
Schelling, Friedrich W. J. von 162
Schickele, René 62
Schieder, Theodor 241
Schiller, Friedrich von 29, 45, 133, 161
Schinkel, Karl 174
Schinkel, Karl Friedrich 162,
    172–193, 205 f., 265 f.
Schlegel, August Wilhelm von 162
Schlegel, Friedrich von 162
Schlüter, Andreas 185
Schmid, Carlo 71
Schmoller, Gustav von 248
Schonauer, Franz 71
Schopenhauer, Arthur 29, 49
Schulenburg, Friedrich Werner, Graf
    von der 152, 167
Schumann, Robert 31
Scipio, Lucius Cornelius 256
Scipio, Publius Cornelius 255 f.
Scott, Walter 251
Seghers, Anna 61
Serlio, Sebastiano 196
Severus Antonius 255
Shakespeare, William 29, 209
Sieburg, Friedrich 70–95, 263
Sontheimer, Kurt 39
Speer, Albert 257
Speidel, Hans 71

Spener, Philipp Jakob 160
Stalin, Josef W. 234
Stauffenberg, Claus, Graf Schenck
    von 152
Stein, Charlotte vom 22
Stein, Karl vom und zum, Reichs-
    freiherr 163
Stoecker, Adolf 33
Strack, Heinrich 192
Strasser, Gregor 123
Studnitz, Hans-Georg von 80, 263
Stüler, Friedrich August 192
Stülpnagel, Karl-Heinrich von 82

Tacitus 244
Taine, Hippolyte 248
Tanchelm 100
Tieck, Christian 186
Tieck, Johann Ludwig 162
Tolstoj, Leo Nikolajewitsch 111
Toynbee, Arnold J. 126, 240
Treitschke, Heinrich von 164, 259
Tresckow, Henning von 167
Trissino, Giangiorgio 196

Valéry, Paul 261
Varnhagen, Rahel 162
Vitruv 199
Voltaire 161
Voßler, Karl 75

Waagen, Gustav Friedrich 190, 266
Wagner, Cosima 15–22, 26–29,
    32–37, 262
Wagner, Richard 13–37, 49, 64, 184,
    210, 214, 262
Wagner, Siegfried 16, 35, 39
Walser, Martin 91
Wapnewski, Peter 19, 262
Wassermann, Jakob 61
Weber, Alfred 239
Weber, Carl Maria von 30
Weber, Max 73
Wegener, Paul 144
Wehler, Hans-Ulrich 248
Weiss, Peter 211, 213
Weitling, Wilhelm 111
Wells, Herbert George 225
Wesker, Arnold 211
Whitman, Walt 57
Wildenbruch, Ernst von 214
Wiens, Wolfgang 210
Wilhelm I., deutscher Kaiser 165
Wirsing, Giselher 80
Wood, John 201

Yorck von Wartenberg, Peter, Graf
    152

Zelter, Carl Friedrich 174
Zola, Emile 53